中央财经大学财政税务学院、中国财政发展协同创新中心
中国财税研究报告2016

中国财政可持续发展研究

主编　马海涛

中国财经出版传媒集团
中国财政经济出版社

图书在版编目（CIP）数据

中国财政可持续发展研究：中国财税研究报告.2016／马海涛主编.—北京：中国财政经济出版社，2016.12
ISBN 978－7－5095－7164－4

Ⅰ.①中… Ⅱ.①马… Ⅲ.①财税－经济可持续发展－研究报告－中国－2016 Ⅳ.①F812

中国版本图书馆 CIP 数据核字（2017）第 000770 号

责任编辑：胡　博　　　　　　封面设计：耕者设计工作室

中国财政经济出版社 出版
URL：http：//www.cfeph.cn
E－mail：cfeph @ cfeph.cn
（版权所有　翻印必究）
社址：北京市海淀区阜成路甲 28 号　邮政编码：100142
营销中心电话：88190406　北京财经书店电话：64033436　84041336
北京京华虎彩印刷有限公司印刷　各地新华书店经销
889×1194 毫米　16 开　12.25 印张　304 000 字
2016 年 12 月第 1 版　2016 年 12 月北京第 1 次印刷
定价：68.00 元
ISBN 978－7－5095－7164－4／F・5747
（图书出现印装问题，本社负责调换）
本社质量投诉电话：010－88190744
打击盗版举报热线：010－88190492、QQ：634579818

本书主要撰写和评议人员

章节	撰写	评议
第一章	陈莹	邵磊
第二章	寇恩惠 朱璐璐	汪昊
第三章	邵磊	何杨 王文静
第四章	白彦锋 段琦	李升
第五章	汪昊 龚洁	白彦锋
第六章	李升 蒋震	陈莹
第七章	何杨 王文静	姚东旻 李慧青
第八章	姚东旻 李慧青	寇恩惠

大智治制：讲好中国财政故事 做全球财经治理的引领者

(代前言)

2016年10月15日，习近平同志在印度果阿出席金砖国家领导人第八次会晤的时候指出，我们要继续做全球治理变革进程的参与者、推动者、引领者，继续提升新兴市场国家和发展中国家的代表性和发言权，继续做国际和平事业的捍卫者，推动构建合作共赢的新型国际关系。在2014年全国财政工作会议上，财政部部长楼继伟也强调，"要牢固树立'大国财政、统筹内外'理念和全球意识、安全意识，积极参与国际经贸规则制定，主动参与国际财经交流和全球经济治理"。

作为新兴市场国家和发展中国家的领头羊，我国改革开放近40年来国民经济得到快速发展，综合国力不断增强。财政作为国家治理的基础和重要支柱，功不可没。把中国财政的好故事讲好，让更多的国家从中国模式和中国经验当中受益，对于推进全球财经治理变革至关重要。

一、财政调控着眼高远，结构问题逐渐改善

2012年党的十六届三中全会《决定》提出"统筹城乡发展、统筹区域发展、统筹经济社会发展、统筹人与自然和谐发展、统筹国内发展和对外开放"等"五个统筹"问题。就产业结构来看，第三产业（服务业）增加值占国内生产总值（GDP）的比重2013年提高到46.1%，首次超过第二产业；2015年我国第三产业增加值占国内生产总值的比重为50.5%，首次过半。雾霾等环保压力、"营改增"等税制改革都有助于环境友好型服务业的发展。

就城乡结构来看，近年来高企的房地产库存促使房地产企业向农民卖房，新型城镇化的比重也在提高。以常住人口来看，我国城镇化的比例也已经超过了50%。国家发展和改革委员会组织编写的《国家新型城镇化报告2015》显示，2015年我国城镇化率为56.1%。

就区域结构来看，随着劳动力成本的不断上升，人口等因素驱动富士康等企业不断西进。2015年以来重庆等地经济增长的一枝独秀也表明我国区域经济差距在不断缩小。

总之，回过头来看，10年前、20年前、30年前困扰我们的产业结构、城乡差距、区域差距问题，现在似乎在很大程度上已经得到了解决。如果这种判断真正成立的话，我国财政政策是如何做到这一点的呢？是否可以认为我国过去30多年的财政治理真正抓住了"牛鼻子"？也就是说，坚持经济建设为中心不动摇，财政坚持不懈地推进基础设施领域的投资、保持经济高速和中高速发展，在圆满完成筹集财政收入这一基本职能的同时，是否真正使这些结构性问题在发展中得到了解决？

这样看来，我国财政政策的宏观调控的传导机制就不能以常规来论，我国财政政策的宏观调控真正立意高远，就像"下围棋"一般堵住了"棋眼"，"一招得力，满盘皆活"。一是高瞻远瞩，着眼数十年；二是统揽全国，不局限于一城一地。

二、大智治制：有效调动中央和地方"两个积极性"，化解财政激励难题

1993 年底发布的《国务院关于实行分税制财政管理体制的决定》（国发〔1993〕85 号）规定，"为了保持现有地方既得利益格局，逐步达到改革的目标，中央财政对地方税收返还数额以 1993 年为基期年核定。按照 1993 年地方实际收入以及税制改革和中央与地方收入划分情况，核定 1993 年中央从地方净上划的收入数额（即消费税加 75% 的增值税减中央下划收入）。1993 年中央净上划收入，全额返还地方，保证现有地方既得财力，并以此作为以后中央对地方税收返还基数。1994 年以后，税收返还额在 1993 年基数上逐年递增，递增率按全国增值税和消费税的平均增长率的 1∶1.3 确定，即上述两税全国平均每增长 1%，中央财政对地方的税收返还增长 0.3%"。1994 年分税制在我国改革开放摸索近 20 年的重要历史结点上，面对当时国内外复杂的政治经济形势，通过中央和地方分享税种以及"税收返还"等分税制的财政体制设计，成功地将中央和地方的利益捆绑在了一起，充分调动了中央和地方两个积极性，成功化解了委托代理的经济学难题，在国家治理当中实现了"激励相容"，为我国社会经济进入 21 世纪之后的腾飞奠定了坚实的财政治理基础，再次验证了"财政是国家治理的基础和重要支柱"的命题判断，也是习近平同志所说的"小智治事，大智治制"的成功典范。

我国 1994 年分税制改革在保持地方既得利益不变（基数不变）的前提下顺利启动。更为重要的是，看似对地方有利的分成比例契约的实际运行结果却是中央在增值税中的分成比例不断上升。

就在地方政府"大呼上当"的同时，中央财政竟然发现 2011 年中央财政收入比重跌破了 50%，原因可能是 2012 年我国取消了预算外收入，土地财政等非税收入的大幅增加导致中央财政比例下降。

这就是一个很有意思的现象了：中央财政和地方财政都认为自己吃亏了，但是财政总蛋糕却做大了。1994 年税收收入 5126.88 亿元，与 2015 年超过 15 万亿元的税收收入不可同日而语。事后的发展证明，当时"税收返还"等"体制妥协"是完全值得的，借此换来了我国财政经济的长期可持续发展。"承认既得利益，增量边际调整"成为推进我国财政改革不断成功的"一大法宝"，在 2003 年所得税分享制度改革、2016 年营业税改征增值税等重大改革中都得到了很好的坚持。

可见，从某种意义上说，中央和地方之间具体的分成比例并不重要，重要的是能够充分调动"中央和地方两个积极性"。如何充分调动中央和地方两个积极性呢？那就是给予适当激励：一是让大家看到希望，即使这种希望只是一种"财政幻觉"；二是与行政晋升等激励方式相结合。

总而言之，一是中央和地方之间的财政分配关系看起来简单，实则复杂；二是中国地大人多，中央和地方之间存在明显的委托代理问题。对此，毛泽东讲的"虚君共和"很重要。中央不要试图控制地方政府的一举一动，实际上"县官不如现管"，要给予地方政府充分的授权，让其放开手脚，又要"为我所控"。这是 1994 年分税制改革的成功密码，这种成功的经验对于中国未来"大国财政"的继续成功至关重要。

本书由中央财经大学研究生院院长、中国财政发展协同创新中心执行主任马海涛教授担任总撰，主要编撰人员包括中央财经大学财政税务学院陈莹、寇恩惠、邵磊、白彦锋、段琦、汪昊、

李升、何杨、王文静，中国社会科学院财经战略发展研究院蒋震，北京市国家税务局龚洁，中国财政发展协同创新中心姚东旻、李慧青，北京大学经济学院朱璐璐等。本书在撰写过程中，采取了国际通行的同行评议制度，感谢各位作者和评议专家的辛勤付出！

本书是国家社科基金重大项目"深化税收制度改革与完善地方税体系研究（14ZDA028）的阶段性成果，同时获得中财—鹏元财政投融资研究所等资助。

尽管我们已经竭尽全力，然而中国财政可持续发展问题复杂、内容宏大，我们掌握的资料和数据也比较有限，诚挚欢迎各位专家批评指正（barede@163.com），让我们一起为中国财政的可持续发展和中华民族的伟大复兴共同奋斗！

马海涛
2016 年 11 月

目 录

1 中国财政可持续发展面临的挑战 ································ (1)
  1.1 财政可持续发展的意义 ································ (1)
  1.2 影响政策目标确定的主要因素 ································ (3)
  1.3 当前国际经济形势变动趋势 ································ (6)
  1.4 当前国内经济形势变动趋势 ································ (11)
  1.5 当前经济环境下我国财政政策面临的主要挑战 ································ (12)

2 中国债务的可持续性和空间研究 ································ (18)
  2.1 导论 ································ (18)
  2.2 文献综述 ································ (21)
  2.3 中国赤字与公债政策的历史演变与实证检验 ································ (23)
  2.4 财政赤字、公共债务与中国经济增长 ································ (32)
  2.5 结论 ································ (43)

3 从"超经济增长"到"中低速运行":把脉我国财政收入大格局 ································ (44)
  3.1 "超经济增长"时期 ································ (46)
  3.2 "中低速运行"时期 ································ (50)
  3.3 未来的可能趋势及应对 ································ (61)

4 供给侧改革与税制重构 ································ (66)
  4.1 供给侧改革的背景、思想由来与措施 ································ (66)
  4.2 从直接税与间接税的相对关系分析税制结构 ································ (73)
  4.3 供给侧财税改革与税制重构 ································ (77)

5 中国政府间税收划分制度改革研究 ……………………………………（81）
- 5.1 1994 年分税制改革回顾 ……………………………………………（81）
- 5.2 政府间税收划分的理论基础 …………………………………………（90）
- 5.3 中国政府间税收划分存在的问题 ……………………………………（97）
- 5.4 政府间税收划分的国际借鉴 …………………………………………（99）
- 5.5 政府间税收划分改革建议 …………………………………………（107）

6 土地财政：起源、发展、效应判断及治理 ………………………………（109）
- 6.1 土地财政的产生及其发展历程 ……………………………………（109）
- 6.2 土地财政现状 ………………………………………………………（113）
- 6.3 关于土地财政的解释 ………………………………………………（117）
- 6.4 地方政府土地财政结构分析 ………………………………………（121）
- 6.5 土地财政问题的效应及风险分析 …………………………………（127）
- 6.6 土地财政的治理 ……………………………………………………（136）

7 更加开放背景下的财政可持续发展 ……………………………………（140）
- 7.1 走向更加开放的中国经济 …………………………………………（140）
- 7.2 完善居民个人自由流动的财税政策 ………………………………（151）
- 7.3 完善居民企业对外投资的财税政策 ………………………………（156）

8 美国金融危机治理：金融危机与财政危机互为表里 …………………（166）
- 8.1 为什么研究美国金融危机 …………………………………………（167）
- 8.2 从财政的角度探究 2008 年全球金融危机的根源 ………………（168）
- 8.3 金融危机与财政危机互为表里 ……………………………………（170）
- 8.4 美国财政的长期失衡 ………………………………………………（172）
- 8.5 财政赤字、利率与经济增长 ………………………………………（174）
- 8.6 经验启示与政策建议 ………………………………………………（176）

参考文献 ……………………………………………………………………（181）

1 中国财政可持续发展面临的挑战

1.1 财政可持续发展的意义

十八届三中全会通过的《中共中央关于全面深化改革若干重大问题的决定》首次提出"财政是国家治理的基础和重要支柱",这一全新定位不仅强调了财政之于政府宏观调控的重要杠杆作用,更是将财政的定位置于经济、社会、政治等的多维体系中,为财政自身的改革与完善指明了方向。发挥好财政的作用,"是优化资源配置、维护市场统一、促进社会公平、实现国家长治久安的制度保障",同时财政体制改革又将支持和承载转变经济发展方式、促进政府职能及社会转型等一系列全面深化改革的重担。把财政的功效发挥出来,对于推进国家治理体系建设和治理能力现代化会形成重要的牵引作用。

1.1.1 财政可持续发展的内涵

简单来说,财政的可持续性可以理解为未来政府是否具有偿还到期债务的能力。具体来说,财政的可持续性具有以下三个方面的含义:一是政府在长时间内都能够保持财政在收支上的平衡;二是政府虽然未能实现财政的收支平衡,但是能够通过发行国债来进行融资,实现可持续;三是即便财政平衡被打破,但经济变量的相互作用机制能够逐步促使政府财政恢复平衡。

财政可持续发展的核心问题在于财政收支的平衡状况,因此影响财政收支的因素也成为影响财政可持续发展的因素。首先,经济发展影响财政可持续性。经济发展决定了一国的财政收入,要想减轻财政收支压力、保持财政稳定,最为根本的便是发展经济,增加财政收入。其次,财政支出影响财政可持续性。财政支出不仅直接影响政府财政的收支平衡,还能够影响社会的经济生活,进而影响财政收入。再次,财政政策也与财政可持续性有密切关系。财政政策是国家进行宏观调控的工具，它通过控制财政收入与支出影响社会经济发展形势，最终又作用于国家的财政收支状况。最后，外部环境也影响一国财政的可持续性。当今世界各国经济联系日益密切，因此国外的经济发展状况，尤其是金融危机等都会对本国的经济造成一定影响，并冲击国内财政状况。

在财政工作实践中，财政可持续发展贯穿于财政工作的方方面面。就财政工作的各个要素而言，财政思想理念的可持续是财政可持续发展的基础和前提，财政收支运行的可持续是财政可持续发展最直接的体现，财政政策措施的可持续是财政可持续发展的保障，财政体制机制和方法的可持续是财政可持续发展的有效途径。就财政工作的目标任务而言，促进经济的可持续发展是财政可持续发展的第一要务，可持续地保障和改善民生是财政可持续发展的目的所在，可持续地推动生态和政治文明建设是财政可持续发展的基本要求。由此看出，财政可持续发展，既是财政工作的一个重大理论问题，也是财政工作的一项战略性任务，是财政工作必须长期坚守的根本方针。

1.1.2 我国财政可持续性现状

进入21世纪以后，中国的财政收入规模进入快速增长阶段，在2004年到2007年期间，财政收入增长率高达20%以上，2012年的财政收入为11多万亿元，比2003年增长了4倍多，2015年1—12月，全国一般公共预算收入152217亿元，比上年增长8.4%，同口径①增长5.8%。从目前中国的经济发展来看，财政收入将会稳健增长，对宏观经济发展有较强的调控能力。但在这一阶段，中国的财政支出也在不断增长，在2003年到2012年期间，财政支出平均增幅为19.11%，高于这一阶段GDP平均16.14%的增速。从财政收支对比来看，在2003年到2012年期间，除了2007年略有财政盈余之外，其他年份均为财政赤字。尤其是在2008年之后，政府加大了对民生的财政投入，这导致财政收支差距不断拉大，特别是在2012年，财政赤字额高达8699.45亿元。但大规模的财政支出也促进了国民经济的发展，这一阶段中国的GDP保持高速增长的状态，因此财政赤字率一直保持在2%左右，财政收支处于较为合理和安全的界限之内，呈现出可持续性。2015年1—12月，全国一般公共预算支出175768亿元，比上年增长15.8%，同口径增长13.17%，财政赤字首破2万亿元，达到23551亿元，高出年初预算数字（16200亿元）7351亿元。根据财政部数据，2015年中国提高财政赤字率0.2个百分点至2.3%，2016年，财政赤字率进一步提高至3%，比2015年提高了0.7个百分点。此前，中国的财政赤字率长期低于3%，财政赤字率和政府负债率在世界主要经济体中相对较低，远低于美国、日本、法国等国家，即使在2008年金融危机时期，中国于2009年大幅提高赤字率至2.8%，也低于3%。在经济下行压力下，中央定调实施更有力度的积极财政政策，2016年财政赤字率首次达到3%，释放积极财政政策信号，这样的积极财政政策的安排是必要的、可行的，也是可持续的。

1.1.3 影响中国财政可持续性的主要因素

首先，财政收入相对不足。自改革开放之后，中国的GDP虽然大幅增长，但财政收入却没有表现出与经济增长总量较强的关联性，而且财政收入在GDP中的占比呈下降趋势。财政收入的不足影响了国家通过财政收支来履行各项发展职能。为了缓解财政收入的压力，政府试图扩大发行国债，但这也让国家背上沉重的债务负担。之后我国进行了分税制改革，

---

① 按照完善政府预算体系的要求，2015年将政府性基金中用于提供基本公共服务以及主要用于人员和机构运转等方面的11项基金转列一般公共预算。为此，需扣除11项政府性基金转列一般公共预算影响，计算同口径增幅，下同。

财税收入向中央集中，这在一定程度上增加了国家财政资金收入，财政收入在 GDP 中的占比也有所提高。但未来我国财政收入的走势仍不明了，一方面我国的产业结构正进入调整时期，并且经济发展也在转型过程中；另一方面我国长期聚焦减税政策，基于宏观经济形势的判断，中国已确定 2016 年实施减税政策。中央经济工作会议关于减税的提法不同于以往的"结构性减税"，而是明确为"减税"。这都有可能影响我国财政收入的增加。

其次，财政支出过度膨胀。在改革开放之前，政府全面干预经济发展的各个方面，这也导致财政支出规模不断扩大。在进行改革开放之后，政府逐渐退出市场干预，进行经济宏观调控，因此财政支出在 GDP 中的占比有所下降。但近年来为了刺激经济发展，国家实施积极的财政政策，财政支出规模又有所扩大，尤其是在民生领域所投入的财政资金日益膨胀，这导致我国财政收支出现失衡。2015 年 1—12 月，教育支出 26205 亿元，增长 8.4%；文化体育与传媒支出 3067 亿元，增长 9.3%；医疗卫生与计划生育支出 11916 亿元，增长 17.1%；社会保障和就业支出 19001 亿元，增长 16.9%；城乡社区支出 15912 亿元，增长 11.5%；农林水支出 17242 亿元，增长 16.9%；节能环保支出 4814 亿元，增长 26.2%；交通运输支出 12347 亿元，增长 17.7%。大幅的财政支出扩大与有限的财政收入增加，必然引发财政赤字率的攀升，从而对财政长期内的可持续性产生一定的影响。

最后，财政管理体制的不完善影响我国财政可持续性。我国的财政体制始终存在预算约束软化、执行随意性大以及缺少制衡三个方面的问题。虽然我国早已制定实施了《预算法》，但没有严格执行，在财政资金的支取方面，随意增加预算支出、扩大支出范围、改动预算支出用途的现象屡见不鲜。这种随意性弱化了财政预算的作用，容易导致财政收支失衡。此外，我国财政支出的监管体制不完善，也让财政资金使用的规范性、安全性以及有效性等大打折扣，加剧了财政收支失衡的可能，不利于财政可持续发展。

1.2 影响政策目标确定的主要因素

1.2.1 经济周期

经济周期是决定财政、货币政策目标的最主要因素。在经济周期的不同阶段，政策目标应当有所不同。一般情况下，经济状况经过衰退—复苏—过热—滞胀之后，再次返回衰退阶段，形成循环往复，由此完成不同阶段的转换过程。

相应地，宏观调控要在不同的阶段采取与经济状况相适应的财政政策，当经济处于不同阶段时应制定与经济状况相符的政策目标区间，每个周期的上下限也不尽相同。首先，在低增长、低通胀的衰退期，应以保增长的政策目标为主，相应调低经济增长率和通货膨胀率的目标区间下限，通过采取宽松的财政政策，拉动经济增长率回升，使经济状况向高增长、低通胀的复苏期过渡。其次，在高增长、低通胀的复苏阶段，应当调高经济增长率的目标区间并维持稳定的通货膨胀目标区间，以加强公众对经济复苏的预期，使经济稳健回升。再次，随着经济增长率的上升，通货膨胀率也开始上升，经济状况向高增长、高通胀的过热阶段转变，过热阶段的政策目标应以防止通货膨胀为主，相应设置合理的通货膨胀区间以及稳定的经济增长率区间，避免通货膨胀对经济产生不良影响。最后，由于政府在过热阶段往往采取紧缩政策，使得经济增长率率先下降，而通胀下降往往会有一段滞后期，经济状况就会进入低增长、高通胀的滞胀阶段，总需求管理的政策通常情况下发挥的作用有限。在设定政策目标时，还应考虑到结构性因素对经济增长和通货膨胀的影响，调低经济增长率的区间和设定合理的通胀区间，以避免宏观经济政策加剧经济的结构性扭曲，造成未来经济更大的波动。

通常情况下，通货膨胀率是经济增长率的滞后指标。中国也不例外，每当经济增长率上升，过一段时间之后通货膨胀率也会随之上升；反之，每当经济增长率下降，过一段时间通货膨胀率也会随之下降。因此运用财政货币政策进行调控时，应从整个经济周期的角度关注经济增长，把握通货膨胀的长期走势，设定政策目标的合理区间。只有对经济周期有准确的了解和掌握，才能够制定合理的政策目标区间，避免宏观经济的剧烈波动。

1.2.2 发展趋势

在考虑发展趋势因素时，需要跳出周期因素的局限，注意到增长阶段转换带来的趋势性作用。当潜在增长率下降，经济增长从超高速、高速转变为中高速、中速时，宏观调控就不能沿用惯性思维——为了力推经济增长而过多地进行财政注资，否则不仅不会使实际增长率达到所期望的水平，相反还会使得通货膨胀速度比经济增长速度更快，结果导致严重的通货膨胀。

在短期，总需求能够影响一国生产的物品和劳务的数量；而在长期，总产出会最终回复到其自然水平，这一产出水平取决于自然失业率、资本存量和技术的状态。中国经济增长在2008年全球金融危机的冲击下开始减速，2009年四万亿元投资拉动，把GDP增长率最终拉到8%的水平以上，但是只维持了不到一年，经济增速就开始连续5个季度下降。这说明中国经济的这次减速并不完全是周期性的，而且具有趋势性因素。

中国经济在经历了三十多年的高速增长以后，人口、资源和环境对经济的多重约束越来越大，生产效率提高的速度放缓，同时还叠加了体制问题等各种结构性因素。主要表现是，投资回报率不断降低，甚至无回报，国家资产负债表杠杆率持续攀升。而在出口不力、消费不振的情况下，要维持经济增长，最终还是不得不依靠投资，然而现阶段中国无论在土地和自然资源方面的投资，还是在劳动和资本方面的投资都已不可持续。可见，中国经济的潜在增长率在下降，中国已经进入由高速增长向中速增长的转换期。

因此，在制定宏观调控目标时，应准确把握这一长期性趋势。在充分理解目前经济所处阶段和长期趋势的情况下，制定一个合理的政策目标区间，使之与经济的潜在增长率相协调。既不能把目标定得太高，依靠各级地方政府的增长冲动人为地推高增长速度，又要制定一个合理的下限，避免长期趋势与短期因素叠加造成经济的过快回落。另外，财政政策目标要密切跟踪分析国际国内经济环境的各方面趋势、倾向，加强研究和预测，增强宏观调控的针对性、灵活性和前瞻性，及时对财政政策目标进行适度的调整，这样才能在保证经济稳定的基础上实现进一步的发展。

未来一段时期，经济增长的复杂性及不确定性将更为强化。一方面，欧债危机效果外溢，英国脱欧又对全球经济一体化形成冲击，全球经济增长预期被不断调低，我国在出口贸易等相关领域受到严重的负面影响；另一方面，国家持续深入地治理整顿地方政府融资平台，调控房地产市场，加大节能减排力度，也会引起经济增长速度的适度回调。在经济转型和内外部多重压力凸显的背景下，下一阶段财政政策配合货币政策，在防通胀的同时，还需要更多地着力于缩小经济波动的频率和振幅，以确保经济在平稳增长的基础上实现调整转型。

1.2.3 外部冲击

在开放经济条件下，一国制定宏观调控目

标时还应充分考虑到国际因素的影响。外贸出口是拉动我国经济增长的重要因素之一，但近些年来我国的出口形势已不容乐观，除了金融危机和欧债危机的影响以外，在进一步加速的全球化经济环境当中，也与我国的出口产品竞争力不强、国内劳动力等制造成本上升等因素有关，在制定宏观调控目标时应充分地、多方面考虑到这些因素的影响。

从我国目前面临的外部冲击情况来看，随着我国国际资本流动倾向的逐步增加与资本流动管制的逐渐放松，国际资本对我国经济的影响能力会逐渐提高，这就要求我国在制定宏观调控目标时应密切关注主要发达国家的财政货币政策走向和目标，根据对国际资本规模和流动方向的判断调整宏观调控目标区间；同时，我国外汇储备的逐年增加带来了巨大的通货膨胀压力，因此在制定宏观调控目标时应充分考虑到国际上的不确定因素，相应调整宏观调控目标区间，使经济运行在合理的范围之内。

在考虑外部冲击因素时，尤其是在遇到像国际金融危机这样的突发事件时，经济运行面临滑出合理运行区间的风险，因此临时采取一些非常规化的刺激手段不仅是可以理解的，也是必需的。但需要注意的是，刺激手段只是为了暂时避免当前经济的急剧下滑，如果经济运行已经到了衰退阶段，过度的刺激并不能使经济保持繁荣时期的增长。在这种情况下过度的刺激政策应当及时退出，不要把非常规的应急措施变成常态化的制度安排。

1.2.4 结构因素

中国经济结构面临的主要问题反映在产业结构、增长动力结构和区域结构等方面。因为存在着一系列的结构问题，并且处于结构剧变的过程中，因此，在制定宏观调控目标时必须将结构性因素考虑进来。

长期以来，中国宏观调控往往面临两难选择：保持较快的经济增长速度而牺牲结构调整的目标，或者为了未来增长的协调、可持续性而容忍较低的经济增速。中长期的宏观经济政策如果一直放在总需求管理上，增长的基本格局不变，那么经济的持续增长可能会乏力；此时，若宏观经济政策转向推动结构转换、消除供给约束的供给调节政策，则中国经济仍能保持中长期的中高速增长。为了保证经济顺利进行结构性调整转型，不能继续按照以往的高增长标准来制定政策目标，中国政府目前应当确定一个相对较低的宏观调控目标区间。

要形成科学合理的宏观调控政策框架，针对经济走势的不同情况，设定合理的政策目标区间，在经济增长和通货膨胀的合理区间内调整经济结构。把调结构、促改革与稳增长、保就业以及控通胀、防风险的政策有机结合起来。采取的措施要一举多得，既稳增长又调结构，既利当前又利长远，避免经济波动过大，大起大落。

另外，发达国家市场体系相对完善，同质化程度较高且处在相对均衡的增长路径上，而我国作为发展中国家市场机制还不发达，结构处于急剧变动时期，异质性很强以及非均衡增长，使得宏观调控政策的基础有着很大的不同。相应地，宏观调控思路与政策实践模式也会有明显差异。因此，在未来宏观调控中还应该突出供给面的结构与效率的优化，从优化投资结构入手，推进价格和财税改革，提供有利于利用市场机制进行结构调整的激励机制。对于结构调整，财政政策相对于货币政策有更大的优势。财政政策通过转移支付、财政补贴等支出政策工具，差别税率和税收减免等收入政策工具，就能够更为直接地缩小地区差距和收入差距等。

1.3 当前国际经济形势变动趋势

以 2008 年国际金融危机爆发为转折点,世界经济步入深度调整和转型发展期,周期性和结构性矛盾交织,新旧动力转换难以无缝接续,经济步入弱复苏小周期。长期看,世界经济正处于长周期的下行阶段,在人口、技术创新和宏观政策等深层因素的制约下,供需两侧都受到明显抑制,将在较长时期呈现弱势增长。

1.3.1 全球一体化经济处于长周期调整中

从长期看,世界经济处于长周期下行阶段。在技术创新周期、信贷周期和制度变迁等因素交织作用下,工业革命以来世界经济大体经历了几轮长周期的波动。2008 年国际金融危机爆发是世界经济从上升阶段(1990—2008 年)到下行阶段的转折点,世界经济从危机前近 6% 的中高速增长转向衰退、萧条和曲折复苏。未来 5—10 年,人口加速老龄化、通用技术创新难有新突破以及发达经济体宏观政策空间大幅收窄等因素将继续抑制消费、投资和供给,加之经济全球化面临新的结构性挑战、国际贸易仍将疲软,世界经济预计持续呈现弱势增长,要再次进入上行周期尚需时日。

从短期看,世界经济步入弱复苏小周期。20 世纪 80 年代以来,世界经济大致历经了 1983—1988 年、1994—2000 年和 2002—2007 年三轮上升小周期,2008 年国际金融危机触发了新周期的转折点。2009 年世界经济陷入战后首次衰退,2010 年反弹后一路走低至 2015 年的 3.09%。根据国际货币基金组织(IMF)最新预测,世界经济增速自 2016 年一直到 2021 年都将呈现持续走高态势,但与历次小周期上行阶段相比,2016—2021 年世界经济年均增速将仅为 3.62%,低于 1983—1988 年的 3.91%、1994—2000 年的 3.66% 和 2002—2007 年的 4.77%,是历次经济复苏最弱的上行小周期(见图 1-1)。同时,国际货币基金组织(IMF)预测称,2016 年中国经济增长速度将为 6.6%,但在随后直到 2021 年以前的每一年中预计都有所放缓,其中 2018 年和 2019 年例外,预计这两年的 GDP 增长速度都为 6.0%。

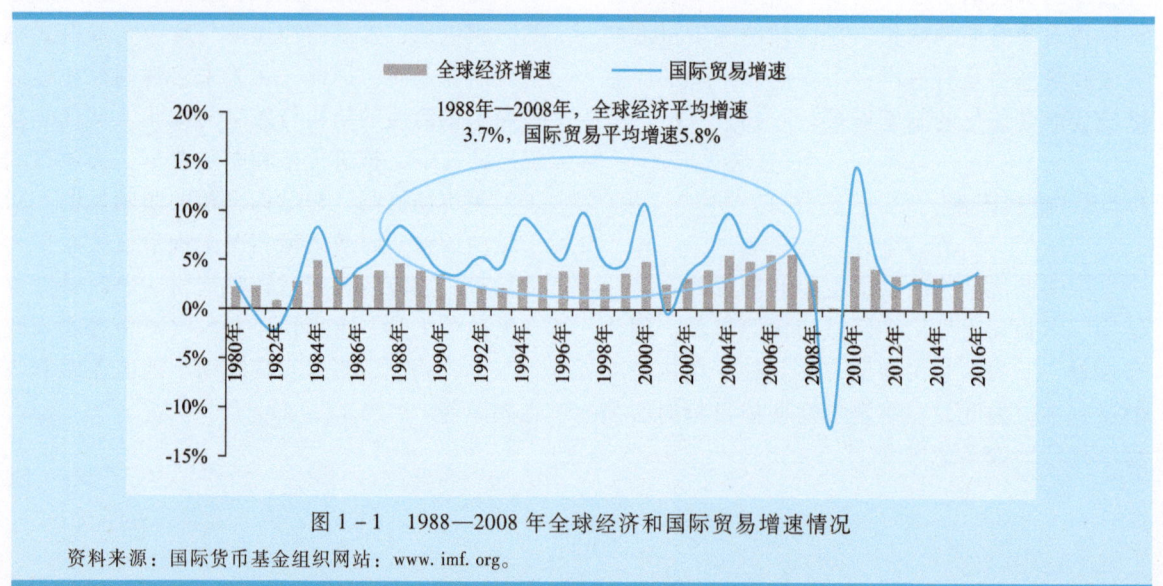

图 1-1 1988—2008 年全球经济和国际贸易增速情况
资料来源:国际货币基金组织网站:www.imf.org。

1.3.2 发达经济体总体增长受制于诸多因素

美国和其他西方经济体经济放缓已有数十年。国际货币基金组织（IMF）总裁克里斯蒂娜·拉加德将这种现象称为"新平庸"（New-Mediocre）。西方经济体陷入"新平庸"，并非仅仅因为国际金融危机爆发而导致经济突然下滑，它更是经济长期放缓达到峰值的一个产物。这种形势在短期内并不会迅速逆转。如图1-2所示，根据世界银行数据，按照20年移动平均线计算，世界所有发达经济体GDP年均增长率从1980年的4.5%降至2015年的2.0%。也即是说，过去35年，西方发达经济体GDP年均增长率下降过半。因此，中国的经济政策应对西方经济体陷入长期新平庸的国际背景加以考虑，及时制定切实可行的政策。

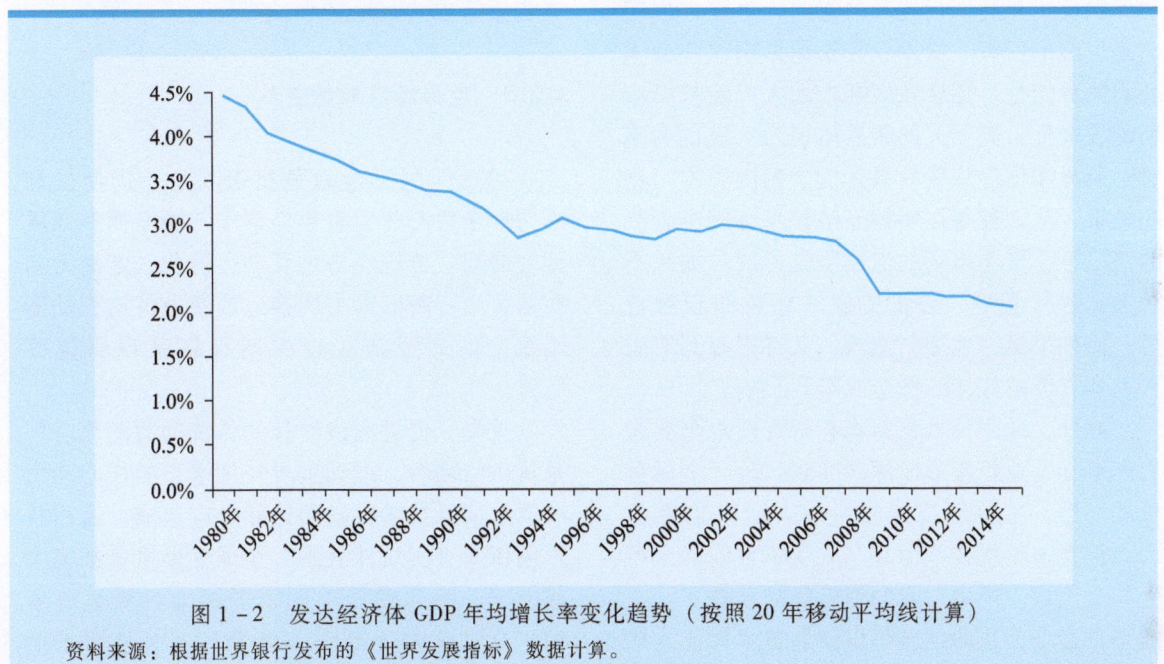

图1-2　发达经济体GDP年均增长率变化趋势（按照20年移动平均线计算）
资料来源：根据世界银行发布的《世界发展指标》数据计算。

首先，人口加速老龄化对居民消费和劳动力供给形成深层抑制。这已成为发达经济体和主要新兴市场共同面临的难题。美国人口普查局2016年发布的名为《老龄化的世界：2015》的报告称，目前全球65岁以上人口约有6.17亿，在全球总人口中占比为8.5%；预计到2050年，这一比例将上升到近17%，老龄人口数量将达到16亿。其中，80岁以上高龄老人预计将从2015年的1.26亿增至2050年的4.47亿，尤其亚洲和拉美一些国家，80岁以上高龄老人增长比例更快，人口老龄化问题席卷全球，老龄人口数量快速增长。受生理特点、消费倾向和收入水平等影响，老年人消费意愿和消费能力总体低于中青年，人口加速老龄化将给居民消费带来复杂影响和约束。同时，人口加速老龄化降低劳动参与率，抵消人口总量增长对劳动力供给的积极作用；加之高收入经济体及我国劳动力数量已达峰值，日本等发达国家人口负增长长期化，扩大劳动供给从而推动全球经济增长受到明显制约。国际货币基金组织测算，2015—2020年发达经济体和新兴市场潜在增长率为1.6%和5.2%，较2001—2007年分别下降0.65和2.2个百分点，人口老龄化是一个共同主因。

其次，发达经济体需求管理政策可持续性堪忧。发达经济体当前主要依靠扩张性的货币政策刺激需求增长和经济复苏。在危机初期在促进经济快速反弹和防止衰退方面取得了很好的效果，也对当前发达经济体在经济增长率二次探底之后的复苏深有影响，但随之累积的问题将对政策效果及政策本身的可持续性产生不利影响。长时期扩张性的货币政策也已经产生了比较严重的新问题，主要有：货币政策无法应对潜在增长率的下降。长期低利率，甚至负的名义利率和实际利率，严重损害了养老基金和保险公司等长期投资者的收益，迫使它们转向高风险的投资。这不仅在长期影响这些资本公司的稳定性，还会在短期内加大风险投资市场的波动性。其更大的矛盾体现为：极低利率对于刺激实体经济的效果远低于刺激资本市场的效果，从而使得在实体经济并没有完全复苏的情况下，资本市场的泡沫率先形成。如果不对泡沫进行管理，必将酿成一场新的金融危机；而如果迅速地抑制泡沫，又将担心其对尚未完全复苏的实体经济造成不利影响。

此外，通用技术创新难有新突破对全要素生产率和企业投资形成深层抑制。国际金融危机爆发后，主要经济体纷纷加大研发创新投入，但新一轮科技革命和产业变革目前尚未产生如蒸汽机、电力一般的划时代的新技术。关键是，迄今为止的创新仍以信息技术智能化应用为主，属于信息技术革命的延续和深化。如2000—2014年美国专利申请居于前十位的技术领域中，与信息技术密切相关的就有4个领域。其中，计算机技术居第一位，专利申请占比为11.11%；数字化通讯、半导体、电信等技术领域的专利申请占比为11.92%。这意味着，短期内将难以产生类似蒸汽机、电力和信息技术的新的通用技术。而从历史经验看，只有通用技术创新才能广泛促进全要素生产率提高和资本深化，进而推动经济增长，特定领域的专用技术创新很难发挥这样的作用。在通用技术创新难有新突破的形势下，发达经济体和新兴市场全要素生产率增速明显放缓甚至下降，成为全球潜在增长率下降的重要原因。同时，通用技术创新难有新突破导致新产业难以集群式成长，企业投资空间缩小、收益率降低，经营目标普遍从利润最大化转向负债最小化，去杠杆化加快，信用收缩加剧，对经济上行形成拖累和阻滞。

因此，发达经济体宏观政策空间大幅收窄，依靠刺激需求推动经济增长的难度明显上升。从财政政策看，经过国际金融危机以来普遍的加杠杆操作，发达经济体政府债务负担率急剧攀升，财政整顿压力加大，依靠减税和增支刺激需求的余地较小。

1.3.3 世界经济弱势复苏

2008年国际金融危机爆发后，周期性和结构性矛盾凸显，世界经济步入深度调整和转型发展期。传统经济增长动力弱化，新动力尚在培育中，新旧动力转换过渡期经济增长动能不足，世界经济在短中期都将呈现弱复苏态势。

首先，促进经济增长的传统动力弱化。一是从供给面看，推动世界经济增长的核心动力减弱。信息技术扩散的边际效应递减，通用技术创新未有实质性突破。全球直接投资规模大幅缩减，流向发展中国家的绿地投资显著萎缩，全球化亦逐渐陷入低潮。二是从需求面看，强力拉动全球经济增长的传统关系趋弱。金融危机以来，美欧等发达国家经济增长对进口的拉动效应减弱，2002—2008年美国GDP每增长1个百分点就带动货物进口额增长3.5个百分点，而2011—2014年GDP每增长1个百分点仅带动货物进口额增长1.8个百分点；与之相应，中国出口额持续下降，2015年出口贸易整体萎缩2.9%。东亚生产网络外需疲软及国内经济结构深度调整导致全球对石油、铁矿石等大宗商品的需求增速大幅放缓，而"页岩气革命"等大宗商品价格高峰期的新增投资逐渐形成产能，大宗商品供求关系转为宽松，全球原油供需差额由2010年的-40万桶/日迅速回升至2015年的195万桶/日，价格大幅回落，对出口国经济增长形成明显制约。危机前全球贸易量增幅显著高于全球经济增幅的态势发生逆转，2012—2015年全球贸易量年均增长3.1%，低于全球经济3.3%的年均增幅。未来，这一外部需求关系变化仍将持续，一方面给主要制成品和资源产品出口国经济带来下行压力，另一方面通过贸易、金融等渠道对美欧等主要制成品进口国经济带来冲击，这种负反馈效应将弱化世界经济复苏力度。根据IMF预测，2016—2021年全球货物和服务贸易量年均增速仅为3.62%，远低于2002—2007年7.6%的年均增速，低迷的国际贸易反映出全球需求乏力，预示世界经济增长速度不会很快回归高速。

其次，经济增长之新动力尚在培育期。金融危机以来，各国逐渐意识到"世界经济面临长期维持低速增长的平庸时代的威胁"（IMF），需要加快推进结构性调整，培育经济增长内生新动力。美国通过私人部门持续去杠杆、重振制造业、促进出口等加快调整过度依赖消费和负债、虚拟经济过度膨胀的发展方式。欧元区则通过政府负债水平降低、金融监管一体化建设、容克投资计划等，努力解决高福利社会带来的创新不足、劳动力市场僵化、基础设施陈旧、欧元区经贸联盟缺陷等结构性问题。日本安倍政府提出涵盖劳动力市场、企业部门、贸易、金融部门、工资政策、放松管制等广泛内容的结构性改革措施，旨在激发市场活力，刺激私人消费和投资，推动经济实现振兴。主要新兴市场国家纷纷制定各项战略规划，着力解决过度依赖投资和出口、产业结构单一等结构性问题，如印度"莫迪新政"（2014年）、沙特阿拉伯"沙特视野2030"（2016年）等。中国也在着力加强供给侧结构性改革，以适应和引领经济发展新常态。长期看，结构性改革有利于培育经济发展新动能，提高全要素生产率和潜在增长率，并推动形成更平衡、更高效、更可持续的全球新供需格局，是支撑全球经济实现长期强劲可持续增长的唯一出路。但新动力培育尚需时日，在新旧动力转换接续期间，财政紧缩、去杠杆、去产能、优化产业结构、适度放缓工业化城镇化速度等结构性改革举措将给经济带来下行压力，拉低全球经济增速。

2016年以来，世界经济复苏趋势明显弱化，IMF、OECD、世界银行等国际组织在二季度的报告中纷纷下调了世界经济增长预期。目前看，世界经济面临的风险更加突出，增长前景不确定性增加。发达经济体有望继续温和复苏，主要新兴经济体仍难以企稳，世界经济增速可能仍在3%左右。未来全球经济复苏态势较IMF当前预测可能更加疲弱，2016—2021年的增长曲线将更加平缓。

1.3.4 各国财政政策的相互影响

2008年全球金融危机以来，主要发达国家的宏观调控经历了两个阶段。一是2009—2010年，"宽财政、宽货币"的组合。危机爆发后，美国和欧洲大部分经济体大举增加政府支出，作为内外需大幅萎缩的缓冲。二是2011年以来，"紧财政、宽货币"的组合。由于长期以来欧美国家政府债务不断增加，金融危机之后的救市措施导致政府债务压力加大，再加上主要面向大型金融企业的救助措施受到大量社会舆论批评，宽松财政政策逐渐退出。同时，在政府去杠杆化过程中，实行宽松的货币政策来托底。2013年下半年以来，美国又开始调整过于宽松的货币政策。总之，过去几年欧洲主权债务危机和美国财政问题不仅轮流成为影响全球资本市场的主题，也成为扰动经济、影响居民和企业预期的重要变量。

1.3.4.1 发达国家"宽货币、紧财政"政策的形成

"宽货币、紧财政"政策的形成，是多种因素共同作用的结果。以美国为例，首先，是应对2008年金融危机的客观需要。20世纪80年代以来，美国推行自由主义的经济政策，国内收入差距持续扩大，社会保障费用居高不下。金融危机沉重打击了中低收入阶层，为了

弥补消费需求的不足，政府需要采取宽松货币政策。其次，政府和议院无法在政治斗争中就增加财政支出达成一致，只能转向宽松的货币政策。最后，为了转移日益扩大的国内矛盾，美国选择了宽松货币政策。金融危机爆发后，美国为了挽救金融体系、刺激经济增长、增加就业，美联储先后实施了四轮量化宽松政策。众所周知，美元享有超主权货币的特权，超额发行货币，实际目的在于稀释政府债务，转嫁危机损失，因此其政策选择的影响必然波及他国。

1.3.4.2 欧美国家财政和货币政策近期的演变

2014年，美国财政政策略有宽松。当年，美国财政预算收入为3.03万亿美元，其中，收入税占46%，社会保险、医疗保险以及工资税占34%，企业税仅占11%，消费税、关税和其他税收占9%。根据预算报告，2014年美国财政预算支出3.78万亿美元，占GDP的比重为22.4%，略低于2013财年。预算支出包括强制性支出和自主性支出两部分。强制性支出是由国会各项法案法定的支出。2014年美国强制性支出约2.3万亿美元，占财政总支出的39%，主要由政府开支构成，其中大约50%为国防支出。其他各部门预算支出总额有所增加：卫生与公共服务部支出增加至783亿美元；教育部支出增加至712亿美元；住房与城市发展部支出减少至331亿美元；司法部支出减少至163亿美元①。

欧洲央行很难像美英日央行一样激进宽松。在美联储发送出放缓宽松的信号后，欧洲央行反复强调，一旦有需要，将随时准备采取新的宽松措施。2015年欧洲央行在12月3日投票削减其存款利率至-0.3%，并扩大资产购买，使量化宽松计划的规模达到1.46万亿欧元。此举出炉十几天后，美联储自2006年以来首次提高利率，大西洋两岸正在推行的货币政策截然不同。

1.3.4.3 "宽货币、紧财政"政策对我国经济的影响

（1）发达国家财政货币政策对我国影响的渠道

中国是美国的第二大贸易国和最大的债权国，同欧洲国家也有密切的经济关系，欧洲和美国等发达国家的财政货币政策对我国的影响有多重渠道，包括影响产出、物价、贸易收支等实体经济变量和利率、货币供应量、汇率、资产价格等金融变量。对于究竟以哪种渠道的影响为主，不同学者则有不同观点。例如有的学者认为以贸易渠道为主，主要影响贸易顺差。有的认为以金融渠道为主，导致大宗商品价格上涨和热钱流入，导致新兴市场货币被动升值、资产价格飙升、通胀风险加大、外汇储备资产大幅贬值。

（2）"宽货币、紧财政"政策对我国经济的影响

"宽货币、紧财政"政策对我国经济的影响表现在多个方面。宽松的货币政策将通过货币升值、大宗商品价格上升、我国外汇储备风险增加等渠道影响我国经济。一是人民币被动单边升值、热钱大规模涌入。美国量化宽松政策使得美元持续走低，人民币单边升值，热钱通过各种渠道进入我国，其短期投机性给国内经济健康发展埋下隐患，增加了人民币汇率制度平稳改革的决策难度，同时助长了部分行业内的投机行为，增大维持国际收支平衡的难度。二是大宗商品价格的上升，带来输入型通货膨胀。作为国际结算货币，美元贬值将共同推动国际大宗商品价格进一步上行，提高企业生产成本，特别是通过我国进口的能源、原材料以及部分农产品价格的上涨传递到我国，引起通货膨胀。三是我国外汇储备风险增加。我国外汇储备币种单一，以美元资产为主，其中以美国国债和以美元计价的机构债券占绝大比重，巨额的美元外汇储备承担着美元贬值带来的风险。在当前复杂的经济环境中，各国的经

---

① 郝洁："2013年美国宏观经济政策的调整与走向"，《中国经贸导刊》，2013年第8期。

济决策都更为强调货币与财政政策的协调配合，因此货币政策所面临的国际压力同样落在财政政策上，例如欧美各国的紧缩型财政政策将减少各国的公共财政支出，延缓经济复苏速度，并间接影响我国的出口政策。

1.4 当前国内经济形势变动趋势

1.4.1 经济发展速度下降

2013年，我国GDP达到56.9万亿元人民币，按全年平均汇率1:6.2折算，约合9.18万亿美元，占全球经济总量的比重超过12%。2010年以来，我国对全球经济增长的贡献达到20%左右，对促进世界经济复苏发挥了重要作用。但是，我国经济增速已连续两年低于8%。2016下半年开局，经济运行弱于市场预期，数据指标大面积回调，7月份，CPI同比增速阶段性下滑态势延续，工业增加值增速反弹乏力，消费同比增速显著下滑，固定资产投资全面失速，外贸形势依然严峻，衰退型贸易顺差仍在持续。从当前国际国内形势来看，全球经济复苏乏力，难以形成充足的有效需求，而国内正处于过剩产能消化的关键时期，工业生产复苏冲击力不足，实体经济有效需求愈加低迷，经济下行压力加大，引起国际社会的广泛关注。

从世界各国的发展历程看，没有哪一个国家能够永远保持高速增长。第二次世界大战后的日本和西德，分别创造了"日本经济奇迹"和"西德经济奇迹"，但也只是保持了20年左右的高速增长，此后则出现了较大幅度的增速滑坡。改革开放以来，我国经济保持年均接近10%的高速增长已经超过了30年，被誉为"中国经济奇迹"。现阶段，我国人口结构变化，劳动力成本上升，传统竞争优势逐渐削弱；越来越多的产业达到或接近世界技术前沿，引进、消化、吸收世界先进技术的后发追赶空间缩小；高投入、高消耗、高污染的发展模式，造成资源、环境、生态约束日趋增强。与10年前相比，经济增长一个百分点的数量明显不同，实现难度加大。2003年GDP增长一个百分点需要的名义增加值约为1500亿元，到2013年，增加到5200亿元，是前者的3.5倍多。我国经济增速下降在所难免，也符合世界经济发展的一般规律。

从发展趋势看，我国经济发展存在诸多有利条件。譬如，经济体制改革将释放新的增长动力与活力、城镇化发展潜力依然巨大、居民消费升级方兴未艾、竞争优势并未根本动摇、全球化亦在孕育新机遇等。2013年以来，面对经济增长下行压力，政府保持了足够的定力，积极创新宏观调控方式，把工作重点放在转变经济发展方式、调整经济结构、提高经济运行的质量和效益、化解各种矛盾和问题上，这也必将为我国经济长期稳定发展奠定更加坚实的基础。预计在未来10年中，我国经济将保持7%左右的中速增长。经测算，在2014—2020年间，GDP年均增速只要达到6.7%，就能实现比2010年翻一番的目标。如果说我国经济增长最快的阶段已经过去，那么经济发展最富挑战，同时最激动人心的阶段已经到来，最接近实现工业化，并走向成熟、迈向高收入社会、全面实现小康的阶段正在开启。

因此，现阶段我国经济正处在从接近10%的高速增长阶段向7%左右的中高速增长阶段转换的关键时期。增长阶段转换不仅仅是增长速度的调整，更重要的是增长动力和发展方式的转换，是原有竞争优势逐渐削弱、新竞争优势逐渐形成的过程，也是原有预期、平衡被打破，需要重新寻找并建立新平衡的过程。

1.4.2 当前我国宏观经济面临的主要风险

大多数追赶型经济体在增长阶段转换期都发生过系统性危机。如果上述转换能够顺利实现，我国经济可以在一个相对低的增长速度下良好运行，规模与质量、速度与效益的关系达到一种新的平衡，增长速度"下台阶"和增长质量"上台阶"得以同时实现。但是，高速增长期结束，并不意味着中速增长会自然到来。如果新旧增长动力接替不成功，新的发展方式未能及时确立，中速增长也难以稳住。一旦经济增长出现大幅下滑，则可能引发系统性风险。

从近期和以往较长时期的经验看，经济增速下降将直接影响经济运行的质量和效益。在现有增长模式下，我国企业具有典型的"速度效益型"特征，经济运行的质量和效益很大程度上依赖于速度与规模。在经营方式和盈利模式未能根本转变之前，增速一旦明显回落，企业效益也会相应下滑，大量企业破产倒闭将导致就业状况显著恶化，危及社会稳定。同时，经济减速，财政减收，支出刚性扩张，债务快速累积，中央、地方财政可持续性面临考验。

增长阶段转换和经济结构变化，也使金融体系的脆弱平衡面临新的考验。首先，在增长动力和结构变化的过程中，各种资源、要素需要在不同行业、领域和企业之间进行重新配置。当新的增长空间不足以覆盖资源重新配置引起的不良资产时，将引发金融风险。其次，基于原有经济增长速度评估的资产价值，在经济增速出现较大幅度下降后将出现贬值。尤其是基础设施投资收益下降、回收期延长，部分资产将从优良资产转变为不良资产，以此为基础形成的金融资产，就需要重新评估和定价，金融机构的不良率可能明显上升。最后，财政风险和金融风险相互交织、相互转化。地方政府的基础设施投资，主要通过财政担保、土地抵押等方式从金融机构获取信贷资金，债务风险可能转化为金融风险。近中期，投融资平台和房地产市场风险较大，既可能引发系统性财政风险，也可能引发系统性金融风险。

1.5 当前经济环境下我国财政政策面临的主要挑战

新时期我国面临经济发展方式转型以及结构调整，经济增速将下降到7%左右甚至更低。同时，城镇化进一步提速，产业及贸易结构逐步升级，生态环境亟待改善，人民生活及福利水平有待提高。十八届三中全会通过《中共中央关于全面深化改革若干重大问题的决定》，对民生改善提出了新理念，对民生改革作出了新部署，新一轮改革开启，亦将加速经济金融结构转型。2016年世界经济仍呈现复苏乏力态势。发达经济体总需求不足和长期增长率不高现象并存，新兴经济体总体增长率下滑趋势难以得到有效遏制。主要经济体宏观政策方向不一致，大规模跨境资本流动，外汇与金融市场动荡，地缘政治变化和自然灾害等，都可能对世界经济运行带来负面干扰。在这样的宏观背景下，我国财政政策将面临一系列新的挑战。

1.5.1 来自国内经济形势的挑战

1.5.1.1 有限的政策空间与递增的公共支出压力并存

伴随着新时期经济、贸易增长速度下台阶，以及"营改增"在全国的全面推开，税收增速随之下降，我国财政收入增长将回归常态，即回归到和名义经济增长大体相当的水平。同时，伴随着对房地产市场调控的加强，中央和地方政府的土地出让收入可能继续下降。相反，医疗卫生、社会保障以及文化教育事业等刚性支出继续快速增长，环保支出也随着环保压力的加大而不可避免的扩大。在这种收支反向变化的情况下，保持财政收支平衡已很不易，要想逐步消化长期积累的债务并保持财政的可持续性更是难上加难，未来我国实施积极财政政策的空间已大大压缩。此外，按照十八届三中全会的改革决定和建立现代政府预算制度的要求，我国将建立跨年度预算平衡机制，这就意味着在实施积极财政政策之后，在经济进入上升周期后，需要增加财政盈余以弥补以前年份的财政赤字。这也就加大了对财政政策实行逆周期调节的事前测算和规划的难度，也就相应提高了对应用财政政策进行宏观调控的精准度要求。

一方面，我国财政收入增速逐步放缓。2012年以来，我国税收和财政收入增速大幅下降，与"十五"和"十一五"时期相比，已下了一个台阶。2012年1月至12月累计，全国公共财政收入117210亿元，比上年仅增长12.8%。其中税收收入为100601亿元，增长12.1%；非税收入16609亿元，比上年增长17.5%。财政收入、税收收入与2000年到2010年的年均增长速度20%、19.3%相比，增速大幅降低。而2012年，我国公共财政支出125712亿元，比上年增加16464亿元，增长15.1%，相比2000年到2010年年均增速18.9%仅下降3.8个百分点，远低于全国财政收入降幅，导致财政赤字进一步扩大，当年财政赤字率达到1.64%。2013年总体延续了这种趋势。2013年全国公共财政收入129143亿元，比上年增加11889亿元，累计同比增长10.1%，税收累计同比增长9.8%，全国财政支出累计同比增长10.9%，全国公共财政赤字达1.06万亿元。据审计署《审计结果公告》（2013年第32号，总第174号）数据显示，截至2013年6月底，全国各级政府负有偿还责任的债务206988.65亿元，负有担保责任的债务29256.49亿元，可能承担一定救助责任的债务66504.56亿元。直接和或有公共债务规模共达30.27万亿元，占GDP的55.5%。

我国中央和地方政府债务近年来不断攀升，尤其是地方债务迅速膨胀，一些地方政府极高的偿债负担则预示着政府债务压力。

另一方面，公共品支出需求大增。随着城市化不断推进，人们需要共同消费的东西即公共品就越来越多。我国目前医疗保障和养老保障体系尚不完善，在较长时期内仍需政府的高额投入和不断改革，因此在长期内将占公共财政支出的较大比重，并不断扩大。2014年1—12月，全国医疗卫生与计划生育支出10086亿元，增长9.8%；社会保障和就业支出15913亿元，增长9.8%；住房保障支出4968亿元，增长10.9%。另外，2014年中央投资230亿元支持4.8万个卫生计生机构基础设施建设，保障了卫生计生事业的改革发展。2015年1—12月，全国一般公共预算支出175768亿元，医疗卫生与计划生育支出11916亿元，增长17.1%；社会保障和就业支出19001亿元，增长16.9%。在不断增加公共财政在医疗及社会保障各项支出的同时，各类社会问题仍亟待解决，养老金缺口问题便是其一。根据财政部公布的2013年社会保险基金预算，当年企业职工基本养老保险费与支出之间的缺口高达2331亿元，当年财政补贴收入2669亿元。这还未考虑数额庞大的个人账户空账（2012年即达2.49万亿元），需要财政补助逐步做实。另据中国社科院《中国养老金发展报告2015》数据显示，截至2014年底，城镇职工基本养老保险的个人账户累计记账额达到40974亿元，而城镇职工基本养老保险基金累计结余额为31800亿元。也就是说，即使把城镇职工基本养老保险基金的所有结余资金都用于填补个人账户，也仍然会有接近1万亿元的空账。而据全国老龄委的预测，未来十年我国仍将处于快速老龄化阶段，随后30年进入加速老龄化阶段。2020年，我国老年人口将达到2.48亿，老龄化水平达到17.2%，这意味着对养老基金的财政补贴将持续加大。

此外，自然环境恶化，急需治理。我国从大炼钢铁开始就滥砍滥伐树木，之后又毁林造田、围湖造田，造成生态环境被破坏。改革开放后，工业发展迅速，工业污染加大；农业中大量使用化肥、农药，造成水土质量下降。我国北方严重缺水，黄河不时断流，地下水位越来越低，许多水域污染加剧，沙尘暴袭击不断南移，严重威胁人民生命健康。要抑制生态恶化、治理环境污染，政府需要花费大量资金。2015年，我国节能环保支出4814亿元，快速增长26.2%。

这些情况都决定了未来我国在面对经济负向冲击时，政府实施积极财政政策进行宏观调控的空间将会大大压缩。

1.5.1.2 地方政府债务风险加速聚集

近些年来，地方政府更加依赖举债进行基础设施建设，导致政府债务急速膨胀。我国地方政府债务总规模虽仍处于可控空间，但近几年其规模一直快速增长，且管理尚不完善，导致风险快速聚集。由于其内在增长机制暗含着财政体制和增长方式等方面的长期问题，新时期面对复杂多变的国际经济政治环境以及转型期多样化的社会问题，有可能继续以较快速度增长。这或将进一步放大财政风险，并可能在未来将政府拖入风险处置的泥淖之中，由此进一步挤压未来财政政策的灵活调整空间。

根据审计署统计，2010年底全国地方政府性债务余额达107174.91亿元，比上年增长18.86%。到2012年底，我国地方政府性债务达到158855.32亿元，比2011年年均增长22%。2013年6月底，地方政府性债务达178908.66亿元，比2012年底增长12.6%，年化增速达26.8%。即便不考虑或有负债，2013年底地方政府负有偿还责任的债务也高达10.88万亿元，比2012年增长13.1%，年化增长率27%。2016年5月26日，财政部发文表示，截至2015年末，纳入预算管理的中央政府债务为10.66万亿元，地方政府债务为16万亿元，两项合计占GDP的比重为39.4%。加上地方政府或有债务（即政府负有担保责任的债务和可能承担一定救助责任的债务），按照2013年6月审计署匡算的平均代偿率20%估算，2015年全国政府债务的负债率将上升到41.5%左右。如此高速的债务增长率，导致一些地方政府已出现负债率过高的现象。

我国地方政府债务的膨胀，不只是诱发于配合实施"四万亿投资计划"的需要，而是有其深刻的体制性社会性根源，具体如过度追求经济增长的目标导向、政府间事权财力划分不合理、地方预算软约束以及投融资体制不完善等。而且，伴随着城市化的推进，城市发展对市政、卫生、环保等的需求持续增长，迫切要求政府开拓新的融资渠道。现实的需要和可能，决定了我国地方政府仍将高度依赖传统的融资渠道。这样，新旧矛盾交织在一起，一旦爆发局部债务危机，很可能倒逼中央政府采取救助措施，使财政和货币政策出现被动扩张的局面，进一步压缩财政、货币政策的操作空间。

1.5.1.3 税制改革带来税收压力

"减税"、"为企业减负"，是2015年国务院常务会议的高频词。国务院总理李克强多次强调，要用政府税收减法，换取"双创"新动能加法。这一年，结构性减税和普遍性降费持续推进，尤其是一系列支持小微企业和"双创"的税收措施相继出台，力度不断加大。如国务院两次扩大享受减半征收企业所得税优惠政策的小微企业范围，受惠小微企业范围不断扩大。特别是，"营改增"试点改革对小微企业以及分包转包频繁的新型业态而言，其税负痛感会大大降低。对于小微企业而言，利润微薄，所得税负担相对较低，其税收负担主要集中于流转税，即营业税上，因为营业税的特点是无论盈利与否，"开门"有收入即有税，税负痛感自然很强。

根据相关调研数据显示，个体工商户所缴纳的税收中，至少62%以上为流转税[①]。尽管

---

① 《小微企业税收政策研究报告》，西南财经大学经济与管理学院。

小微企业有起征点政策,但仅有年营业额为36万元(2014年10月之前是24万元)以下的小微企业才能享受到。"营改增"后,对于那些年营业额在36万—500万元的小微企业而言,其税负降幅是非常明显的。对于原适用5%营业税税率的小微企业而言,其税负从原来的5%降低到现在的2.9%,降幅达到42%。据统计,截至2015年,我国因"营改增"试点改革累计减税6412亿元。其中,原增值税纳税人减税3279亿元,试点纳税人减税3133亿元。本轮全面"营改增"试点改革预计又将带来5000亿元的减税。企业所感受到的减税是一种对其更积极从事生产经营活动的激励,形成提升经济运行景气的效应,有利于在经济增速走低过程中对冲下行因素而引领新常态。

2016年5月1日起,我国"营改增"试点改革推进到全面覆盖阶段,将建筑业、房地产业、金融业、生活服务业一并纳入。为保障"营改增"改革顺利推进,财政部和国家税务总局制定下发了《关于全面推开营业税改征增值税试点的通知》(财税〔2016〕36号),之后国家税务总局又配套出台了《房地产开发企业销售自行开发的房地产项目增值税征收管理暂行办法》等若干关于行业管理、纳税申报、发票使用等方面的公告。由此,我国营业税彻底退出历史舞台,增值税实现了对货物和服务的全覆盖。同时,本次改革将不动产纳入抵扣范围,始于2004年的增值税转型(从生产型转向消费型)也基本到位。"营改增"是近年来覆盖面最广、力度最大的一次结构性减税,对经济的景气状态和结构演变影响大。"营改增"的减税效应反映在两个方面:一是"营改增"试点纳税人因税制转换带来的减税,二是原增值税纳税人因"营改增"后抵扣范围扩大而带来的减税。所以,"营改增"试点改革的减税不仅涉及试点纳税人,对原增值税纳税人也有重要影响,涉及面非常广。

然而,一个不可忽视的问题是在全球范围内,在较大经济下行压力下,财政收入增速下滑,全面减税政策能否继续大力推广。财政部数据显示,2015年1月至11月全国一般公共预算收入139935亿元,比2014年同期增长8%,同口径增长5.7%。全国、中央、地方一般公共预算收入同口径增幅分别比2014年同期有所回落。2016年一般公共预算收入仅增长3%。从2015年实际5.8%的增速下调至3%,主要原因是经济下行压力下税收收入增速可能继续下降,而且2016年全面实行"营改增",财政预算估计当年减税规模可达5000亿元。加上结转结余及调入资金,2016年全国财政总收入为158915亿元,低于2015年160272亿元的财政总收入。主要原因是2015年地方政府结转结余资金高达7055亿元,而2016年的预算收入中并未考虑这部分收入,不过2016年剩余可动用的地方财政结余结转资金非常有限,因此即便加入这部分收入,2016年实际财政总收入增速较2015年同口径10.8%的增长率依然会大幅下降。因此,如何协调税制改革与财政压力之间的矛盾,是在进一步实施减税政策过程中,应当深思熟虑的问题,这也对未来配合使用财政政策与货币政策提出了更高的要求。

1.5.1.4 新时期财政、货币政策配合面临的挑战

新时期,我国很可能继续面临外部需求低迷,内部需求中的消费动力难以在短期内迅速提升,同时政府主导型的投资方式面临诸多问题、难以为继,且经济增速小幅下滑的局面。随着美国逐步退出QE(Quantitative Easing),新兴经济体多数遭受资本外流冲击,货币贬值,经济减速。而欧盟经济除了德国和英国呈现缓慢复苏状态,其他经济体经济均遭重创,增长停滞。而2016年6月英国公投脱离欧盟之后,经济走势受到诸多因素影响,未来局势更不容乐观。美国经济也仅仅是微弱复苏,日本经济受限于未来财政改革和低迷的出口状况难在短期内有大幅改善。IMF预计,由于发达国家难以维持经济危机前的透支消费且需继续

紧缩财政以消化高债务负担，世界经济难以维持危机前的态势，我国将在一段时期内面临远低于危机前的外部需求增速，贸易顺差增速收窄。与此同时，内需中依赖政府投资拉动的模式将难以为继。这些因素都决定了未来我国的经济增速只能维持在中速水平，且国内经济矛盾将日渐尖锐。危机时的货币超发可能导致未来经济的通货膨胀压力增大，且地方政府债务问题随着风险升高或局部爆发而必须寻求解决之道。如此复杂的经济环境与多变的经济形势，对财政与货币政策的协调配合使用提出了更高的要求，也是更大的挑战。

1.5.2　全球化冲击带来的挑战

未来我国将继续面临外部需求低迷、内需难以提速的局面。据 IMF 预测，2014 年世界经济增长 3.6%，其中发达经济体增长 2.1%，新兴经济体和发展中经济体增长 5.4%。从国内情况看，随着经济增速的下降，长期以来被高速增长掩盖的深层次矛盾也将集中爆发。两者相互影响，将进一步挤压我国财政、货币政策的操作空间，许多问题只能借助改革深化和自发的市场调整予以解决。

1.5.2.1　全球经济疲软与美联储货币政策不确定增加了防范金融风险的难度

2016 年海外经济的不确定性空前加大，体现为：一是美联储危机之后首次加息，但考虑到美国制造业表现不佳，非能源贸易逆差高于危机之前，经济复苏前景的不确定性影响美联储货币政策收紧步伐，增加变数。二是全球大宗商品价格下跌带来通缩压力。作为全球经济晴雨表的 BDI 指数跌至 478，创 1985 年 1 月该指数创建以来最低水平，既预示全球经济困境，也表明欧洲、日本抗通缩的形势仍然相当严峻。三是新兴市场国家危机重重，货币大幅贬值，巴西、俄罗斯更是重灾区，陷入经济衰退。

从这个意义而言，2016 年全球经济的整体困境并不比金融危机时乐观，金融市场动荡局面也未见轻松。这不仅意味着在新兴市场需求疲软，美国需求复苏难以弥补缺口的局面下，2016 年中国出口形势会比 2015 年更严峻，更意味着中国经济仍将面临外汇市场动荡与资本项目流出的双重压力。此外，考虑到国内银行不良贷款率上升，如何既压缩产能、去杠杆，又能在资本项目开放不断推进的条件下，防范资金流出与海外动荡对中国金融安全的冲击，或是 2016 年决策者面对的最大考验。

1.5.2.2　国际税收竞争给各国政府带来压力

当前，世界经济增长不确定性和复杂性加大，特别是英国"脱欧"成为全球经济突出的风险因素。2016 年 7 月 19 日，国际货币基金组织（IMF）将今明两年全球经济增长预期分别下调了 0.1 个百分点，降至 3.1% 和 3.4%。而与此同时，IMF 再度上调中国当年 GDP 增长预期 0.1 个百分点至 6.6%，并维持下年增长预期不变。上调原因主要是中国近期相关经济举措推动了基础设施建设开支和信贷增长，有助于改善增长前景。因此，中国经济发展将对世界经济产生哪些影响，备受国际社会关注。国际税收环境对我国政府的财政可持续性带来的挑战反映在以下几个方面。

（1）建立公平高效的国际税收体系

当前，全球经济处于从危机应对向长效治理机制转型、从周期性政策向结构性政策转型的关键时刻。税收是全球治理体系不可或缺的重要组成部分，是全球经济规则协调的重要内容，是促进全球经济复苏的重要手段。构建公平合理的国际税收新秩序，促进国际税收协调与合作，是国际社会关注的共同焦点问题，也是各国财政、税收政策、法规未来将要面对的巨大挑战。

我国应当密切关注全球税收发展动向，加强对税收领域的战略性、宏观性、机制性问题的研究，确保各个经济体实现财政安全和可持续发展的目标。同时，不断深化国际税收合作。在坚持已有税收合作机制的基础上，思考在更大范围、更高水平、更深层次上开展国际税收合作。比如，减少国际双重征税，防止互不征税，有效遏制逃避税，为国际贸易和投资的增长扫清障碍。此外，还需要持续加强税收能力建设，寻求税收政策领域国际技术援助与合作，有效整合项目资源，切实提高税收能力；要不断提高发展中国家在国际税收规则中的话语权，持续加强国内资源动员能力，增进社会福祉。最后，要合理运用税收政策工具。坚持税收中性的原则，把税收政策的重点放在营造公平环境、创造公平发展机会上面，在保持财政收入可持续的基础上，促进经济包容性发展。

（2）税收"溢出"效应促进创新驱动

在全球经济增长低迷之时，各国都希望通过税收政策来引导创新和创业，让全球实现新的经济增长。

中国也正通过两方面的努力使税收政策能够更好地支持创新发展。一方面，通过"营改增"，把金融业、建筑业、物流业等行业的营业税改为增值税。这不仅有利于专业化的分工，也为创新发展创造更好的条件。另一方面，研发所得税加计扣除。中国破除了过去的一些障碍，如政府研发的投入可以作为实施单位的收入，可以作为激励股权，使它们能够获得股权等。未来，税收政策要更有针对性，要重点放在创新方面。很多人认为，技术创新可以带来新的机遇，但要实现创新的经济效益，需要通过一系列鼓励创新的税收政策来鼓励研发开支，促进创新企业走向成熟。

然而，在加大税收政策对创新支持的同时，不能仅仅依赖税收政策。税收政策能够直接或间接地与创新相关，但创新是一个涉及多层面的问题，需要体现政策的多样性，财政政策在此领域也将面对多样化的挑战。因此，通过税收政策来促进经济增长，做起来并不容易。不能仅仅局限于税收制度改革，还要联动政治、经济等各方面的综合改革来提升当前人们对贸易和投资的信心。

（3）贸易增长要求增加税收确定性

在经济全球化的背景下，税收政策正成为企业跨国投资的重要考虑因素。但是，各国税制向更为复杂的方向发展，加之国家之间、企业之间的竞争需要等，对税收处理的确定性和一致性提出了挑战。

税收政策和管理的确定性是确保税收包容性的基石，并在促进一国投资增速方面有着重要的意义，这也是经济发展最主要的推动力，而税收的不确定性主要来自财政的不可持续性。从全球看，20国集团已经要求经济合作与发展组织（经合组织）更新全球税务框架，目标就是加强国与国之间在税务管理和税收制度方面的协同一致性，而中国也已经在积极参与这一过程。中国是经济大国，税制比较复杂，但面对统一的市场，各地方的税收政策执行应具有一致性。同时，中国税制与国际通行税制之间加强一致性，也有利于企业在一个更加一致的税收环境中进行商业拓展，提高商业预测的准确性。

2 中国债务的可持续性和空间研究

2.1 导 论

2.1.1 选题背景

财政赤字与公共债务存在于不同经济发展水平和不同社会政治经济制度的国家中,是当今世界各国政府所面临的普遍性的经济难题。赤字与公债是宏观经济调控中应用最普遍的经济变量,政府在很多时候都会应用赤字或公债政策来调节国内经济。在经济新常态下,税收收入增长速度放缓,赤字将会作为一个重要的工具用于稳增长、调结构。

财政赤字是指预算年度内财政收入小于财政支出、收支不平衡的一种财政分配现象,它反映了一定时期内国家财政入不敷出的基本状况。当出现了财政赤字之后,一般有以下几种弥补方法:(1)动用历年财政结余。通常情况下,财政结余不可能有较大数额,而且一般早已构成银行信贷资金来源,已经投放出去,动用财政结余就势必减少信贷资金来源,会严重影响社会中的投资规模,不利于经济的正常运行。因此,这种弥补方法并不常用。(2)向银行透支或借款。这种弥补方法一般是迫于无奈所采取的措施。向银行透支和借款只能迫使银行凭空增发货币,会引起信用膨胀和通货膨胀的严重后果。1994年以后,我国已经立法规定中央财政赤字不再向银行透支,而靠发行国债解决。(3)举借公债。这是当今世界各国普遍采用的方法,也是被认为最可靠的办法。公债包括内债和外债。举借外债受到各种因素的影响与制约,难度较大。因此,一般情况下,举借公债通常指的是举借内债。

由于出现赤字之后,一般都是通过发行公债进行弥补,因此财政赤字与发行公债这两种经济政策密不可分。研究财政赤字,必然要研究公共债务，它们是宏观经济政策的重要组成部分。它们既是应对短期经济波动、熨平经济周期的重要手段，在经济发展某些阶段上也是扩大公共投资、提高经济长期增长率的重要方式。财政赤字政策如果运用得当，能够起到维护宏观经济稳定、促进经济发展等多方面的作用。自"凯恩斯革命"和"罗斯福新政"之后，纵观世界各国，在经济增长缓慢、市场萎靡的时候，一般都以增加财政支出、发行公债和扩大财政赤字为代价来支持经济持续发展。此次由次贷危机引致的全球金融危机也不例外。面对世界范围内的经济衰退，各国政府纷纷推出了增加财政支出、提高赤字和增发公债等经济政策来保证经济增长，中国也不例外。

随着中国经济进入新常态，政府财政收入增长放缓，但财政刚性支出增加，特别是保障和改善民生支出，保持对经济增长和供给侧改革的支持力度，增加财政赤字是当前必须的选择。根据 2016 年的政府预算报告，2016 年我国财政赤字拟安排 2.18 万亿元，比 2015 年增加 5600 亿元，赤字率为 3%，比 2015 年提高 0.6 个百分点，从 2012 年至 2015 年，中国财政赤字率分别为 1.5%、2.1%、2.1% 和 2.4%。2016 年的赤字率将是改革开放以来最高的一年。

虽然赤字预算和发行公债的经济政策在世界范围内普遍使用，但经济学界对该政策的有效性却一直存在着很大争议。就像 Mankiw（2003）在他的著作中所讲过的，"最经久不衰的宏观经济争论围绕着联邦政府财政展开。宏观经济政策的 5 个争论问题，其中之一就是政府是否应当平衡其预算赤字"。

第二次世界大战以后，西方发达国家的赤字与公债政策一直受到质疑。除了在大萧条时期扩张性的财政政策起到了对总需求的刺激作用之外，它在许多情况下被认为是通货膨胀和私人资本投资不足的主要原因。20 世纪 70 年代，随着新古典主义的兴起，西方宏观经济学用"挤出效应"解释了（赤字性）政府支出对私人资本投资的负面影响，进而解释了 20 世纪 70 年代的经济衰退。特别是 20 世纪 80 年代新古典宏观经济学学派的兴起，自由主义经济思想重新占据上风，西方经济理论界出现了否定财政赤字政策有效性的倾向，不断有学者反对财政赤字政策。

一国财政政策是否具有持续性（sustainability）一直是学界所关心的议题，此问题的重要性可从最近的欧债危机得到印证。希腊债务危机在 2011 年初变得相当严重，不但造成欧元大幅贬值，也使得金融市场剧烈震荡，美国道琼斯指数更有一天创下盘中接近千点的历史最大跌幅。为遏制希腊债务危机蔓延，欧盟于 2010 年 5 月被迫推出 7500 亿欧元的救助机制，用来分批购买希腊公债，以稳定金融市场秩序。在 2011 年 11 月，意大利亦由于债务过高，使政府公债的利率接近于 7%，大幅提高了债务违约的风险，造成全球金融市场的动荡；而后续的西班牙与葡萄牙亦有债务过高的问题，为未来全球的金融市场，埋下不稳定的因素。这一系列的债务风波，在全球化的推波助澜之下，使得国际货币基金调降 2011 年全球经济增长率的预测值，由原先的 4.3% 下修至 4%；美国与欧洲也有陷入第二次经济衰退之虞。以上种种负面影响，使得人们重新关注政府的支出行为与赤字之后衍生的债务问题。

发达国家债务问题的近因开始于 2008 年全球金融海啸，不断地扩大政府支出来增加总需求，以避免经济衰退，造成政府赤字不断上升。为缓解预算赤字，各国被迫发行更多的政府公债，造成债务不断累积，加上经济复苏不如预期，使得债务 GDP 比都相当高。根据 2015 年 7 月的资料，主要国家的债务 GDP 比如下：希腊 143%、意大利 119%、西班牙 60%、葡萄牙 93%、爱尔兰 96%、美国 99%、英国 80%、日本 213%，即便是欧盟的经济强国德国与法国，债务比也分别为 83% 与 82%。

过高的债务 GDP 比使投资人开始担心政府债务有违约的可能，此担忧降低了投资人对该国政府公债的需求，造成价格滑落；从利率的观点来看，市场的利率会开始上升。利率的上升将使政府债务再融通的成本提高，进一步造成财政危机；利率的上升也会抑制该国的消费与投资，造成总需求减少，使该国的经济恶化；更有甚者，经济情况恶化使该国的币值贬值，更不利于外债的偿还。为解决此危机，政府将被迫通过增税与缩减开支来降低预算赤字，结果导致人民不安与经济崩溃，进一步加深投资人对政府还债能力的忧虑，形成恶性循环。

Reinhart 和 Rogoff（2010）分析 44 国超过两百年的资料发现：当一国的债务所得比超过 90% 时，该国的经济成长迟缓，经济增长率将因此降低 1%。换句话说，高债务比会阻碍一国的经济成长。长远来看先进国家的债务问题如不能有效解决，恐怕会成为全球经济持续成长的绊脚石。此外，马斯特里赫条约要求欧盟会员国需要有永续的财政支出，避免过度的预算赤字，保持债务余额低于 GDP 的 60%。

财政赤字和发行公债到底如何影响宏观经济的运行，西方经济学家对此争论不休，这也同样是国内学者研究的重点。许梦博（2002）指出，财政赤字问题是现代财政分析的中枢，也是中国当前财政理论中的一个"热门"课题。尤其是为了应对金融危机，中国政府计划将财政赤字规模提高到一个空前的高度。这究竟会如何影响经济的运行，有必要进一步厘清。当前政府面临的财政支出压力较大，财政赤字还有多大的空间？

2.1.2 研究问题及选题价值

随着世界经济与金融的不断发展，各国政府对赤字和公债的依赖程度也在逐渐提高，债台高筑已成为一种普遍现象。赤字与公债既可能是一个国家经济增长的动力源，也可能是经济增长的绊脚石，它们既可能有助于一个国家保持经济稳定，也可能加剧该国的经济波动。因此，财政赤字政策与发行公债的经济增长效应无论在发达国家，还是在发展中国家都受到学者和政府的高度关注。

近年来，国外学者对本课题的研究主要集中在实证分析上，从理论上研究赤字、国债与经济增长的关系的学者不太多，比较有代表性的学者有 Greinerand Semmler（2000），Yakita（2008）等。虽然他们的理论方法和研究结果各不相同，但笔者认为他们的研究仍有改进的空间。他们或是考虑的条件不够全面，或是模型假设不够合理，或是动态学的分析不足，或是研究结论有争议。国内也有少部分学者对本课题进行了研究，但他们的研究大都仅仅停留在较为简单的实证分析的层面，缺乏广度和深度。

目前关于赤字与公债尚有很多实际的问题亟待解决，因此本文具有较高的应用价值。当前我国政府的赤字政策是否是可持续的？扩大财政赤字、发行公债与经济平稳快速增长到底有什么关系？我国的财政赤字水平是否还有提高的空间？未来中国应该实施怎样的赤字与公债政策？在可操作的空间内，政府还有哪些政策工具来促进中国经济增长？如何评价中国财政赤字及公共债务的宏观经济效应？这些问题正是本文研究的重点。笔者力图建立一个完整的关于财政赤字、公共债务与经济增长关系的理论体系，并在此基础上分析中国的财政赤字与公共债务对经济增长的影响。笔者试图通过本文的研究解答上述问题，为政府决策部门提供一个科学决策的依据，并提出政策建议。

要回答以上问题，首先，我们要恰当地评估当前我国财政政策的持续性（fiscal sustainability），这在学术与政策上都具有重要意义，故为本文的研究主题之一。所谓财政持续性是指，政府的财政支出满足跨期预算约束的要求，不可一直存在"以债养债"（Ponzi game）的情形，因此，目前的债务余额需等于未来期间的预算盈余的现值。在此情形下，称债务余额为可持续的。早期的实证研究分成两大类，第一类研究采用单根检定来检验财政赤字或债务占 GDP 的比重是否呈现均数复归的行为，若结果为拒绝单根，则财政政策具持续性。另一类研究则采用协整分析，检验政府的收入与支出之间是否具有长期的均衡关系，若检定结果有协整关系,则财政政策具持续性。

其次,本文的第二部分在于使用分量回归方法估计出债务 GDP 比的上限,若实际的债务比高于此一估计上限,则可能会使财政政策不具有持续性,此做法具有很重要的政策价值。本研究所估计得到的债务上限是一个动态的数字,是随着时间而变化的。具体而言,当前的债务上限是根据前期的宏观经济信息估计而得,因此,每期的债务上限会随宏观经济状况的改变而有变化,是一个动态的债务上限。相较于固定的债务上限(如欧盟的马斯特里赫特条约债务 GDP 比不得高于 60%),此估计值能反映当前经济情况的变化,对政府财政政策的制定,将更有参考性。

因此,笔者认为本文的价值在于,运用该理论体系对中国财政赤字与公共债务的经济效应作了实证检验与模拟分析,试图从定量分析的角度来回答以下问题:当前我国政府采用的赤字与国债政策将如何影响长期经济增长?短期内采取这些政策是否能够刺激经济增长?这些政策如何影响之后各代的债务负担水平与福利水平?

2.2　文献综述

2.2.1　公共债务规模研究

虽然经济学界对赤字与公债政策的合理性一直存在着很大争议,但赤字预算和发行公债的经济政策在世界范围内普遍使用,因此研究公共债务的规模则显得尤为重要。适度的国债规模可能是具有凯恩斯效应的,而过度的国债规模则一定不利于社会稳定和可持续增长,甚至可能导致政府破产等。

Chamley(1985)利用无限期界模型,假定政府只对劳动收入征税,个体有弹性劳动供给,建立了一个有微观基础的最优扭曲税收政府债务模型,模型的最终结论认为最优国债水平是不确定的。Bertola 和 Drazen(1993)基于公共支出、预期税收、私人消费的联系,构建了一种国债规模上限与下限的模型。当国债规模处于下限时,减税和赤字的财政政策对私人消费有扩张的影响;当国债规模到达上限时,减税和赤字的财政政策对私人消费有紧缩的影响。Manasse(1996)利用无限期界模型,假设政府受制于消费者的预期效用最大化目标和政府自身的预算约束来优化税率,定量地求解了最优税率、国债规模的最优动态变化率均与政府支出呈非线性的关系式。Meijdam et al(1996)通过世代交叠模型,研究得出国债水平和税率之间动态变化的解析公式,并分析了几个外生变量对国债规模的影响。在此基础上,进一步研究了时间偏好率(或储蓄率)、利率、人口结构、政府支出率等变量对国债水平的影响。

Aiyagari 和 McGrattan(1998)利用无限期界模型对最优政府债务问题进行了研究,并依据美国第二次世界大战后的经济参数,模拟发现美国的最优国债负担率约为 2/3,与美国实际国债负担率很接近。他还认为国债存在利弊两个方面。有利的一面表现为国债作为平滑家庭消费的工具,提高了家庭资产的流动性;不利的一面表现为国债产生了挤出效应,降低了私人消费,而且国债会产生更高的税收扭曲,不利于社会财富的分配,进而造成社会福利水平的下降。Chalk(2000)通过世代交替模型,以消费者效用最大化、企业利润最大化和政府的预算约束为对象,探讨了均衡状态下赤字财政可持续的最大赤字率,并以美国 1954—1980 年的数据为样本,推算出美国赤字财政可持续的最大赤字率为 5%。他认为真实利率低于经济增长率只是赤字财政可持续的必要条件,并非充分条件,国债规模的初始存量、真实利率与经济增长率的关系、赤字率大小是影响将来国债规模水平的三个重要因素。Greiner 和 Semmler (2000) 运用无限期界模型,在产出函数中引入生产性公共资本变量,研究了不同财政预算体制下的均衡国债规模。由于模型过于复杂,笔者并没有能够得出一个关于均衡公债规模的表达式,只进行了模拟分析。

Thadden (2004) 根据世代交叠模型,假定货币政策以一定的通货膨胀率为目标,财政政策以一定的财政赤字率为目标,在国债、实物资本、货币和产出结清的均衡状态下得到了赤字率、经济增长率、通货膨胀率和国债负担率等变量之间的关系式。Yakita (2008) 运用世代交替模型分析了公共债务规模、财政赤字可持续性与经济增长的关系。他认为,在既定公共资本存量的情况下,存在一个初始债务的极限值。只有当债务规模小于该极限值时,政府才能够推行永久性的赤字政策。

2.2.2 财政赤字的可持续性

赤字可持续性的分析有助于判定赤字财政政策能否长期维持以及评估当前的财政风险大小。随着经济学的发展,赤字可持续性的分析方法不断推陈出新,概括起来主要有两类:一类是根据宏观经济学理论和经济实际运行状态,计算一定经济目标下的最大赤字率或国债负担率;另一类是直接检验政府是否满足现值预算约束。前者由于需要建立和求解复杂的经济模型,因此研究赤字可持续性的文献较少,比较有代表性的文章有 Aiyagari 和 McGrattan (1998) 和 Chalk (2000) 等。后者则是实证分析中检验赤字可持续性普遍采用的方法,经济学家主要应用现值预算约束来分析财政赤字的可持续性,该约束条件要求政府将来的财政盈余足以偿还当前的国债余额,由此出现了检验赤字财政可持续的三条分支:

一是检验财政收入与财政支出是否存在协整关系。Hakkio 和 Rush (1991) 对美国 1950—1988 年数据的检验认为,整体样本有协整关系,但是 1976—1988 年的子样本表明财政政策不可持续。Baghestani 和 McNown (1994) 运用协整检验和误差修正模型得出的实证研究结论是税收和支出之间不存在相关性。Owoye (1995) 对 G7 国家的实证研究显示,在日本和意大利,财政收入是财政支出的单向 Granger 原因,而在其他五国,财政收入和财政支出呈现双向因果关系。Benjamin 和 Cheng (1999) 运用协整分析和 Granger 因果检验方法对八个拉美国家的实证研究显示,智利、巴西等四个国家的税收和政府支出之间具备双向因果关系,而哥伦比亚、巴拉圭等四个国家只具备从税收到政府支出的单向因果关系。Arghyrou., et al. (2007) 采用这种方法检验了希腊、爱尔兰、意大利和荷兰等欧盟四国的赤字可持续性。

二是检验财政赤字或国债余额的平稳性。目前这种方法已由过去的 I(0)、I(1) 模型推广到分数阶积分 I(d) 模型。Hamilton 和 Flavin (1986) 检验美国 1960—1984 年财政赤字和债务的平稳性,结论是二者都是平稳的,意味着财政政策是可持续的。Elder., et al (2007) 通过分数阶积分模型检验了美国财政赤字的可持续性。研究发现分数阶积分参数在 (0.5, 1) 之间,由此判断美国财政赤字是一个围绕均值回复运动的过程,因而是可持续的。

三是检验基本财政盈余率与国债负担率之间是否存在正向关系。Bohn (1998) 提出如果基本财政盈余率随着国债负担率的增加而递增,则表明赤字财政可持续。Toshihiro Ihori (2001) 采用 Bohn (1998) 提出的方法检验了日本赤字财政的可持续性。Greiner., et al. (2007) 运用这种方法检验了美国的赤字可持续性。

2.3 中国赤字与公债政策的历史演变与实证检验

各国政府一直都将财政赤字与公共债务视为宏观调控领域的重要工具,中国政府也不例外。改革开放以来,中国的经济建设取得了令世人瞩目的成就,这其中政府的公共资本支出起到了不可估量的作用。通过扩大财政赤字和增发公债进行公共投资从而促进经济增长,长期以来一直是中国政府宏观调控的重要手段。我们已经在前面的章节中论述了赤字与公债政策对经济增长的影响,在本章笔者将对中国赤字与公债政策的实践与发展作出梳理,继而分析我国财政赤字与公共债务的规模,并运用计量模型检验我国财政赤字的可持续性。

2.3.1 我国赤字与公债政策的实践与发展

中国财政运行从平衡到赤字是以1978年为界限和转折点的。在1978年以前,中国的财政预算是严格按照收支平衡并略有结余的原则进行的,财政支出坚持的是量入为出的原则。但是,由于各种主客观的原因及政治、经济的因素,在有的年份里迫不得已出现过一些非政策性的财政赤字。改革开放以后,为了加快经济改革和经济发展的步伐,政府开始实行财政赤字,并且财政赤字的种类也从早期阶段的决算赤字发展为如今的预算赤字。

而与此同时,公债政策也发生了重大转变,国务院在1981年作出了一个意义重大、影响深远的决定,即通过发行国债弥补财政赤字,当年发行国库券48.7亿元,这标志着中国国债发行的重新启动。从此,赤字与国债成为我国经济生活中的重要因素,并且发挥着越来越重要的作用。改革开放之后,中国财政赤字与公债政策的变化大致可分为三个阶段。

2.3.1.1 赤字与公债的恢复探索阶段(1978年至1985年)

这期间带有鲜明的计划经济特征。这期间财政赤字规模呈现出比较大的波动性,赤字依存度和赤字率也变得很不平稳,其中部分年份财政还略有盈余。不过,正是由于这期间财政赤字的出现,促使全国人大于1981年1月16日通过了《中华人民共和国国库券条例》,财政部于是在1981年恢复发行国债。从1981年到1985年间,中国国债(内债)的年均发行规模为47.44亿元,发行日集中在每年的1月1日,累计发行额为237.21亿元。这期间的国债发行有以下几个特点:第一,国库券收入列入财政计划,不过它占财政总收入的比重并不大,约为3%左右。第二,发行期长,券种单一,全部为中长期债券。第三,对个人和单位实行差别利率,且利率水平低于同期银行存款利率。第四,发行方式采取行政摊派,强调合理分配和自愿结合的原则。第五,国库券不能流通。

2.3.1.2 赤字与公债的初步运用阶段(1986年至1997年)

这期间财政赤字体现了一种比较强劲的上升趋势,赤字依存度也迈上了一个新台阶。这期间,中国经历了前所未有的经济体制改革,取得了举世瞩目的成绩,而财政作为主要突破口进行了一系列放权让利的改革,这种改革激发了企业和地方政府的积极性,成为中国经济增长的重要原因之一。但是在其他领域的经济改革不断取得进展时,放权让利后的预算体制越来越无法应对经济增长的局面,从而造成了财政困境。因此处于变动中的中国财政制度是导致财政赤字日益扩大的重要原因之一。不过,进入20世纪90年代后的财政赤字与80

年代相比已经发生了较大的变化，此时的财政赤字是由于政府职能转变滞后，以及财政收支结构未能适应经济形势的转变而造成的，属于财政分配的结构性赤字。

与此同时，国债市场也随之形成和发展。1988年4月，中国国债的二级场外交易市场初步形成。1990年国债开始在上海与深圳交易所交易，从此有了国债场内交易市场。此后，国债的一级市场也初步建立。1991年，财政部开始进行国债发行承购包销试点工作，将当年四分之一的国债交由70家证券中介机构承销，国债发行市场初步建立。1993年11月，中共十四届三中全会通过了《中共中央关于建立社会主义市场经济体制干问题的决定》，决定自1994年起"中央财政赤字不再向银行透支，而靠发行长短期国债解决"。从此，赤字与国债开始紧密相连，增加财政赤字则意味着增发国债。

此后，中国人民银行在1996年4月9日首次向14家商业银行总行买进2.9亿元面值的国债，这标志着中央银行公开市场业务的正式启动。这表明中国政府开始运用国债市场进行宏观调控，国债政策已成为宏观调控的工具。在这一时期，国债市场得到了进一步的规范和发展。首先，在1995年部分国债市场化发行的基础上，1996年扩大了国债招标的发行范围。其次，国债种类多样化，1996年对短期国债首次实行了贴现发行方式，并新增了最短期限的3个月国债，全年发行的国债共有7个期限品种，国债期限结构日趋合理；财政部也改革了以往国债的集中发行方式，按月滚动发行，提高了国债发行频率，并注意了发行新债与偿还旧债在时间上的衔接。最后，财政部在1997年建立了全国统一的国债集中托管体制。此外，为配合中央银行公开市场操作和防范金融风险，政府于1997年6月建立了银行间债券市场，为中央银行公开市场操作奠定了组织基础。总体看来，赤字与公债政策在这期间得到了充分的发展与完善。

2.3.1.3 赤字与公债的成长完善阶段（1998年至今）

我国政府在1998年以后，开始针对不同的经济形势采取不同的财政政策。亚洲金融危机爆发后，对中国经济的影响进一步加重，使得全国经济增速偏缓、效益偏低。针对上述问题，中国政府实施了以推进经济增长为宗旨的大规模、主动投入的财政行为，通过加大财政投入，扩大内需，努力推动经济的进一步增长。所以，1998—2003年无论是财政赤字的总额，还是赤字率和赤字依存度等都达到了空前的水平。但是这一阶段与以前各阶段相比，最大的特点在于，它是在较为典型的市场经济环境下，为了克服国民经济周期性波动、执行扩张性财政政策而产生的财政赤字。

应该指出的是，1998年以前的政府赤字带有明显的"事后赤字"特征，也就是说，这种赤字不是政府主动选择的结果，并不是因为要调节经济波动而存在的，而是被动地接受客观现实的产物，是财政收入被动地相对下降所致。1998年开始实施的积极财政政策是一个重要的转折点，标志着财政政策从以往的追求"年度预算收支平衡"向追求"经济总量平衡"转变。之所以出现这种转变，最根本的原因在于整个社会资源的配置方式发生了变化。经过20年的改革，市场开始逐步取代政府成为社会资源配置主体，对全社会资源配置起基础性的作用。由于政府不再控制全部社会资源，所以保持财政收支平衡并不能保证社会总供给和总需求的平衡。相反，在市场经济条件下，社会总供需的平衡往往通过财政收支的不平衡来实现，这也正是现代财政政策理论的主要内容之一。为了维护经济稳定与发展，政府主动采取了以扩大国债发行、增加财政支出为内容的扩张性财政政策。与以前的"事后赤字"不同是，此时的财政赤字属于"事前赤字"，即政府主动安排的赤字。种种情况表明，政府在实践上已经将财政政策的着眼点转移到了"经济总量平衡"方面。

与此同时，国债政策作为重要的财政政策

也被政府妥善运用。同样以亚洲金融危机为例,为了扩大有效需求,治理通货紧缩,1998年我国政府实施了积极的财政政策和稳健的货币政策,确保了经济的稳定增长,当年以发行2700亿元特别国债并增发1000亿元10年期国债为标志的国债政策尤为世人瞩目。1998年到2003年,中国政府共发行建设国债8000亿元,到2003年底,国债余额达到20000多亿元。

值得说明的是,1998年以后的国债发行与之前相比的本质区别在于,在前两个阶段,政府被动地发行国债以弥补财政赤字和支付到期的国债本息;而从1998年开始,政府为了扩大有效需求,推动经济增长,主动通过增发国债来增加投资性支出。

政府成熟运用赤字与公债政策还体现在2004年至2008年。自2004年开始,鉴于中国已经走出通货紧缩,进入新一轮经济周期的上升阶段,财政政策也随之由积极转为稳健。赤字从2002年最高的3%逐渐下降至2007年的不足1%,而长期建设国债也逐年下降至600亿元以下。自2008年以后,政府再次根据经济形势调整赤字与公债政策。为了应对全球金融危机,中央政府将稳健的财政政策再度调整为积极的财政政策,通过提高赤字、增发国债的方式来扩大公共资本支出,带动全社会的投资,从而促进经济增长。

综合上述分析可以发现,自1998年以后,政府开始有意地运用赤字和国债政策作为宏观经济管理政策的一个重要工具,这是我国赤字与国债政策的质的变化。自此,中国政府开始熟练运用上述政策来进行宏观调控。不过,产生这种变化的本质原因在于我国的宏观经济环境发生了根本性的变化,我国已经告别了以供给不足为根本特征的供给约束型经济,今后宏观经济运行中的主要矛盾是有效需求不足。在过去供给约束型经济中宏观经济政策的主要目标在于抑制过旺的总需求,避免通货膨胀的发生;而在有效需求不足成为主要矛盾的需求约束型经济中,宏观经济政策的着眼点就应该是刺激总需求,实现充分就业。

2.3.2 我国财政赤字与公共债务的规模

我国的赤字与公债政策在改革开放三十余年中得到了长足的进步与发展,与此同时它们的规模也在迅速增大。国际上衡量财政赤字规模的指标通常有两个,一是财政赤字率,即财政赤字占GDP的比重,说明政府在当年以财政赤字支出方式动员了多大比例的社会资源;另一个是赤字依存度,即财政赤字占财政支出的比重,说明政府在当年的总支出中有多大比例是依赖财政赤字支出实现的。而衡量公债规模的指标主要参考国债与GDP之比。表2-1描述了中国在1978—2014年财政赤字的基本状况,其中GDP、财政收入、财政支出、财政赤字和公债余额的单位为亿元。

表2-1　　　　　　1978—2014年中国财政赤字与公共债务规模　　　　　　单位:亿元

年份	GDP	财政收入	财政支出	财政赤字	公债余额	公债/GDP(%)	赤字率(%)	赤字依存度(%)
1978	3678.7	1132.26	1122.09	-10.17	—	—	-0.28	-0.91
1979	4100.5	1146.38	1281.79	135.41	—	—	3.33	10.56
1980	4587.6	1159.93	1228.83	68.9	—	—	1.52	5.61
1981	4935.8	1175.79	1138.41	-37.38	48.7	0.99	-0.76	-3.28
1982	5373.4	1212.33	1229.98	17.65	92.8	1.73	0.33	1.43
1983	6020.9	1366.95	1409.52	42.57	134.5	2.23	0.71	3.02
1984	7278.5	1642.86	1701.02	58.16	176.7	2.43	0.80	3.42

续表

年份	GDP	财政收入	财政支出	财政赤字	公债余额	公债/GDP（%）	赤字率（%）	赤字依存度（%）
1985	9098.9	2004.82	2004.25	-0.57	238	2.62	-0.01	-0.03
1986	10376.2	2122.01	2204.91	82.9	293.6	2.83	0.80	3.76
1987	12174.6	2199.35	2262.18	62.83	391.8	3.22	0.52	2.78
1988	15180.4	2357.24	2491.21	133.97	558.5	3.68	0.88	5.38
1989	17179.7	2664.9	2823.78	158.88	771.4	4.49	0.92	5.63
1990	18872.9	2937.1	3083.59	146.49	890.3	4.72	0.78	4.75
1991	22005.6	3149.48	3386.62	237.14	1060	4.82	1.08	7.00
1992	27194.5	3483.37	3742.2	258.83	1282.7	4.72	0.95	6.92
1993	35673.2	4348.95	4642.3	293.35	1540.7	4.32	0.82	6.32
1994	48637.5	5218.1	5792.62	574.52	2286.4	4.70	1.18	9.92
1995	61339.9	6242.2	6823.72	581.52	3300.3	5.38	0.95	8.52
1996	71813.6	7407.99	7937.55	529.56	4361.4	6.07	0.74	6.67
1997	79715	8651.14	9233.56	582.42	5508.9	6.91	0.73	6.31
1998	85195.5	9875.95	10798.18	922.23	7765.7	9.12	1.08	8.54
1999	90564.4	11444.08	13187.67	1743.59	10542	11.64	1.93	13.22
2000	100280.1	13395.23	15886.5	2491.27	13020	12.98	2.48	15.68
2001	110863.1	16386.04	18902.58	2516.54	15618	14.09	2.27	13.31
2002	121717.4	18903.64	22053.15	3149.51	19336.1	15.89	2.59	14.28
2003	137422	21715.25	24649.95	2934.7	22603.6	16.45	2.14	11.91
2004	161840.2	26396.47	28486.89	2090.42	25777.6	15.93	1.29	7.34
2005	187318.9	31649.29	33930.28	2280.99	31848.59	17.00	1.22	6.72
2006	219438.5	38760.2	40422.73	1662.53	34380.24	15.67	0.76	4.11
2007	270232.3	51321.78	49781.35	-1540.43	51467.39	19.05	-0.57	-3.09
2008	319515.5	61330.35	62592.66	1262.31	52799.32	16.52	0.40	2.02
2009	349081.4	68518.3	76299.93	7781.63	59736.95	17.11	2.23	10.20
2010	413030.3	83101.51	89874.16	6772.65	66987.97	16.22	1.64	7.54
2011	489300.6	103874.43	109247.79	5373.36	71410.8	14.59	1.10	4.92
2012	540367.4	117253.52	125952.97	8699.45	76747.91	14.20	1.61	6.91
2013	595244.4	129209.64	140212.1	11002.46	85836.05	14.42	1.85	7.85
2014	643974	140370.03	151785.56	11415.53	94676.31	14.70	1.77	7.52

资料来源：国家统计局，历年中国统计年鉴。

由表2-1可以发现，我国赤字与公债规模的迅速扩大是在1997年之后。中国在亚洲金融危机爆发后实行积极财政政策，政府财政赤字和债务急剧增大，而且连年不断。在危机过后，政府实行了稳健的财政政策，但预算仍然是赤字，从而使得政府债务规模不断扩大。

2007年中国经济高涨，股票交易印花税等税收大增，使得中国财政25年后首次出现财政盈余。但是后来随着全球金融危机的蔓延，国家财政又重新陷入赤字，国务院随之出台了依靠赤字与公债融资的数额庞大的经济刺激计划，使得我国2009年的中央财政赤字超过7000亿元。随后中国继续采用赤字政策，在2014年，我国的赤字为1.14万亿元，赤字率为1.77%。预计2016年的赤字率超过3%的马约标准。

从财政赤字率的角度来看，目前我国的财政赤字率并不高，没有超过马约所规定的3%。但是，从赤字依存度的角度来看，该指标在部分年鉴已经和发达国家的水平非常接近，甚至略微高出。例如，美国政府在2000年至2002年的赤字依存度均在10%以下。

与此同时，政府为了填补财政赤字，不得不大量发型国债。公债余额从最初的不到50亿元上升到2014年的9.46万亿元，占GDP的比重也从最初的1%逐步上升到2014年的14.70%。

综合上述分析可知，我国的赤字与国债规模增长迅速，那么我国的赤字与公债政策是否是可持续的呢，会否和日本一样，为了保持高增长率而不断推行财政赤字以致最终深陷债务危机之中呢？我们将在下一节作出实证检验。

2.3.3 我国财政赤字可持续性的实证检验

财政赤字的可持续性并不是一种抽象的东西。根据世界银行的描述可知，如果财政赤字被认为是无法维持的，私人部门会预期政府将增加税收或增发货币，从而引起通货膨胀和货币贬值，促使资本外逃，从而会加快难以维持的政策垮台。因此，不可持续性的财政政策通常会伴随金融危机和国际收支危机，例如2010年的希腊主权债务危机。事实上，一个国家的财政赤字和债务规模不合理，会引发巨大的财政风险和金融风险，进而导致经济的崩溃。因而，准确地认识和判断财政风险显得格外重要。

目前，经济学界研究财政政策可持续性主要有两种方法，一是利用关于公共部门偿债能力的会计方法测算可持续财政赤字水平。如果基本财政赤字的实际值低于可持续值，财政政策就是可持续的；否则，是不可持续的，需要调整。二是检验公共债务是否满足非蓬齐博弈条件（不能永远靠借新债来偿还旧债），或检验政府是否满足跨期预算约束条件。如果政府的财政行为能够满足该条件，财政政策就是可持续的；否则，财政政策就是不可持续的。

跨期预算约束的检验方法是考察政府将来的财政盈余是否可以偿还当前的国债余额。根据这种检验思路，学术界出现了检验赤字财政可持续的三条分支：一是检验财政收入与财政支出是否存在协整关系，Hakkio和Rush（1991）利用该方法检验了美国的财政赤字，Arghyrou., et al.（2007）采用这种方法检验了希腊、爱尔兰、意大利和荷兰等欧盟四国的赤字可持续性。二是检验基本财政盈余率与国债负担率之间是否存在正向关系，Bohn（1998）提出如果基本财政盈余率随着国债负担率的增加而递增，则表明赤字财政可持续，Greiner., et al.（2007）运用这种方法检验了美国的赤字可持续性。三是检验财政赤字或国债额的平稳性，目前这种方法已由过去的$I(0)$、$I(1)$模型推广到分数阶积分$I(d)$模型，Cunado., et al.（2004）通过$I(d)$模型检验了美国的赤字财政可持续性。

国内有部分学者从多个角度研究了我国财政政策的可持续性。张春霖（2000）提出了利用公共部门的预算约束方法研究财政赤字的可持续性，但仅停留在定性分析上。马拴友（2001）利用关于公共部门偿债能力的会计方法测算了中国公共部门可持续财政赤字水平，发现目前公共部门只有很小的财政赤字扩张空间，积极财政政策是不可持续的。刘迎秋（2001）讨论了我国现阶段的赤字率和债务率及其警戒线，但主要利用了定性分析的方法。Tsangyao Chang和Yuan – Hong Ho（2002）根据政府是否满足现值借款约束条件的理论，用 1977—1999 年的数据对中国的税收和支出关系进行检验，认为中国的税收和支出之间存在双向因果关系，但其研究的样本期过短。

总体而言，国内学者大多关注财政收入、财政支出对经济增长的贡献，缺乏对财政收入与财政支出之间关系的实证检验，从而进一步研究赤字可持续性。因此，笔者将运用跨期预算约束的检验方法和经济模型，以 1950—2014 年中国的财政收支数据为样本，对中国财政收入和财政支出之间的长期关系进行实证检验，进而说明当前我国财政政策的可持续性状况。本文与之前的研究相比，所做的扩展主要包括两方面。一是实证分析的时间跨度更长，以 1950—2014 年的时间序列数据进行分析。二是在协整检验的过程中考虑了时间序列数据的结构性变化。下面，笔者将借鉴 Hakkio 和 Rush（1991）构建的经济模型，首先从理论方面说明财政赤字可持续的条件。

2.3.3.1 理论模型

首先，我们定义政府预算约束，由于政府只能采用发行公债来弥补财政赤字，因此有：

$$X_t + i_t D_t = T_t + (D_{t+1} - D_t) \quad (2.1)$$

其中 X_t 代表 t 期的政府支出，i_t 代表 t 期的公债利率，T_t 代表 t 期的财政收入，D_t 代表 t 期的公债余额，$D_{t+1} - D_t$ 可以理解为 t 期的赤字。假定市场利率 i 是稳定的，这意味着政府跨期预算约束是按价格指数进行调整后的实际预算约束，由（2.1）式可得：

$$X_t + (i_t - i)D_t + (1+i)D_t = T_t + D_{t+1} \quad (2.2)$$

令 $E_t = X_t + (i_t - i)D_t$，则有：

$$E_t + (1+i)D_t = T_t + D_{t+1} \quad (2.3)$$

将上式进行逐步迭代至无穷期可得：

$$D_t = \sum_{j=0}^{\infty} \beta^{j+1}(T_{t+j} - E_{t+j}) + \lim_{n \to \infty} \beta^{j+1} D_{t+j} \quad (2.4)$$

其中，$\beta = 1/(1+i)$。根据上式，结合（2.1）式整理可以得到：

$$X_t + i_t D_t = T_t + \sum_{j=0}^{\infty} \beta^{j+1}(\Delta T_{t+j} - \Delta E_{t+j}) + \lim_{n \to \infty} \beta^{j+1} \Delta D_{t+j} \quad (2.5)$$

令 $EX = X_t + i_t D_t$，其中 EX 表示为政府总支出，包括政府支出和公债利息支付。对（2.5）式限定一个约束条件：

$$\lim_{n \to \infty} \beta^{j+1} \Delta D_{t+j} = 0 \quad (2.6)$$

只要（2.6）式成立，那么政府财政是可持续的，即满足跨时预算约束，当前的财政盈余 $T_t - EX$ 与未来财政盈余的预期折现值之和能够偿还累积债务本金及其利息，（2.5）即可表示为：

$$EX_t - T_t = \sum_{j=0}^{\infty} \beta^{j+1}(\Delta T_{t+j} - \Delta E_{t+j}) \quad (2.7)$$

假定 T 和 E 为非平稳序列，ΔT 和 ΔE 是 T 和 E 的一阶差分，ΔT 和 ΔE 是平稳序列，T 和 E 是随机游走序列，可以记为：$T_t = \alpha_1 + T_{t-1} + \varepsilon_{1t}$，$E_t = \alpha_2 + E_{t-1} + \varepsilon_{2t}$，于是，（2.5）式可以写为：

$$EX_t - T_t = \alpha + \varepsilon_t \quad (2.8)$$

其中，$\alpha = \sum_{i=1}^{\infty} \beta^{j-1}(\alpha_1 - \alpha_2)$，$\varepsilon_t = \sum_{i=1}^{\infty} \beta^{j-1}(\varepsilon_{1t} - \varepsilon_{2t})$。而 α_1 和 α_2 为常量，ε_{1t} 和 ε_{2t} 为均值为 0 的平稳过程，因此，式（2.8）右边是平稳的。由于 EX_t 和 T_t 是非平稳序列，那么 EX_t 和 T_t 之间必然存在协整关系。协整方程可写为：

$$T_t = \alpha + b EX_t + \varepsilon_t \quad (2.9)$$

也就是说如果（2.6）式成立，EX_t 和 T_t 之间必然存在协整关系。

下面，我们讨论协整系数 b 的取值。把（2.9）式代入（2.1）式可以得到：

$$D_{t+1} = [1 + (1-b)i_t]D_t + (1-b)X_t - \alpha - \varepsilon_t \quad (2.10)$$

对（2.10）式进行整理变形以后得到下式：

$$\Delta D_t = (1-b)EX_t - \alpha - \varepsilon_t \quad (2.11)$$

从（2.10）式可以看出，当 $b = 1$ 时，由于 α 为常量，ε_t 为均值为 0 的平稳过程，这种

情况下 ΔD_t 为平稳时间序列，ΔD_t 的期望值为常数，则（2.6）式收敛于 0；当 $0 < b < 1$ 时，由于 EX_t 是非平稳序列，这种情况下 ΔD_t 为非平稳时间序列和平稳时间序列之和，因此 ΔD_t 表现为非平稳时间序列。我们假定在所有时点 $i_t = i$，则（2.11）式可以写成下式：

$$D_{t+1} = [1 + (1-b)i]D_t + (1-b)X_t - \alpha - \varepsilon_t \quad (2.12)$$

逐步迭代可得：

$$D_{t+j} = \sum_{k=0}^{j} [1+(1-b)i]^{j-k} S_{t+k} + [1+(1-b)i]^j D_t \quad (2.13)$$

其中，$S_{t+k} = (1-b)X_t - \alpha - \varepsilon_t$，由（2.13）式可得：

$$\lim_{n\to\infty}\beta^{j+1}\Delta D_{t+j} = \lim_{n\to\infty}(\sum_{k=0}^{j}[1+(1-b)i]^{j-k}\beta^{j+1}\Delta S_{t+k} + [1+(1-b)i]^j\beta^{j+1}\Delta D_t) \quad (2.14)$$

从式（2.14）式可以看出，当 $0 < b < 1$ 且 ΔD_t 非平稳时，（2.14）式收敛于 0，即（2.6）成立。上述理论模型表明，如果政府财政是可持续的，那么 T_t 和 EX_t 之间必然存在协整关系且协整系数 $0 < b \leq 1$，这是政府财政是可持续的必要条件。Quintos（1995）在此基础上进一步证明了财政收入和财政支出存在协整关系，协整系数 $0 < b \leq 1$ 是政府财政可持续的充分条件。因此，政府财政可持续的充分必要条件为财政收入 T_t 和财政支出 EX_t 之间存在协整关系，且协整向量为 $(1, -b)$，其中 $0 < b \leq 1$。

2.3.3.2 计量方法

结合前面理论模型的分析，我们按照以下步骤进行实证检验。

（1）变量时间序列的平稳性检验

在对相关变量进行协整分析之前，首先要对变量的平稳性作检验。单位根检验的方法通常有 DF 检验法、PP 检验法和 ADF 检验法。其中 ADF 检验法是对 DF 检验法的扩展，也是目前普遍应用的单整检验方法。在 ADF 检验中，为了保证方程中的 ε_t 是白噪声，在方程右边加了一些滞后项。于是单位根检验的回归方程为：

$$\Delta x_t = (\rho - 1)x_{t-1} + \sum_{i=1}^{p}\theta_i \Delta x_{t-i} + \varepsilon_t \quad (2.15)$$

该方程称为模型 1。如果包含常数项，则为模型 2：

$$\Delta x_t = \alpha + (\rho - 1)x_{t-1} + \sum_{i=1}^{p}\theta_i \Delta x_{t-i} + \varepsilon_t \quad (2.16)$$

如果再加入时间趋势项，则为模型 3：

$$\Delta x_t = \alpha + \beta t + (\rho - 1)x_{t-1} + \sum_{i=1}^{p}\theta_i \Delta x_{t-i} + \varepsilon_t \quad (2.17)$$

上述模型的零假设为：$H_0: \rho = 1$。若 ADF 值小于 Mackinnon 临界值，则序列是平稳的，否则是不平稳的。单位根检验最佳滞后阶数按照 AIC 准则或 SIC 确定，AIC 值或 SIC 越小，则滞后阶数越佳。在对变量的变动趋势进行考察后，在上述 3 个模型中选择适当的形式进行单位根检验，如果常数项和趋势项的检验不显著，可从方程中剔除。

（2）变量协整关系的检验

许多经济指标的时间序列数据并不具有稳定过程的特征，若按照传统的经济计量方法，直接运用变量的水平值研究经济现象之间的静态均衡关系，容易导致谬误回归。如果取其一阶差分来构造回归模型，虽然克服了单位根过程的困难，在统计意义上有效，但却失去了水平数据的经济意义。而协整理论克服了传统经济计量模型依靠差分后的数据来满足平稳性导致长期变动趋势信息丧失的弊端，使模型同时综合了系统的短期动态波动和长期稳定均衡，为经济分析和预测提供了一种强有力的工具，被广泛应用于宏观经济建模。

为了检验两变量 Y_t、X_t 是否存在协整关系，通常可采用 Engle 和 Granger 于 1987 年提出的两步检验法，也称为 EG 检验。第一步，用 OLS 方法估计下列方程：

$$Y_t = \beta_0 + \beta_1 x_t + \mu_t \quad (2.18)$$

得到 $\hat{Y}_t = \hat{\beta}_0 + \hat{\beta}_1 x_t$ 和 $\hat{\mu}_t = Y_t - \hat{Y}_t$，这一步

称为协整回归。第二步则是检验 $\hat{e}_t$ 的单整性。如果 $\hat{e}_t$ 为稳定序列,则认为变量 Y_t、X_t 存在 (1,1) 阶协整关系,即存在长期均衡关系,否则就不存在协整关系。

(3) 误差修正模型

在存在协整关系的前提下,为使推断更有效,往往引入误差修正项,其检验模型为:

$$\Delta y_t = \sum_{i=1}^{p} \alpha_i \Delta y_t + \sum_{j=1}^{q} \beta_j \Delta x_{t-j} + \gamma ECM + \varepsilon_t$$

(2.19)

其中,ECM 为误差修正项,即协整方程中的回归残差项 $\hat{\mu}_t$,它反映了长期均衡对短期波动的影响。因此在误差修正模型中,各个差分项所反映的变量短期波动的影响可以分为两部分:一部分是短期波动,一部分是长期均衡。误差修正模型比普通的单方程模型更全面地反映了变量间的短期和长期的关系。

2.3.3.3 实证分析

本节研究所选取的数据区间为 1950—2009 年,原始数据来源于《新中国五十年统计资料汇编》和历年的《中国统计年鉴》。在进行计量分析时,我们分别使用 TR 和 EX 表示中国的名义财政收入和名义财政支出,为了计算方便,我们将其取自然对数,这并不改变变量的特征。我们运用 Eviews 6.0 来进行变量的计算和数据分析。

(1) 单位根检验

在对财政收入 TR 和财政支出 EX 进行协整分析之前,首先需要对 TR 和 EX 的平稳性作 ADF 检验,检验变量的滞后期按照 AIC 规则由软件自动取值,检验结果如表 2.2 所示。其中检验形式 (C,T,L) 中,C 代表常数项,T 代表时间趋势项,L 代表滞后阶数。如 (C,0,0) 表示有常数项、无时间趋势项、滞后阶数为 0;(C,T,2) 表示有常数项、有时间趋势项、滞后阶数为 2,依此类推。

表 2-2 财政收入与财政支出变量的单位根检验

变量	水平检验结果				一阶差分检验结果			
	检验形式 (C,T,L)	ADF 值	1% 临界值	5% 临界值	检验形式 (C,T,L)	ADF 值	1% 临界值	5% 临界值
TR	(C,T,3)	0.1276	-4.1305	-3.4921	(C,0,1)	-6.0540	-3.5504	-2.9135
EX	(C,T,3)	0.0992	-4.1305	-3.4921	(C,0,1)	-6.0854	-3.5504	-2.9135

由表 2-2 可知,财政收入 TR、财政支出 EX 两个变量的时间序列都是非平稳的,水平检验的 ADF 值大于 Mackinnon 临界值。不过它们的一阶差分在 1% 的显著水平上是平稳的,即都是 I(1) 序列。

(2) 协整检验

根据前面的理论分析,我们知道财政可持续性的研究主要集中在两个问题上。第一,财政收入和财政支出之间是否存在协整关系;第二,协整系数 b 的取值是否介于 0 和 1 之间。根据单位根检验,财政收入 TR 和财政支出 EX 均为一阶单整,因此,我们可以使用 Engel - Granger 协整检验考察财政收入和财政支出之间的长期协整关系。首先对 TR 和 EX 进行协整回归,其中 T 为时间趋势项,得到协整方程如下:

$$\ln TR = 0.11716 + 0.97870 \ln EX + 0.00019T + \mu_t$$
$$(1.76) \quad (69.38) \quad (0.14)$$

(2.20)

上述回归方程的系数非常显著,方程的拟合优度也达到了 0.9993。接下来,我们对回归方程 (3.20) 式的残差序列 μ 进行平稳性检验,检验形式 (0,0,0),检验结果如表 2-3 所示。

表 2 – 3　　　　　　　　　　残差序列的平稳性检验

Lag Length: 0 (Automatic based on AIC, MAXLAG = 5)

		t – Statistic	Prob. *
Augmented Dickey – Fuller test statistic		-4.909823	0.0000
Test critical values:	1% level	-2.604746	
	5% level	-1.946447	
	10% level	-1.613238	

可以发现，残差序列的 ADF = -4.9098，而 1% 的临界值为 -2.6047，残差序列平稳。因此，财政收入 TR 和财政支出 EX 是（1，1）阶协整，说明了它们之间存在长期均衡的协整关系，协整系数 $b = 0.9787$。由上述检验结果可知，财政可持续性的两个条件是满足的，我国在 1950 年至 2009 年间的财政政策在 1% 的显著性水平时是可持续的。

（3）误差修正模型

我们已经根据协整检验，发现了 TR 和 EX 变量之间存在的长期均衡的协整关系。下面我们将根据这种关系构成误差修正项，然后建立短期模型，将误差修正项看作一个解释变量，连同其他反映短期波动的解释变量一起，建立短期模型，即误差修正模型。我们用 ECM 表示回归方程（2.20）中的残差序列，估计后得到误差修正模型如下（括号内的数值为 t 值）：

$$\Delta \ln TR_t = 0.9718 \Delta \ln EX_t + 1.1219 \Delta \ln TR_{t-1}$$
$$(27.73) \quad (4.97)$$
$$-1.0929 \Delta \ln EX_{t-1} - 0.6816 ECM \quad (2.21)$$
$$(-4.88) \quad (-2.68)$$

误差修正模型（2.21）的回归系数都非常显著，回归结果显示，中国财政支出与财政收入之间在短期内具备显著的正相关关系。从误差修正项 ECM 的估计系数（-0.6816）来看，调整方向符合误差修正机制，对偏离长期均衡的调整力度也较大，可以保持中国财政支出与财政收入的协整关系，自动地调整其长期均衡关系。

2.3.3.4　结论

由单位根检验可知，1950—2014 年间中国的财政收入和财政支出变量不具备平稳性，但它们的一阶差分是平稳的。由 EG 协整检验发现，中国的财政收入和财政支出之间具备长期均衡的协整关系。从误差修正模型来看，短期内中国的财政收入和财政支出之间存在显著的短期动态调整机制，由于误差项的存在，可以自动地实现中国的财政收入和财政支出之间的长期均衡关系。而判断财政赤字可持续性的标准是，财政支出和财政收入存在协整关系，并且协整系数取值介于 0 和 1 之间。基于此，我们认为，1950—2014 年中国的财政赤字政策从长期来看是可持续的，政府具备清偿债务的能力。由于中国的财政政策具备可持续性，中国财政赤字的宏观经济效应分析也就具备了可靠的理论前提和现实基础。

笔者分析我国财政赤字可持续的主要原因可能在于，一是我国政府较为重视财政收支间的平衡调节；二是我国金融市场的开放程度较低，利率并未市场化，而且国债的票面利率基本固定，因而大大减少了国债的融资成本。

值得注意的是，上述检验结果只是说明了到目前为止，中国的财政赤字政策是可持续的，这并不意味着政府赤字政策长期实施下去也没有风险。而且经济学界普遍认为，我国的隐性债务负担沉重，政府尚未找到化解隐性债务的有效办法，这也增加了我国经济运行的不确定因素。

2.4 财政赤字、公共债务与中国经济增长

2.4.1 引言

随着全球经济危机的出现和欧债危机的恶化，各国政府对赤字和公债的依赖程度逐渐提高，以财政赤字和政府公债为主的政府债务不断增长。然而财政赤字与公债既可以是一个国家经济增长的动力源，促进经济平稳增长，也可以是经济增长的绊脚石，加剧一国经济波动。那么，扩大财政赤字、发行公债与经济平稳快速增长到底有什么关系？如何评价中国财政赤字及公共债务的宏观经济效应？中国的财政赤字政策是否是可持续的呢？未来中国应该实施怎样的赤字与公债政策？这些问题正是本文研究的重点。

有关财政赤字与公共债务对经济增长的效应问题，国外学者 Greiner 和 Semmler (2000) 运用无限期界模型探讨了不同赤字预算政策下公共资本对经济增长的影响，并提出"黄金法则赤字政策"的概念。他们认为将国债只用于公共投资领域的赤字政策是"黄金法则赤字政策"，在满足一定条件下，如果政府奉行"黄金法则赤字政策"，提高政府赤字将促进经济增长。Minea 和 Villieu (2009) 运用无限期界模型，认为实行赤字政策无论在长期还是短期内都不利于经济增长。Groneck (2010) 运用无限期界模型，将部分变量外生化，论证了政府如果奉行"黄金法则赤字政策"，则只要提高政府赤字，必然会促进经济增长。Diamond (1965) 通过两时期世代交叠模型发现，外债和内债都将减少纳税人个人寿命时间内的消费，并减少储蓄。Barro (1974) 使用了 OLG 模型反驳了 Diamond 的论点，提出当存在遗产的动机时，政府赤字就没有实际的影响。Thadden (2004) 根据世代交叠模型，假定货币政策以一定的通货膨胀率为目标，财政政策以一定的财政赤字率为目标，在国债、实物资本、货币和产出结清的均衡状态下得到了赤字率、经济增长率、通货膨胀率和国债负担率等变量之间的关系式。Brauninger (2005) 在世代交替模型下，运用 AK 生产函数证明了在固定政府支出率和赤字率的财政政策下最优税率是根据内生变量不断调整的，在初始债务比率低于某一特定值的条件下，存在一个稳态增长路径，并且增加赤字将会降低生产率。Fanti 和 Spataro (2007) 在世代交叠模型中引入劳动弹性供给变量，证明了在动态无效率状态下，增加国债不一定必然提高社会福利水平。国内大多研究都认为财政赤字政策对经济增长没有挤出效应，却有挤入效应。例如，刘溶沧和马拴友 (2001)、郭庆旺等 (2003, 2006)、宋福铁 (2004)、赵志耘和吕冰洋 (2005)、付文林和沈坤荣 (2006)、马拴友 (2001, 2006) 等人的研究均认为实施积极财政政策对促进经济增长具有促进作用。当然，也有学者对赤字与公债持反对观点，他们认为财政投资支出或消费支出在一定程度上并不利于中国的长期经济增长。例如，龚六堂、邹恒甫 (2001) 的实证分析表明，政府的生产性支出的增长对经济增长没有统计学上的影响，而政府生产性支出与非生产性支出的波动对经济增长是有负面影响的。曾令华 (2000)、谢建国和陈漓高 (2002)、庄子银和邹薇 (2003)、王小利 (2005)、尹恒 (2006)、郭宏宇和吕风勇 (2006) 等均反对赤字与公债政策。

本文与上述文献相比，不仅模拟分析了长期执行财政赤字或平衡预算政策对经济发展的影响，而且基于内生经济增长理论，将财政政策对经济发展产生的影响进行了模拟。全文结构如下：首先采用了 Auerbach 和 Kotlikoff 方法

建立了52期世代交替结构的可计算一般均衡（CGE）模型。其次，结合之前的实证分析校准了中国的经济参数，利用扩展后的CGE模型模拟分析了中国经济发展，考察了目前采用的积极的财政政策对经济增长、债务负担和社会福利的影响，回答了本文之前所提出的经济问题。最后，分别考察了政府长期执行高额赤字政策和长期执行平衡预算政策对经济发展的影响，为我国政府制定未来的财政政策提供了理论依据和数据支持。

2.4.2 模型设定

本文采用的多阶段世代交替模型是在Auerbach – Kotlikoff（1987）模型基础上开发建立的，每一期代表一年。假定该经济中存在商品市场、资本市场、劳动市场，市场价格机制决定其需求和供给的均衡。经济主体由居民（Household）、企业（Firm）、政府（Government）组成。并假设经济中存在不同年龄阶段的消费者，消费者在各自的预算约束下，通过选择一生的消费路径来最大化其一生的效用。企业通过选择资本和劳动力来最大化其利润，要素市场是完全竞争的。

2.4.2.1 人口结构

根据历年《中国统计年鉴》中的"全国人口基本情况"和"人口平均预期寿命"统计，假定我国成年人起始于21岁（成年人的起始年龄从有收入时算起），死亡于72岁，每代成年人的存活周期达到52期，分别对应成年后的21岁到72岁。同一年龄的人群为一组，每一年龄中的个人为这一年龄人群的代表，在每一时期社会包括52组（从21岁到72岁，21—60岁为工作收入期）不同年龄的成年人。并假定人口增长率为n，因此，我们可以得到$t+1$年，年龄为$s-1$的人口$N_{s-1,t+1}$：

$$N_{s-1,t+1} = (1+n)N_{s,t} \quad (2.22)$$

t期总的劳动力L_t和总人口P_t为：

$$L_t = \sum_{s=1}^{40} N_{s,t}, P_t = \sum_{s=1}^{52} N_{s,t} \quad (2.23)$$

2.4.2.2 家庭部门

模型假设各个居民户除了具有年龄差异之外，其他性质相同。模型中不考虑寿命的不确定性，也没有遗产、捐赠等代际间的资产转移。居民户在生命预算的约束下为实现其效用最大化而进行劳动供给、储蓄、消费等活动，老一代消失的同时新一代诞生。由上述描述可知，每个成年人生存52期，前40期工作和储蓄，后12期消费储蓄及其利息收入。个人的效用取决于52期的消费，且个人无遗产动机，效用函数是时间可分且嵌套的，具体如下：

$$U_t = U(u_{1,t}, u_{2,t+1}, \cdots, u_{52,t+51}) \quad (2.24)$$

其中$u_{s,t+s-1}$是s岁（$s = 1, \cdots, 52$）个人在$t+s-1$年的效用。本文采用的嵌套效用函数是CRRA效用函数：

$$u_{s,t+s-1} = \frac{(c_{s,t+s-1})^{1-1/\gamma}}{1-1/\gamma} \quad (2.25)$$

其中$c_{s,t+s-1}$是s岁（$s = 1, \cdots, 52$）个人在$t+s-1$年的消费。代表个人一生效用的贴现值为：

$$U_t = \frac{1}{1-1/\gamma}\left\{\sum_{s=1}^{52}\frac{1}{(1+\rho)^{s-1}}(c_{s,t+s-1})^{1-1/\gamma}\right\} \quad (2.26)$$

其中γ是跨期消费替代弹性，$\rho < 1$表示固定的时间贴现率。

社会中有两种资产，分别是私有资本以及政府债券，这两种资产的实际收益率相同，对于个体而言是完全替代的。个人收入包括他们的劳动性收入和持有私人资本或政府债券所产生的资本性收入。因此，令$a_{s,t+s-1}$为个人在年龄s，时点$t+s-1$时所拥有的资本，可以得到如下资本演变方程：

$$a_{s+1,t+1+s-1} = \begin{cases} (1+(1-\tau_{t+s-1})r_{t+s-1}) \\ a_{s,t+s-1} + (1-\pi_{t+s-1})w_{s,t+s-1} \\ -(1-\theta_{t+s-1})c_{s,t+s-1} \\ \qquad s = 1, \cdots, 40; \\ (1+(1-\tau_{t+s-1})r_{t+s-1})a_{s,t+s-1} \\ -(1-\theta_{t+s-1})c_{s,t+s-1} \\ \qquad s = 45, \cdots, 51. \end{cases} \quad (2.27)$$

其中，r_{t+s-1} 和 w_{t+s-1} 分别表示 $t+s-1$ 期的税前利率和工资，π_{t+s-1} 表示 $t+s-1$ 期工薪税税率，τ_{t+s-1} 表示 $t+s-1$ 期资本所得税税率，θ_{t+s-1} 表示 $t+s-1$ 期的消费税税率。

每一期消费者都要决定多少禀赋用于消费，超过资本收入与劳动报酬的税后收益用于储蓄，成为居民资产。居民在终生预算约束条件下最大化效用，其终生消费的现值不能超过终生收入的现值。

$$\sum_{s=1}^{40}\left[\prod_{j=2}^{s}(1+(1-\tau_{t+j-1})r_{t+j-1})^{-1}\right](1-\pi_{t+s-1})w_{s,t+s-1} \geq \sum_{s=1}^{52}\left[\prod_{j=2}^{s}(1+(1-\tau_{t+j-1})r_{t+j-1})^{-1}\right](1-\theta_{t+s-1})c_{s,t+s-1} \quad (2.28)$$

求解上述最大化问题，构建拉格朗日方程：

$$\Phi = \frac{1}{1-1/\gamma}\left\{\sum_{s=1}^{52}\frac{1}{(1+\rho)^{s-1}}(c_{s,t+s-1})^{1-1/\gamma}\right\} + \lambda \cdot \sum_{s=1}^{40}\left[\prod_{j=2}^{s}(1+(1-\tau_{t+j-1})r_{t+j-1})^{-1}\right](1-\pi_{t+s-1})w_{s,t+s-1} - \lambda \cdot \sum_{s=1}^{52}\left[\prod_{j=2}^{s}(1+(1-\tau_{t+j-1})r_{t+j-1})^{-1}\right](1-\theta_{t+s-1})c_{s,t+s-1} \quad (2.29)$$

求解上述拉格朗日方程，可以得到关于消费的演变方程：

$$\frac{c_{s+1,t+s}}{c_{s,t+s-1}} = \left(\frac{1+(1-\tau_{t+s})r_{t+s}}{1+\rho} \cdot \frac{1-\theta_{t+s-1}}{1-\theta_{t+s}}\right)^{\gamma} \quad (2.30)$$

2.4.2.3 生产部门

本文采用的生产函数形式和文献中的类似，同样将公共资本引入到生产函数中。设代表性厂商 i 的生产函数是柯布道格拉斯生产函数，厂商通过雇佣资本和劳动来生产最终产品。社会中有 M 个代表性厂商，每个厂商都在充分竞争条件下组织生产 Y^i。生产函数的形式为：

$$Y_t^i = A(K_t^i)^{\alpha}(h_t L_t^i)^{1-\alpha} \quad (2.31)$$

A 表示综合技术水平；K_t^i 和 L_t^i 分别表示厂商 i 使用的资本和劳动；α 表示资本相对于产出的弹性，$0<\alpha<1$；h_t 表示每个工人的劳动生产力，它是现存私人资本总量 K_t 和公共资本存量 G_t 的函数，表示为：

$$h_t = K_t^{\beta} G_t^{1-\beta}/L_t \quad (2.32)$$

L_t 表示当期的劳动力，$0<\beta<1$ 表示私人资本对于生产力的影响因子。公共资本存量是长期以来公共资本积累的结果，它取决于上期的公共资本存量和本期的公共资本支出，具体由下式表示：

$$G_{t+1} = (1-\delta_p)G_t + G_t^p \quad (2.33)$$

G_t^p 表示为本期政府的公共资本支出规模，δ_p 表示公共资本的折旧率。在充分竞争的条件下，厂商选择最优的劳动、资本数量以极大化自身利润，生产函数对于要素投入满足常数规模报酬，厂商的竞争性利润为零。根据一阶条件，我们可求得厂商对资本和劳动的需求分别满足：

$$r_t = \partial Y_t^i / \partial K_t^i - \delta = \alpha A(K_t^i)^{\alpha-1}(h_t L_t^i)^{1-\alpha} - \delta = \alpha(Y_t^i/K_t^i) - \delta \quad (2.34)$$

$$w_t = \partial Y_t^i / \partial L_t^i = (1-\alpha)Ah_t^{1-\alpha}(K_t^i)^{\alpha}(L_t^i)^{-\alpha} = (1-\alpha)(Y_t^i/L_t^i) \quad (2.35)$$

r_t 和 w_t 分别表示利率和工资，δ 表示为私有资本的折旧率。由于竞争性均衡状态下厂商之间不存在差异性，因此它们的资本/劳动比是相等的，K_t^i/L_t^i 必须等于总量资本/劳动比 K_t/L_t，必然有：

$$K_t = \sum_i K_t^i, \quad L_t = \sum_i L_t^i \quad (2.36)$$

结合 (2.31)、(2.32) 式，可以得到 t 期的总产出函数：

$$Y_t = \sum_i Y_t^i = \sum_i A(K_t^i/L_t^i)^{\alpha} h_t^{1-\alpha} L_t^i = \sum_i A(K_t/L)^{\alpha} h_t^{1-\alpha} L_t^i = A(K_t/L)^{\alpha} h_t^{1-\alpha} \sum_i L_t^i$$
$$= A(K_t/L)^{\alpha} h_t^{1-\alpha} L = A(K_t/L)^{\alpha}(K_t^{\beta} G_t^{1-\beta}/L)^{1-\alpha} L$$
$$= AK_t^{\alpha+\beta(1-\alpha)} G_t^{1-\alpha-\beta(1-\alpha)} \quad (2.37)$$

令 $v = \alpha + \beta(1-\alpha)$，则生产函数可以表示为 $Y_t = AK_t^v G_t^{1-v}$。因此，由 (2.34) 和 (2.35) 式我们得到竞争性均衡下的利率 r_t 与工资 w_t：

$$r_t = \alpha A h_t^{1-\alpha}(K_t/L_t)^{\alpha-1} - \delta = \alpha A K_t^{v-1} G_t^{1-v} - \delta$$

$$= \alpha Y_t/K_t - \delta \qquad (2.38)$$
$$w_t = (1-\alpha) A h_t^{1-\alpha}(K_t/L_t)^\alpha = (1-\alpha) A K_t^v G_t^{1-v}/L_t = (1-\alpha)(Y_t/L_t) \qquad (2.39)$$

2.4.2.4 政府预算

我们知道，世界大多数国家都长期执行赤字预算政策，而本文也主要是考察赤字和公债的可持续性，以及它们对经济的影响。因此，我们假定政府长期执行赤字预算政策，通过征收工薪税、资本所得税、消费税，发行公债等来为政府的生产性公共资本支出、非生产性公共支出（公共消费及债务利息等）融资。上述税收及债务均直接面向居民而不是企业。因此政府的预算约束方程可表示为：

$$(D_{t+1} - D_t) + T_t = G_t^p + C_t^p + r_t D_t \qquad (2.40)$$

D_t 表示 t 年的政府债务，T_t 表示 t 年的政府税收收入，G_t^p 表示政府在 t 期的公共资本支出，C_t^p 表示政府在 t 期的公共消费支出，$r_t D_t$ 表示政府公共债务利息支出。

政府税收包括工薪税、资本税和消费税三部分。其中工薪税（payroll tax）税率用 π_t 表示，资本所得税（capital income tax）税率用 τ_t 表示，消费税（consumption tax）税率用 θ_t 表示。与工薪税和资本所得税不同，消费税对居民不同期的消费水平并不造成扭曲，消费年龄曲线不会因为消费税的征收而改变。三种税收累加在一起，可以得到总税收 T_t 的函数，具体可以表示为：

$$T_t = \sum_{s=1}^{40} \pi_t w_{s,t} N_{s,t} + \sum_{s=1}^{52} \tau_t r_t a_{s,t} N_{s,t} + \theta_t \sum_{s=1}^{52} c_{s,t} N_{s,t} \qquad (2.41)$$

在财政支出方面，我们假定政府在每期都遵循一定规则。不失一般性，我们假定税收中有固定比例 φ_t 用于公共消费支出。具体可以表示为：

$$C_t^p = \varphi_t T_t \qquad (2.42)$$

由黄金法则赤字政策的思想可知，非生产性支出（公共消费和利息支出）要小于总税收，这就是说增发的公债，即赤字仅用于生产性的公共资本支出。这样由（2.41）和（2.42）式可以得到公共资本支出的表达方程。

在财政赤字方面，当前大多数国家均采用财政赤字率来衡量政府赤字规模，因此我们假定政府执行固定赤字率的财政政策。具体表示为：

$$D_{t+1} - D_t = m_t Y_t \qquad (2.43)$$

其中 m_t 表示政府财政赤字率。

在描述了单期的政府行为之后，我们需要考虑政府的跨期预算约束。将政府预算约束方程从 0 期加总至 N 期，可以得到：

$$\sum_{t=0}^{N}\left[\prod_{j=0}^{t}(1+(1-\tau)r_j)^{-1}\right]T_t + \prod_{t=0}^{N}(1+(1-\tau)r_t)^{-1}D_N - D_0 = \sum_{t=0}^{N}\left[\prod_{j=0}^{t}(1+(1-\tau)r_j)^{-1}\right](G_t^p + C_t^p) \qquad (2.44)$$

如果债务和产出的增长速度低于利率水平，那么当期限 N 不断变大时，D_N 的贴现值会逐渐趋于零。因此，预算约束最终变为税收收入的现值等于政府初始债务与政府支出贴现值之和：

$$\sum_{t=0}^{N}\left[\prod_{j=0}^{t}(1+(1-\tau)r_j)^{-1}\right]T_t = \sum_{t=0}^{N}\left[\prod_{j=0}^{t}(1+(1-\tau)r_j)^{-1}\right](G_t^p + C_t^p) + D_0 \qquad (2.45)$$

值得注意的是，这并非是一个假设条件，而是一个约束条件。该约束条件可以理解为政府债务增长率受利率水平的制约，它可以保证政府债务是有界的。同时，从上式也可以看出财政政策变化的可行性是受到限制的。例如，政府税收不可能永久降低，因为这会使上述等式不成立。减税可能持续很长时间，但最后一定会有补偿措施，比如增加税收或减少政府消费。政府如果某些时期增加公共资本支出，则必然需要调整公共消费支出、税收收入，或其他时期的公共资本支出等。

2.4.2.5 资本市场均衡

根据世代交替模型的设定，我们知道在资本市场均衡时，当期的储蓄会转化为下一期的

资本和公共债务,因此可以得到资本市场均衡方程如下:

$$K_t + D_t = \sum_{s=1}^{52} a_{s,t} N_{s,t} = N_{1,t}\left[a_{1,t} + (1+n)^{-1}a_{2,t} + \cdots + (1+n)^{-52}a_{52,t}\right] \quad (2.46)$$

至此,我们已经将模型建立完毕。模型包含以下内生变量:个人消费 $c_{s,t}$,个人效用 U_t,产出 Y_t,私人资本 K_t,公共资本存量 G_t,利率 r_t,工资 w_t,公共债务 D_t 等。通过消费者效用最大化和企业利润最大化的一阶条件,政府预算约束条件和市场出清条件,可以得到整个经济系统的均衡条件,并由此可以得到所有内生变量的演变方程,从而可以求解整个模型。

2.4.3 经济参数的设定与校准

为了能够分析上述经济刺激计划对经济增长和居民带来的影响,我们将根据中国经济的相关参数进行模拟。为了避免参数设置的任意性,尽量使参数取值接近现实,我们将主要依据已有文献来确定这些参数(见表2-4)。

表2-4 中国经济参数的基准值

参数	定义	取值
n	人口增长率	0
γ	跨期替代弹性	0.66
ρ	时间贴现率(时间偏好率)	0.02
α	资本产出弹性	0.35
β	私人资本对生产力的影响因子	0.50
A	综合技术水平	0.86
δ	私人资本折旧率	0.04—0.09
δ_p	公共资本折旧率	0.04—0.09
π	工薪税税率	0.085
τ	资本税税率	0.30
θ	消费税税率	0.105
φ	公共消费支出比例	0.60
M	财政赤字率	0.01
T	模拟期数	200

2.4.3.1 家庭部门

(1)人口增长率 n

中国自20世纪70年代实行计划生育政策以来人口出生率逐年下降。根据中国科学院发表的《中国科学发展报告2010》预测,未来不久中国人口将实现零增长。同时,人口增长率变量在本文模型中起到的作用非常有限,取值不影响本文结论,因此我们将该参数设定为零。

(2)居民消费的跨期替代弹性 γ

国内关于跨期替代弹性的实证研究较少,考虑到我国储蓄率长期以来一直远高于西方发达国家,综合已有的文献研究,我们将跨期替代弹性设定为0.66。

3. 时间贴现率 ρ

贴现率越大,表明居民越愿意早些花费收入;贴现率越小,说明居民越愿意储蓄。如果贴现率小于零,则说明居民注重看重未来的消费。考虑到我国居民的高储蓄率情况,本文选取的贴现率为0.02。

2.4.3.2 生产部门

(1)资本产出弹性 α

Romer（1996）认为在大多数国家中资本收入所占份额大约为 0.33，王友光等人（2005）对中国分地区资本产出比的实证分析发现，资本产出弹性在 0.2—0.3 之间，葛新元（2000）对中国经济多部门资本产出比的分析发现，资本产出弹性介于 0.28—0.40 之间。综合上述分析，我们将中国的资本产出弹性设定为 0.35。

（2）综合技术水平 A

根据 Auerbach 和 Kotlikoff（1987）的描述，技术水平这个参数值的设定是相对自由的，为了计算需要，可以将 A 设定为不同的值。Zhang 和 Zhang（2003）认为应该选择一个合适的技术水平 A，从而得到一个相对合理的经济增长率。本文在此将其设定为 0.86，逐渐减小，最后达到均衡。这样模型中得到的经济增长率与我国经济的经济增长率基本一致。

（3）私人资本折旧率 δ 和公共资本折旧率 δ_p

在对折旧率的选择上，相关研究之间存在一定的差距，例如陈志国（2005）选取的折旧率为 4%，Perkins（1998）、胡永泰（1998）等人均假定折旧率为 5%，Young（2000）假定 6% 的折旧率。张军等（2004）对中国省际物质资本存量估计时，采用的折旧率约为 7%。龚六堂和谢丹阳（2004）则采用了 10% 的折旧率。基于改革开放后我国资本折旧率逐渐升高的现实，本文将资本折旧率设定为 4%，在未来五十年内逐渐上升至 9%，之后趋于稳定。

2.4.3.3 政府部门

本文目的是分析财政政策变化对经济增长的影响，因此税率、赤字等政策变量可能是变化的。但即便如此，我们仍需要设定政策变量的基准值，从而分析某项财政政策变化或改革所产生的影响。

（1）各项税率 π, τ, θ

我国将所有税种划分成三组：劳动力、消费和资本的课税，并分组计算其有效税率。模型中使用了工薪税、资本所得税和消费税等三种税作为政府的税收政策变量。并基于已有的研究将工薪税基准税率设定为 8.5%，资本所得税基准税率设定为 30%，消费税基准税率设定为 10.5%。

（2）公共消费支出比例 φ

公共消费是指广义的公共消费，它不仅包含政府消费，还包括政府的转移性支出等。通过历年财政支出数据，计算出我国税收中公共消费支出比例的基准值为 60%。

（3）赤字率 m

财政赤字率是一个政府决定的相对自由的变量，大部分国家的赤字率都在 3% 以下。除去我国在部分年间采取的扩张性财政政策之外，赤字率主要在 0.5%—1.5% 之间。1978—2014 年以来，我国的财政赤字率加权平均值约为 1.1%。因此，我们将财政赤字率的基准值设为 1%。

接下来，我们需要进一步设定本次模拟的初始状态及校准方法。

2.4.3.4 初始状态

在经济进入新常态后，财税政策也进入了新常态，所以我们以 2013 年作为基年进行政策模拟。

由于我们选择了非稳态均衡的校准方法，因此需要对相关变量的初始值进行设定。由于本文考察的重点是增长率、福利及债务负担的变化率的变化，为了简便起见，我们将初期的参数值，例如 K 或 w 等设为 1，从而提高计算机运行的效率。当然，这项假设只会影响这些变量的绝对值，并不会影响它们之间的相对值。模型中所涉及的各期产出 Y，公共资本 G，公共债务 D，工资收入 w，居民资产 a 等均是除以了基期 K 之后的值。

接下来，我们需要确定基期公共资本 G 的取值。财政部娄洪（2004）的统计研究表明，我国从 1978 年到 1998 年的公共资本与私人生产资本之比平均约为 0.27。陈志国（2005）

对我国公共资本存量和私人资本存量的估计与分析表明，我国公共资本与私人资本之比自改革开放以来逐年下降，到 2000 年时为 0.2007。考虑到进入 21 世纪以后，我国政府的公共资本支出规模逐步增加，因此我们将基期的公共资本水平取值为 0.22。

最后，我们要确定基期公共债务水平。根据国家统计局及人民银行统计数据，2000—2008 年间我国国债余额与 GDP 之比在 13.1%—20.0% 之间，在 2007 年时达到最高的 20%，之后回落到 2008 年的 17.5% 左右。配合前面已经校准过的经济参数，我们将基期的公共债务与私人资本之比设定为 0.1027。

2.4.4 财政政策的动态模拟分析

2.4.4.1 财政政策的可持续性检验

根据模拟分析设计部分的思路，运行 MATLAB 模拟，结果如表 2-5 所示。其中 Y 代表产出，G/K 表示公共资本与私有资本之比，D/K 表示公共债务与私有资本之比，D/Y 代表公债负担率。

表 2-5　中国财政政策可持续性检验的模拟结果

年份	增长率（%）	Y	G/K	D/K	D/Y	利率（%）	储蓄率（%）
2014	—	0.5013	0.2200	0.1027	0.2049	15.25	36.15
2015	6.79	0.5443	0.2388	0.1019	0.1979	15.72	35.88
2016	6.43	0.5813	0.2539	0.1012	0.1947	15.60	36.06
2017	6.08	0.6186	0.2676	0.1007	0.1923	15.43	36.23
2018	5.74	0.6562	0.2798	0.1003	0.1907	15.23	36.37
2019	5.74	0.6939	0.2907	0.1001	0.1898	14.99	36.49
2020	5.46	0.7338	0.3003	0.1000	0.1890	14.79	36.61
2021	5.19	0.7738	0.3087	0.1000	0.1887	14.56	36.72
2022	5.67	0.8140	0.3159	0.1002	0.1889	14.32	36.81
2023	5.50	0.8602	0.3220	0.1004	0.1882	14.19	36.96
2024	5.34	0.9076	0.3270	0.1007	0.1878	14.05	37.09
2025	5.19	0.9561	0.3311	0.1011	0.1878	13.90	37.21
2026	5.03	1.0056	0.3343	0.1016	0.1881	13.74	37.32
2027	4.89	1.0563	0.3366	0.1021	0.1886	13.57	37.42
2028	4.75	1.1079	0.3382	0.1026	0.1893	13.39	37.52
2029	4.61	1.1605	0.3391	0.1033	0.1903	13.21	37.61
2030	4.48	1.2141	0.3394	0.1039	0.1914	13.02	37.69
2050	2.80	2.4429	0.2881	0.1238	0.2404	9.39	39.25

由表 2-5 可以看出，如果经济没有受到外来因素冲击，中国经济增长速度将逐渐降低，不断向稳态均衡状态收敛，最终的均衡增长速度在 2.80% 左右。事实上，中国经济自改革开放以来，已经经历了 30 多年的高速发展，目前正处于演变路径中，经济学界普遍认为中国的经济增长速度在未来 30 年内将逐渐放缓。图 2-1 的模拟结果显示中国经济未来能够收敛到平衡增长路径。

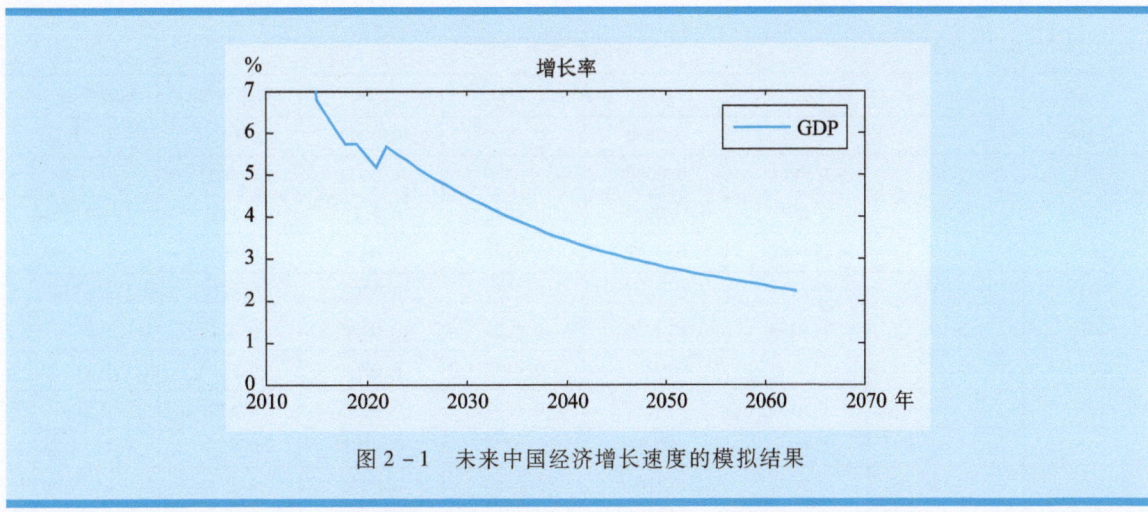

图 2-1　未来中国经济增长速度的模拟结果

表 2-5 中政府中的公共债务与私人资本之比（D/K）先是下降后来又上升，最终在 0.12 左右。相似的，公债负担率（D/Y）也是先下降后上升，最终稳定在 0.24 左右。

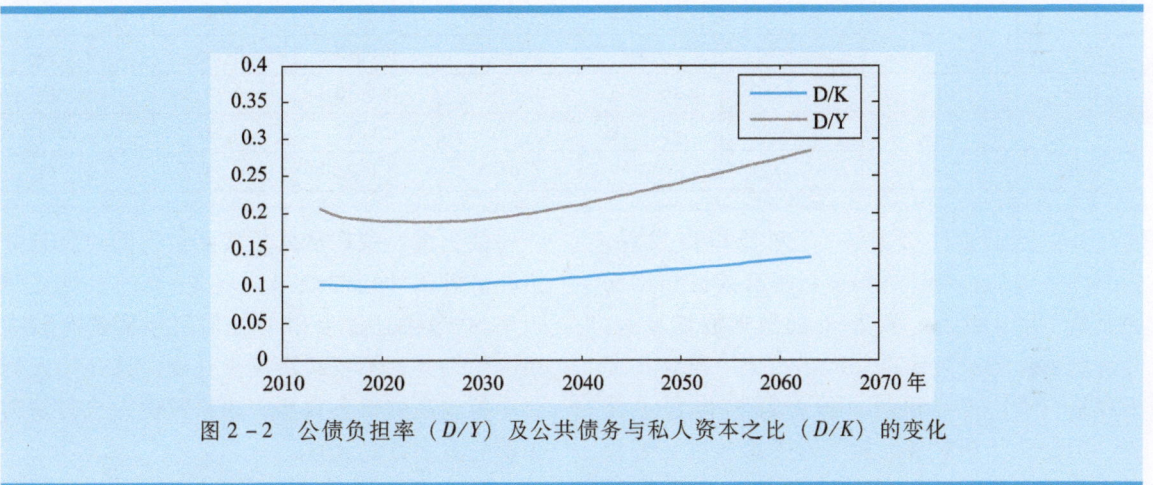

图 2-2　公债负担率（D/Y）及公共债务与私人资本之比（D/K）的变化

根据上述分析，我们可以看出中国在 2014 年以前实行的财政政策是可持续性的。但是从表 2-5 的模拟数据我们可以看出 2015 年至 2020 年的平均增长速度为 6%，未能完成 2020 年人均 GDP 翻一番的任务。因此，我们需要在供给和需求两端进行政策改革，为经济发展提供动力。就债务政策工具来讲，有以下几种工具可以选择，即提高赤字率或者在预算平衡下，增加支出的同时，增加财政收入。

2.4.4.2　提高赤字计划的模拟结果

根据经济新常态的基准数据，本文运用 MATLAB 模拟得到一组新的经济数据，将这些数据与之前的基准数据进行对比，可以得到未来各年份经济数据的变化百分比，从而衡量提高赤字计划的效果，具体结果如表 2-6 所示。其中 Y 代表产出，G/K 表示公共资本与私有资本之比，D/K 表示公共债务与私有资本之比，D/Y 代表公债负担率。值得说明的是，表 2-6 中增长率栏中的数据是经济刺激计划实施后的产出增长率，而其他栏都是与基准数据对比后的百分比变化。

通过模拟发现，经济刺激计划的确能够起到刺激经济增长的作用，它使得经济在短期内提高了增长速度，2009 年到 2012 年经济的增长速度分别提高了 0.80%、0.61%、0.46% 和

表 2-6　　　　　　　　　　　　　经济刺激计划的影响

年份	增长率（%）	Y	G/K	D/K	D/Y	利率（%）	储蓄率（%）
2014	—	0.0000	0.0000	0.0000	0.0000	0.0000	0.0000
2015	7.59	0.0000	0.0000	0.0000	0.0000	0.0000	0.9358
2016	7.03	0.0043	0.0077	0.0076	0.0125	0.1777	0.8552
2017	6.54	0.0082	0.0141	0.0148	0.0246	0.3079	0.7647
2018	6.09	0.0115	0.0191	0.0217	0.0364	0.4002	0.6714
2019	5.99	0.0145	0.0230	0.0283	0.0478	0.4623	0.5777
2020	5.63	0.0171	0.0257	0.0347	0.0588	0.5017	0.4853
2021	5.29	0.0193	0.0275	0.0407	0.0696	0.5221	0.3953
2022	5.13	0.0210	0.0284	0.0466	0.0801	0.5273	-0.6281
2023	5.00	0.0177	0.0202	0.0440	0.0772	0.3732	-0.6169
2024	4.86	0.0142	0.0131	0.0417	0.0744	0.2413	-0.6036
2025	4.73	0.0106	0.0070	0.0396	0.0718	0.1288	-0.5895
2026	4.60	0.0067	0.0018	0.0377	0.0694	0.0334	-0.5758
2027	4.48	0.0027	-0.0026	0.0360	0.0671	-0.0473	-0.5618
2028	4.36	-0.0015	-0.0063	0.0344	0.0650	-0.1150	-0.5494
2029	4.24	-0.0060	-0.0093	0.0330	0.0630	-0.1715	-0.5388
2030	4.12	-0.0106	-0.0119	0.0316	0.0611	-0.2184	-0.5284
2050	2.65	-0.1332	-0.0160	0.0175	0.0392	-0.3317	-0.2704

0.34%。但是通过与表 2-5 对比可以发现，提高赤字过后，经济增长率与基准数据相比反而有所下降。此外，表 2-6 的数据清楚显示，经济刺激计划虽然使得总产出（Y）和公共资本存量（G）也在很长一段时间内得到了提高，但是从长期看来反而降低了总产出、公共资本存量和私人资本存量。

接下来，我们从公债代际负担的角度来分析经济刺激计划的效果。表 2-6 的数据显示未来 50 余年，社会中的公债负担率都有较大幅度的提升，不仅经济刺激计划的这几年人们要承担较高的债务负担，未来数代人也需要为当前的赤字计划买单。

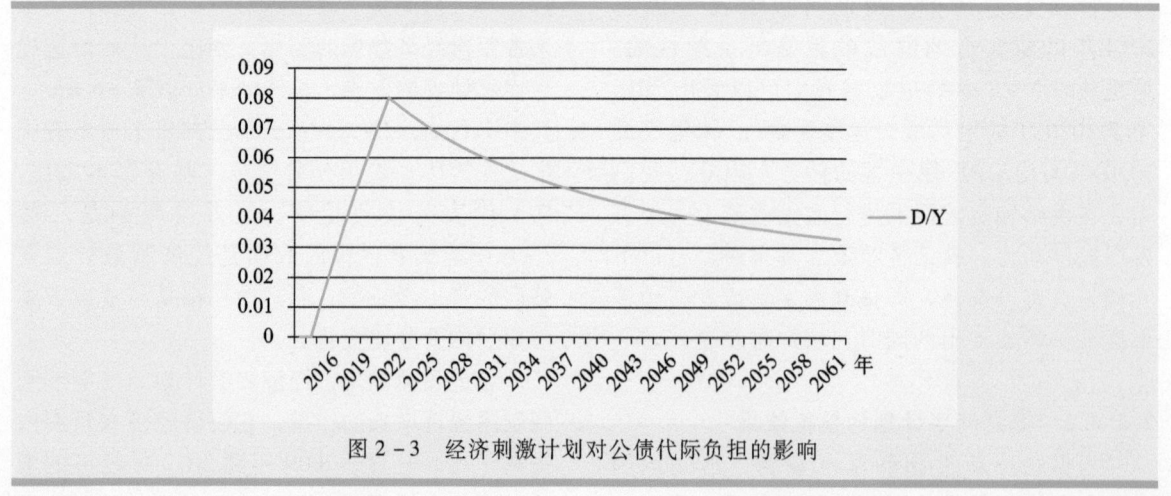

图 2-3　经济刺激计划对公债代际负担的影响

最后,我们从福利的角度来分析经济刺激计划的效果。与 Altig(2001)等人的方法类似,我们也使用了等价变量(EV)来衡量各代人福利的变化。模拟结果如表 2-7 所示。

表 2-7　　　　　经济刺激计划对各代人福利的影响(百分比变化)

年份	福利	年份	福利	年份	福利	年份	福利	年份	福利
1959	0.01	1978	0.63	1997	0.00	2016	-0.61	2035	-1.26
1960	0.04	1979	0.59	1998	-0.02	2017	-0.67	2036	-1.28
1961	0.09	1980	0.55	1999	-0.03	2018	-0.72	2037	-1.29
1962	0.15	1981	0.51	2000	-0.05	2019	-0.78	2038	-1.30
1963	0.20	1982	0.46	2001	-0.06	2020	-0.82	2039	-1.32
1964	0.26	1983	0.42	2002	-0.08	2021	-0.87	2040	-1.33
1965	0.30	1984	0.38	2003	-0.09	2022	-0.91	2041	-1.34
1966	0.34	1985	0.34	2004	-0.10	2023	-0.95	2042	-1.35
1967	0.37	1986	0.30	2005	-0.11	2024	-0.99	2043	-1.36
1968	0.40	1987	0.27	2006	-0.12	2025	-1.02	2044	-1.37
1969	0.42	1988	0.23	2007	-0.12	2026	-1.06	2045	-1.38
1970	0.46	1989	0.20	2008	-0.13	2027	-1.09	2046	-1.39
1971	0.53	1990	0.17	2009	-0.14	2028	-1.11	2047	-1.40
1972	0.61	1991	0.14	2010	-0.18	2029	-1.14	2048	-1.41
1973	0.68	1992	0.11	2011	-0.24	2030	-1.16	2049	-1.42
1974	0.71	1993	0.09	2012	-0.33	2031	-1.19	2050	-1.42
1975	0.71	1994	0.07	2013	-0.41	2032	-1.21	2051	-1.43
1976	0.69	1995	0.04	2014	-0.48	2033	-1.23	2052	-1.44
1977	0.67	1996	0.02	2015	-0.55	2034	-1.24	2053	-1.44

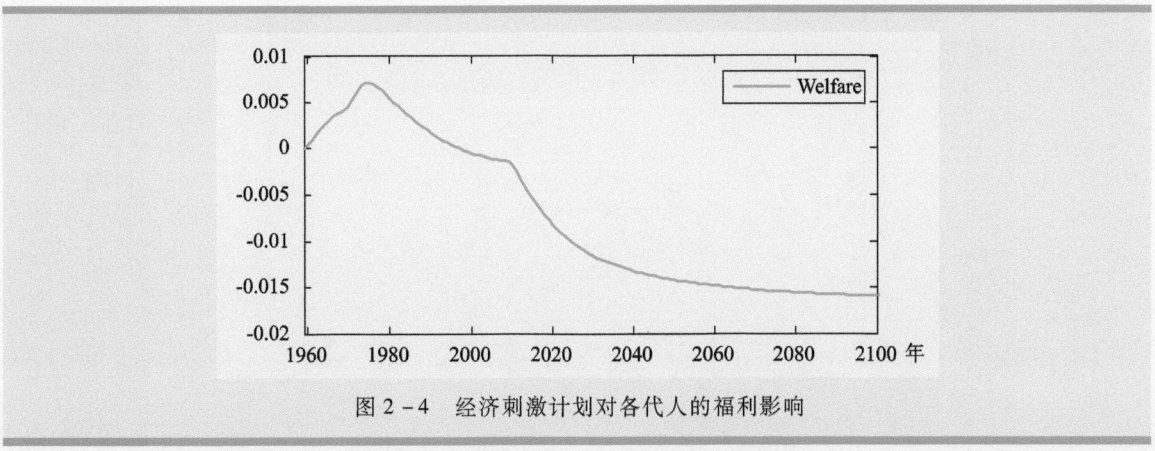

图 2-4　经济刺激计划对各代人的福利影响

可见,经济刺激计划对各代人的福利影响是不同的。当前的经济刺激计划提高了现存大部分人的效用,却降低了自 1997 年以后工作的人的效用水平。也就是说中老年人享受了经济刺激计划带来的好处,而这之后工作的年轻人和未来几代人则必须承担由此带来的负面影响。

2.4.4.3 长期执行高额赤字政策的模拟结果

模拟长期执行高额赤字政策的结果如表2-8所示,其中 G/K 表示公共资本与私有资本之比,D/K 表示公共债务与私有资本之比,D/Y 代表公共债务与总产出之比,即公债负担率。

表2-8 长期执行高额赤字政策的模拟结果

年份	增长率	G/K	D/K	D/Y	年份	增长率	G/K	D/K	D/Y
2014	—	0.5013	0.2200	0.1027	2030	4.15	1.2324	0.3564	0.1906
2015	7.59	0.5443	0.2388	0.1019	2040	2.80	1.7371	0.3125	0.2407
2016	7.03	0.5856	0.2616	0.1088	2050	1.92	2.1961	0.2621	0.2906
2017	6.54	0.6268	0.2816	0.1155	2060	1.25	2.5760	0.2230	0.3442
2018	6.09	0.6678	0.2990	0.1220	2070	3.04	0.1964	0.3332	0.5891
2019	5.99	0.7084	0.3137	0.1284	2080	2.73	0.1795	0.3613	0.6576
2020	5.63	0.7508	0.3261	0.1346	2090	2.43	0.1653	0.3891	0.7274
2021	5.29	0.7931	0.3362	0.1407	2100	2.13	0.1526	0.4176	0.8012
2022	5.71	0.8351	0.3443	0.1467	2120	1.46	0.1291	0.4828	0.9783
2023	5.49	0.8828	0.3506	0.1526	2140	0.49	0.1048	0.5779	1.2529
2024	5.27	0.9312	0.3552	0.1583	2160	-1.24	0.0766	0.766	1.8387
2025	5.07	0.9803	0.3583	0.1639	2180	-5.76	0.0458	1.4337	4.0687

由表2-8可以看出,中国经济增长速度在逐渐降低,最终变为负数,经济开始衰退。与此同时,公共债务水平(D/K)和公债负担率(D/Y)却不断上升,最后呈爆炸式增长。

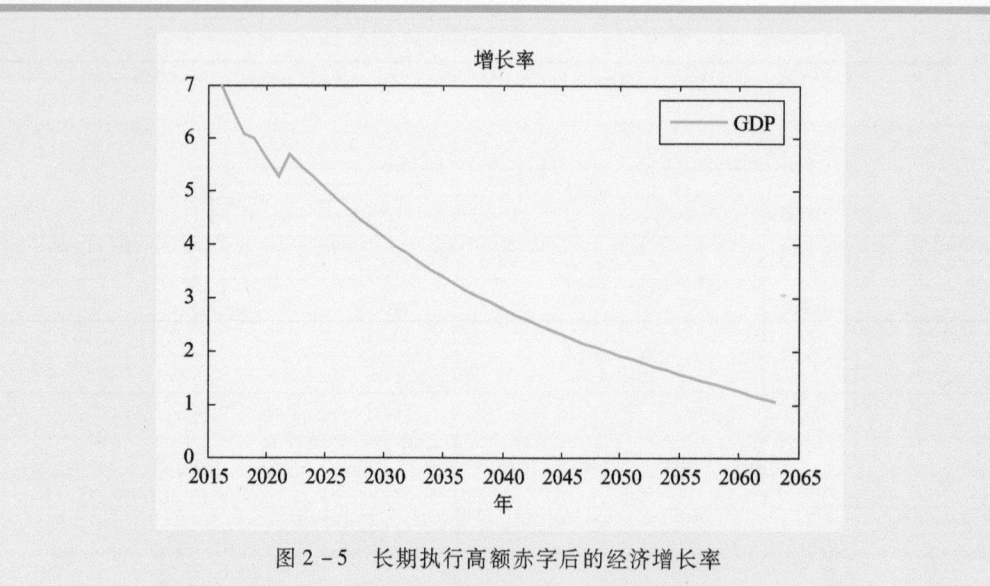

图2-5 长期执行高额赤字后的经济增长率

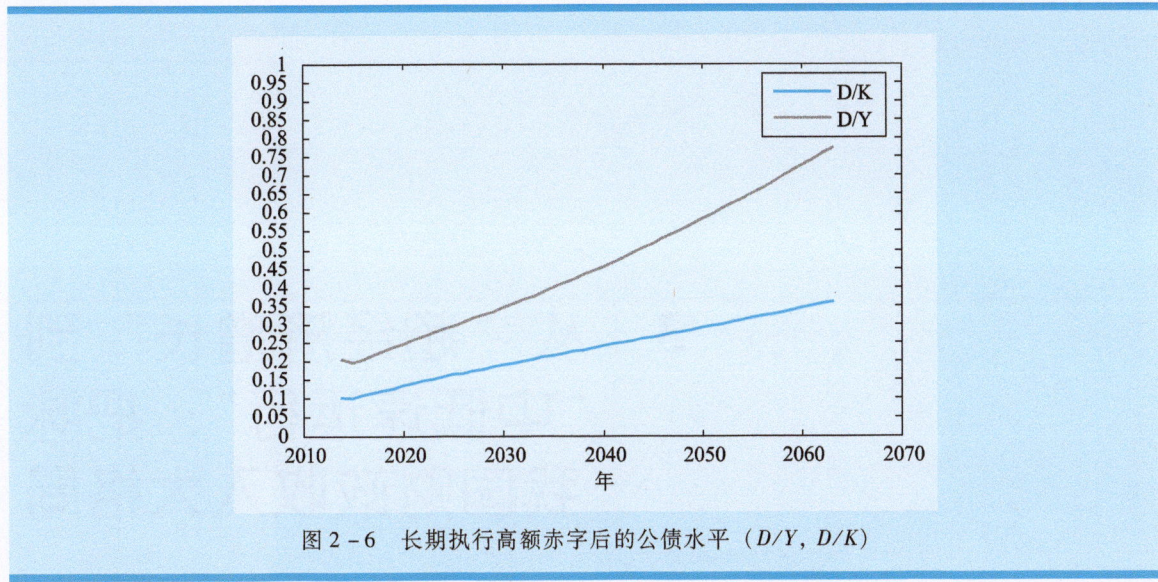

图 2-6　长期执行高额赤字后的公债水平（D/Y, D/K）

根据上述分析，如果中国政府在危机过后，依然长期保持高额财政赤字率，那么中国未来的财政政策是不可持续的。虽然中国经济在未来一段时间会持续增长，但最后会不可避免地出现衰退，而且公共债务规模也将不断攀升，并最终呈现爆炸式增长，导致经济崩溃。

2.5 结　论

本章建立了包含赤字、公债、公共资本与内生经济增长52期世代交替的一般均衡模型，检验了我国财政政策尤其是赤字政策的可持续性。模拟结果显示，我国低赤字或者短期赤字财政政策是可持续性的，但长期提高财政赤字为公共资本支出融资的经济刺激计划对未来经济发展有较大影响。

首先，经济刺激计划的确能够起到刺激经济增长的作用，它使得经济在短期内提高了增长速度，但经济刺激计划仅在短期内提高了产出，从长期看来反而降低了总产出、公共资本存量和私人资本存量。经济刺激计划大幅度提高了居民的公债负担率。当前的经济刺激计划提高了现存的大部分人（1997年之前参加工作的人）的效用，却降低了1997年以后工作的人及未来几代人的效用水平。

其次，模拟分析了中国政府在危机过后长期执行高额赤字政策的影响。如果中国政府在危机过后，依然长期保持高额财政赤字率，那么中国未来的财政政策是不可持续的。虽然中国经济在未来一段时间会持续增长，但公共债务规模的不断攀升，将导致经济的衰退。

总之，根据本章的模拟结果，我国目前的财政政策有利于公共资本的积累，财政赤字率与长期经济增长率之间并不存在倒 U 关系，长期执行平衡预算政策最有利于未来经济的发展。中国政府应该充分发挥财政赤字的反周期调节作用，在危机过后迅速减少赤字规模，尽可能实行平衡预算政策，避免在经济高速增长的同时积累大量债务，从而降低经济运行的风险。

3 从"超经济增长"到"中低速运行":把脉我国财政收入大格局

随着经济发展进入新常态,中国财政收入的运行状况发生了极大的变化。这些变化,固然不排除偶然性,但其中的绝大部分属于趋势性的。这些趋势性变化一再说明,中国财政已经告别以往习以为常的运行状态而走上了大不同于以往的新的运行轨道。

如图3-1所示,随着经济增速进入新常态,全国一般公共预算收入的增速,抛开曾于个别年份超过20%甚至30%的超高增速不论,从2012年开始明显偏离从1994年至2011年长达18年的高平均值(约为19.4%),进入了急剧下滑轨道:2012年为12.9%,2013年为10.2%,2014年为8.6%,2015年为8.4%(同口径增长仅5.8%)。换言之,在短短的四年时间里,全国一般公共预算收入的增速从24.8%急剧下滑至8.4%,不及1994—2011年18年平均值的一半。这是自1994年"分税制"改革以来财政收入增速首次进入个位数时代。财政收入增速的下滑速度之快,使得一些学者甚至称之为"断崖式"的下滑。

对于这一现象的解释,经济增速下滑导致税收收入减少显然是重要的原因之一。可是,从图3-2我们可以清晰地看到,GDP增速的放缓并不能完全解释税收增速的快速下滑。尽管从长期趋势来看,税收收入增速与GDP增速基本保持一致的方向,但是,从1994年至2011年,除去受到全球经济危机严重影响的2009年,税收收入增速始终明显高于GDP增速,前者比后者平均高出8.9个百分点,而这一长期现象从2012年开始发生巨大变化。从2012年至2015年,税收收入增速高于GDP增速的百分点不断缩小,2015年,税收收入增速自1994年以来首次低于GDP增速,并且前者低于后者2.1个百分点之多。换句话说,中国税收从2012年开始逐步结束了之前长达18年的远超GDP增长时期,并且在2015年进入了低于GDP增长时期。

所以,财政收入从"超经济增长"到"中低速运行"这一重大变化,显然不是GDP增速下滑这一单一因素所能解释的,我们需要更深入地分析其内在机制和可能原因。而要找到造成这一变化的主要原因,以及预测未来财

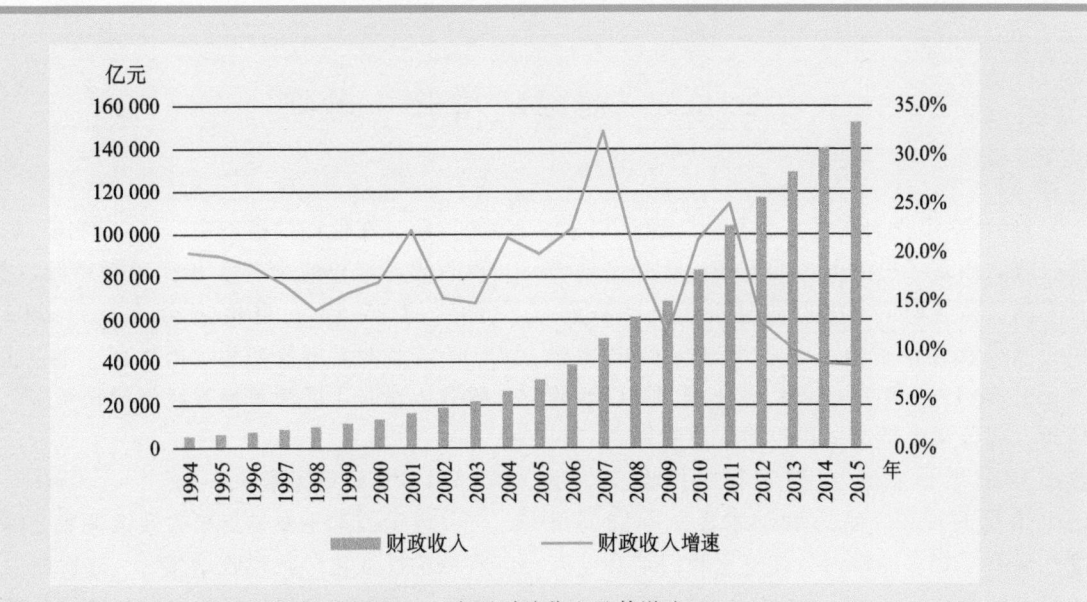

图3-1 全国财政收入及其增速

资料来源:《中国统计年鉴》,中国统计出版社。财政部:"关于2015年中央和地方预算执行情况与2016年中央和地方预算草案的报告",《人民日报》,2016年3月18日。

政收入的可能趋势,我们首先需要解答自1994年财税体制改革以来至2011年长达18年的税收超GDP增长之谜。

图3-2 全国税收收入增速与全国GDP增速

资料来源:《中国统计年鉴》,中国统计出版社。财政部网站。国家统计局网站。

3.1 "超经济增长"时期

自1994年我国实行"分税制"改革以来，税收收入出现了史无前例的高增长，并呈现增长率高、持续时间长和呈加速度增长的特征，使我国税收弹性系数（税收增速与GDP增速之比）从1996年的0.89上升到2011年的1.30。部分学者把这一税收增长现象称为"税收超GDP增长之谜"。对于我国税收长期超GDP增长的现象，官方和学术界从不同的角度已经有了很多的探讨，在这里我们结合已有的研究结果，对可能导致税收长期超GDP增长的因素加以梳理。

3.1.1 导致税收超GDP增长的可能因素

对于我国税收高速增长的原因，官方最初给予的解释是经济增长、政策因素和加强监管"三因素论"，并对三因素进行了相应的分解，即经济增长因素占50%，政策调整和加强监管各占25%（金人庆，2002）。后来官方和学术界又提出物价上涨、统计口径、结构差异、累进税率、外贸进出口对GDP和税收增长的影响差异等因素，成为"多因素论"（谢旭人，2006；李方旺，2006；高培勇，2006）。

3.1.1.1 经济增长

经济学基本理论告诉我们，经济增长与税收收入之间存在较强的正相关关系。潘雷驰（2007）着眼于经济因素，从"可税GDP"的角度研究其对我国税收超速增长的作用。他发现即使采用"可税GDP"，也无法完全解释我国税收收入与GDP如此大的增长率差距。关于经济增长对税收收入的贡献，周黎安等（2011）发现，在控制了年度哑变量和其他控制变量后，实际GDP每增长1个百分点，实际税收收入增长0.632个百分点。而关于增长的分解，在他们的模型中，经济增长可以解释税收收入增长的45%，相比于潘雷驰（2007）得到的25.5%，更接近金人庆（2002）的50%的预测。即便如此，仍然有一半以上的税收收入增长不能简单地被经济增长解释。

3.1.1.2 政策因素

政策因素主要是指税收政策调整带来的税收结构性变化导致税收增多。"分税制"改革以来，我国税制经历了税种的扩充、原有优惠政策的取消、征税范围的扩大以及税率的变化，这些临时性或一次性调整扩大了税收基础，成为税收超GDP增长的原因之一（贾康等，2002）。不过，政策调整虽然频繁，但大多是微调。高培勇（2006）梳理了1994—2005年较大的税制调整事项，发现在这段时期内能够称得上具有增税意义的税制调整事项只有两个：1999年对居民个人存款利息所得恢复课征个人所得税和2002年将车辆购置费改为车辆购置税。可是，这两类税收的增加对于总体税收的增长显然并没有起到足够大的作用，而且税收收入的增速在2002年之后仍旧持续超过GDP增速，政策因素并不能很好地解释这些现象。

3.1.1.3 管理因素

管理因素对于税收增长的重要作用是近十年来学者关注的热点。所谓管理因素，应当既包括税务部门征税和税务稽查的努力程度（税收努力），也包括税务当局征收全部法定应纳税额，限制和打击偷税漏税行为的能力（征税能力）。

对于前者，吕冰洋和郭庆旺（2011）提出，税收分权的变动提高了税务部门的税收努力。分税制改革实际上是一种税收分权改革，它从以定额合同和分成合同为主的契约形式向以分税合同为主的契约形式转变，由此对各级税务部门产生了强烈的税收激励作用。这种激励作用促使税务部门提高税收努力，也间接地促使它们提高自身征税能力，两者共同带动税收高速增长。

关于后者，征管的加强是学者广泛提及的因素之一，主要是指我国推行金税工程，加强精细化管理，打击税收违法和犯罪，税收征管能力提升，在税收政策制度下税收征收率提高，单位经济增加值对应的税收收入增加，使得税收增长快于GDP增长。持这一观点的学者主要有高培勇（2006）、吕冰洋和李峰（2007）、周黎安等（2011）。

吕冰洋和李峰（2007）利用1996—2005年的省级面板数据，将每一个地区每一年的Malmquist指数作为税收征管效率的代理变量，在控制了GDP增长、产业结构等经济因素后，发现税收征管效率每提高1%，每年将促进税收增长约4.1%。周黎安等（2011）的研究发现，国税（地税）查实率每增长1个百分点，税收收入增长0.829（1.224）个百分点，并且得出国税（地税）查实率的增加能够解释税收增长19%（13%）的结论。

3.1.1.4 统计口径、价格因素和累进税率

有学者认为计价因素是税收超GDP增长的重要原因之一。税收增长是按可变价计算，而政府每年公布的GDP增长率则是按不变价计算，考虑到价格水平的提高，可变价格计算的税收增长率与不变价格计算的GDP增长率之差将大于同一计价方式下计算的两者之差（谢旭人，2006）。但是，郭喜和高红（2009）对税收收入按照GDP平减指数剔除价格因素后发现，税收增长率与不变价格GDP增长率之差仅缩小了3.9个百分点，税收增长速度仍然远超GDP增长速度。

闫坤（2008）提出，如果全面考虑价格因素的影响，财政收入的增量中还存在价格再分配的部分，具体分三种情况：一是通货膨胀部分，是由通货膨胀这种货币现象导致名义收入在账面上增收。二是产品比价变动部分，当出现结构性物价上涨时，财源（税基）分布就会改变，有可能导致财政收入相应增加。三是累进税受物价影响的增收部分。对采取比例税率的流转税来说，税收收入的增长率等同于物价上涨率，财政收入只有名义增长，而对于采取累进税率的所得税来说，物价上涨会提升税率档次，会出现名义与实际财政收入双增长。

3.1.1.5 结构变化

GDP总量的增速并没有反映经济结构的改变，而这种结构变化很有可能造成税收收入的增速不同于GDP增速。例如，李方旺（2006）指出，2001—2005年第一产业、第二产业和第三产业税收负担率（该产业提供的税收收入占该产业增加值比重）平均为4.3%、18.2%和15.0%，第二产业、第三产业税收负担率明显高于第一产业。因此，随着产业结构的升级，即第一产业比重降低，第二、三产业比重升高，我国税收收入占国内生产总值比重必然随之升高。曹广忠等（2007）还指出，地方政府为追求政绩和财政收入，低价出让土地，从而推动高税行业如制造业、建筑业、房地产业等快速发展，是税收高速增长的主要原因。根据刘金东和冯经纶（2014）的测算，高税行业发展带来的经济因素是税收超GDP增长的第二推手，平均贡献率约为10%—20%。

结构的变化还可以表现在生产各要素之间相对丰裕度的变化。据测算，2006年我国劳均资本为1995年的3.6倍，这推动了劳动密集型产业向资本和技术密集型产业转移。吕冰洋和郭庆旺（2011）提出，在生产型增值税设计下，对劳动密集型企业而言，购进的投入品主要是原材料、辅助材料等流动资产，固定资产所占比重较小，因而产品价值中所含折旧额比较小，重复征税程度也较低；而对资本和技术密集型企业而言，产品价值中固定资产折旧所占比重较大，重复征税程度也较高。因

此，这种经济结构的变动也会使增值税增长速度高于经济增长速度。

3.1.1.6 外贸进出口

尽管在计算 GDP 时，按照经济学的定义，Y（国内生产总值）= C（消费）+ I（投资）+ G（政府购买）+ NX（净出口），只有出口扣除进口的净出口部分才被计入 GDP，但是在实际过程中无论是出口还是进口都分别产生税收收入。外贸进出口中的进出口消费税、增值税、关税等每年为财政贡献了额外的财政收入。

对商品课税，国际上通行的做法是消费地课税原则，根据这一原则，对进口商品征税，出口商品全部退税是合情合理的。我国从1985年开始实行出口退税政策，但是从未实行过"全额"退税。根据王美桃（2012）的测算，2011年，我国一般纳税人出口商品平均退税率为10.71%，而进口商品原则上的平均税率是17%。虽然有部分项目的减免税，但总体税率高，进口税额与进口额成正比；出口环节则因为少退税，财政多截留了一部分收入。这一多一少，就是财政收入增加的部分。计算所得，我国年均退税差额的增长为财政收入贡献了约为4.3%的增长率。此外，关税及附加税年均为财政收入贡献约3%的增长率。

3.1.1.7 非 GDP 活动

GDP 核算的是一定时间内所生产出来的产品或劳务的价值，金融产品交易、存量资产持有和交易、土地交易等活动由于没有生产出新的产品或劳务，是不被计入 GDP 的，而这些非 GDP 活动却为财政贡献了额外的财政收入。

金融产品中以股票交易为例，2004—2011年间，我国股票交易额从27990亿元上升到421645亿元，增长了15.06倍，仅证券交易印花税一项收入每年为财政收入贡献约0.5%的增长率，加上统计中未能单独剥离的证券投资所得的股息、红利等收入所得税，则证券投资交易税收所增加的财政收入大约为1%左右（王美桃，2012）。根据胡怡建和刘金东（2013）的测算，虚拟经济（主要包括金融业和房地产业两大部门）对我国税收超 GDP 增长部分的贡献率达到35%左右。

GDP 通常计量的是当年商品和劳务增加值，而税收不但对当年商品和劳务增加值征税，也对历年存量资产征税。存量资产税收既有因资产持有而征收的房产税、城镇土地使用税等静态税收，也有资产交易、转让涉及的流转税、所得税等动态税收。例如，企业日常的非流动资产处置利得、非货币性资产交换利得、债务重组利得以及捐赠利得等资产性收入都要缴纳大量的企业所得税，但它们只是企业的营业外收入，并不计入企业营业盈余，从而不计入 GDP。又如，存量房地产交易并不涉及生产活动，无法产生 GDP，但也要贡献大量税收。胡怡建和刘金东（2013）验证了狭义货币 M_1 和广义货币 M_2 供应量与税收的长期同步增长关系，证实了存量资产与税收收入的对应关系。根据刘金东和冯经纶（2014）的测算，单位增加值税负提高带来的部门因素是税收超 GDP 增长的最主要原因，平均贡献率达到80%，其中固然有税收征管水平提高的因素，但资产因素已经代替税收征管水平成为部门税负提高的主要动力，前者贡献率为65%以上，后者贡献率不足15%。

土地作为资产，不是新生财富，其交易额不计入国民生产总值。在较长的一段时间内，我国土地交易额连年攀升，2001年土地出让金为1295.89亿元，到2011年该值约为3.15万亿元，增长了近24.31倍，到了2014年，该值又增长至4.26万亿元。土地交易是 GDP 之外的交易，但形成了契税、土地增值税等税收和政府基金收入。2011年因出让土地增加的预算内财政收入为4.88个百分点。2001—2011年这11年间，我国土地出让应纳税金年均贡献的财政收入约为1%—3%（王美桃，2012）。因此，土地出让增加也是导致财政收入超 GDP 增长的原因之一。

3.1.1.8 其他因素

除了上面讨论的可能造成税收收入超GDP增长的原因,部分学者还提出了一些其他的可能因素。例如,有学者提出,由于我国税收政策有先征后退、先征后返的规定,所以财政收入中包括部分先期计入而后期退还的收入,造成财政收入的"虚增"。事实上,部分县市为完成税收增长指标,自定税收优惠政策吸引企业进驻,在企业没有所得税甚至亏损的情况下,虚收所得税,然后又以优惠政策为名,退还所得税,其税源、征税、退还都是虚拟的。另外一种"空转"是在财政和事业单位之间进行的,财政将预算内拨款"支出"给事业单位,后者将这笔钱以上缴收费收入的形式再上缴财政,收入和支出因此都"完成了任务"。但从已有文献和数据中,很难准确测算"虚增"和"空转"的实际占比,在此不作进一步说明。

3.1.2 我国税收高速增长的独特性

官方和学术界提出的这些因素,无疑都是导致税收收入超GDP增长的可能原因,也都具有不同程度的解释力。尽管其他国家在某些历史时期也出现过税收收入超GDP增长的现象,我国税收收入长期高速增长还呈现出其独特性:它的开始与"分税制"改革几乎是同时的。通过图3-3,我们可以清晰地看到,我国的税收收入增速在"分税制"改革前后呈现明显不同的景象,1986—1992年这7年间,税收的平均增速(7.2%)是低于GDP增速(9.0%)的,而从1993年开始,税收保持了长达多年的远超GDP增速的高速增长。

对于这一特殊现象的解释,高培勇(2006)提出,无论经济增长同税收收入之间的相关性,还是物价上涨同税收收入之间的相关性,抑或GDP与税收结构差异、累进税率制度、加强税收征管等因素同税收收入之间的相关性,在世界上都是普遍存在的,均属于一般性而非特殊性的因素,无法解释我国税收高速增长的特殊性。他在区分法定税负与实征税负的基础上指出,理解中国税收长期的高速增长应当追溯到1994年税制改革的背景。在当时,宏观经济过热、税收征收率偏低是现实的国情,而增加政府财政收入是改革的重要目标。这三个因素的结合就迫使在税制设计时必须预留出很大的"征管空间",也就是说需事先建构一个法定税负较高的税制架子。由此随着税收征管水平的上升,中国税收走上持续高速增长的轨道。

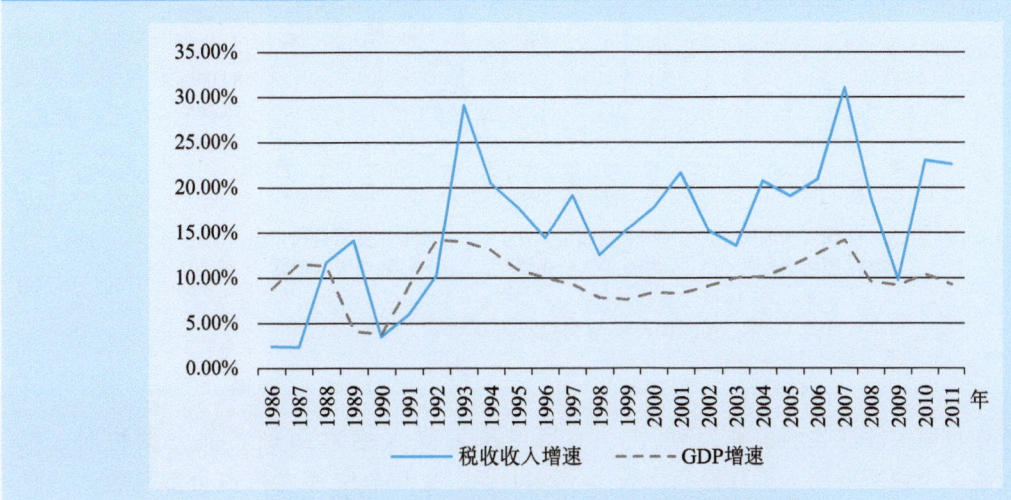

图3-3 全国税收收入增速与全国GDP增速

资料来源:《中国统计年鉴》,中国统计出版社。

3.2 "中低速运行"时期

我国一般公共预算收入从 2012 年开始逐渐结束了 1994—2011 年长达 18 年的"超经济增长"时期,进入了急剧下滑轨道:2012 年为 12.9%,2013 年为 10.2%,2014 年为 8.6%,2015 年为 8.4%(同口径增长仅 5.8%),从此进入"中低速运行"时期。

3.2.1 财政收入增速下滑的结构性分析

我们首先对财政收入的增速下滑作结构性的分析,了解财政收入增速下滑的主要来源。

3.2.1.1 税收收入

在一般公共预算收入的构成中,税收收入一般是最为重要的部分。1994 年财税体制改革后,税收收入占财政收入的比重呈现稳定下降的趋势。1994 年该比重为 98.25%,2007 年政府收支分类改革后降至 88.89%,2011 年该比重为 86.39%,2015 年则降为 82.04%(见图 3-4)。这主要是受到近年来预算外收入纳入预算管理等因素的影响,尤其是较大规模的政府性基金收入(如 2015 年 11 项政府性基金纳入一般公共预算①)和国有资本经营收入。税收收入占财政收入的比重有所下降,但仍然是财政收入的主体。

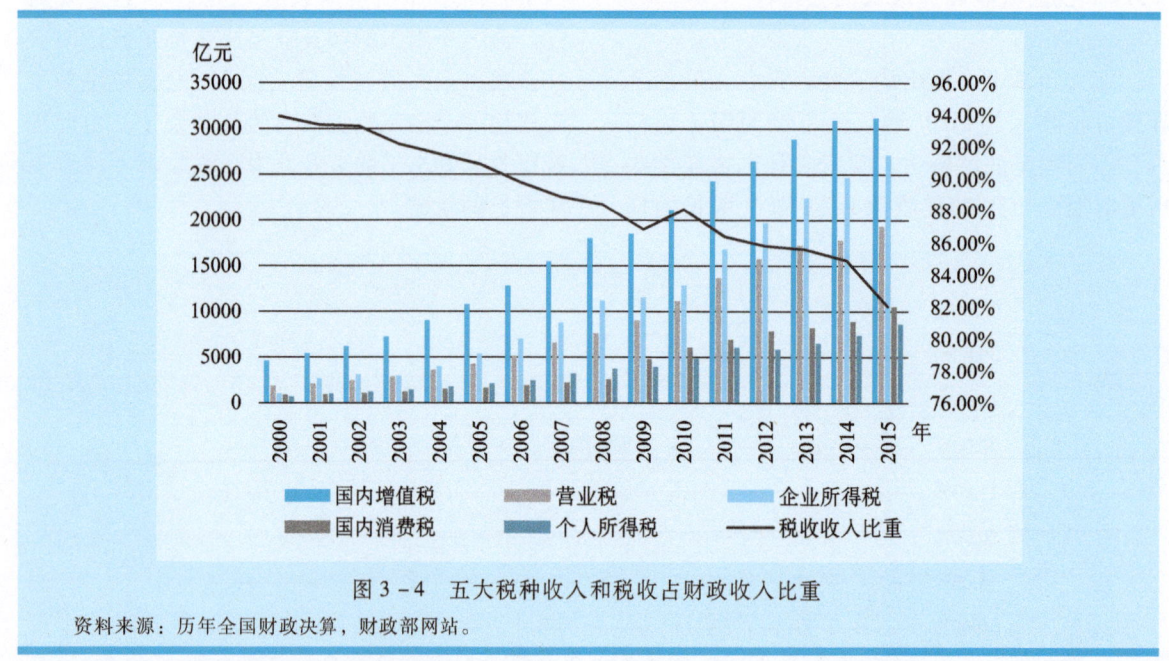

图 3-4 五大税种收入和税收占财政收入比重
资料来源:历年全国财政决算,财政部网站。

税收收入中目前实际征收的税种为 18 个,增值税、营业税、企业所得税、消费税和个人所得税为收入绝对额排名前五的税种。在 2011 年,这五个税种大约占全部税收收入的

---

① 财政部:《关于完善政府预算体系有关问题的通知》(财预〔2014〕368 号),财政部网站。

3/4。如图3-4所示,这五个税种在从2000年至今的绝大部分年份都保持高速增长,其中平均增速最快的是个人所得税(28.1%)和企业所得税(21.7%)。但是,从2012年开始,这五个税种都出现了不同程度的增速放缓,其中增值税、营业税和企业所得税的增速放缓尤为明显。

为了更清楚地展示这五大税种在2012年前后增速的变化,笔者计算了从2010年至2015年这五个税种收入的增速,并与全部税收收入的增速进行比较(见表3-1)。我们可以看到,税收收入增速在4年之间从2011年的22.58%骤降至2015年的4.82%。在这4年间,增值税作为最大的税种,增速从2011年的15%左右骤降至2015年的0.82%,并且创下了自1994年以来的历史最低增速。营业税和企业所得税的增速在这4年间也都呈现急速下落的趋势,其中企业所得税的增速仅在2011年这一年就骤降了13个百分点,但是我们也注意到,营业税的增速在2015年出现了明显的反弹。消费税增速的下降出现得更早,2011年比2010年的增速骤降了13个百分点,在2012年、2013年继续下行,从2014年开始回升,并且在2015年实现了超过18%的增长率。个人所得税的增速下降主要发生在2012年,而且出现了负增长,但是从2013年开始迅速回到了两位数的增长率,并且增速在2015年有迅速的提升,实现了将近17%的增长。所以,仅从年度之间的趋势来看,与税收收入增速下滑最同步的税种是增值税、营业税和企业所得税。

表3-1 五大税种收入增速与税收收入增速比较

年份	各项税收增速	增值税增速	营业税增速	消费税增速	个人所得税增速	企业所得税增速
2010	23.00%	14.13%	23.78%	27.52%	22.48%	11.33%
2011	22.58%	15.04%	22.59%	14.24%	25.16%	30.57%
2012	12.12%	8.86%	15.12%	13.54%	-3.86%	17.20%
2013	9.86%	9.07%	9.43%	4.52%	12.22%	14.11%
2014	7.82%	7.10%	3.18%	8.21%	12.94%	9.88%
2015	4.82%	0.82%	8.61%	18.36%	16.82%	10.11%

资料来源:历年全国财政决算,财政部网站。

我们作了一个测算。假设税收收入在2012—2015年依然维持2011年的增速不变,计算出的2015年税收收入与2015年实际收入的差值,就是由于税收增速下滑造成的税收收入"少增长"的部分。然后用同样的方法计算出五大税种"少增长"的部分,再除以税收收入"少增长"部分,得到每个税种各自的贡献率。根据测算,2012—2015这四年中,五大税种中对税收收入增长放缓贡献最大的税种依次是企业所得税(27.8%)、营业税(14.9%)、增值税(14.7%)、个人所得税(8.0%)和消费税(1.6%)。我们得出结论,仅企业所得税、营业税和增值税这三大税种对税收收入增长放缓就贡献了57.4%,但是,仍然有将近1/3的税收增长放缓是由除了五大税种外的其他税种贡献的。

从中央和地方的税收收入占全国税收收入的比重来看,如图3-5所示,从2008年开始至今,中央税收收入的比重呈现逐步下降的趋势,从2007年的57.8%已经下降到2015年的49.8%,中央税收收入已经基本与地方税收收入持平。换句话说,中央税收收入的增速在近些年明显低于地方税收收入的增速。而从税收收入占一般公共预算收入的比重来看,中央政府的财政收入更加依赖于税收收入,大约90%的财政收入都来源于税收,而地方政府的本级财政收入中75%以上来源于税收。

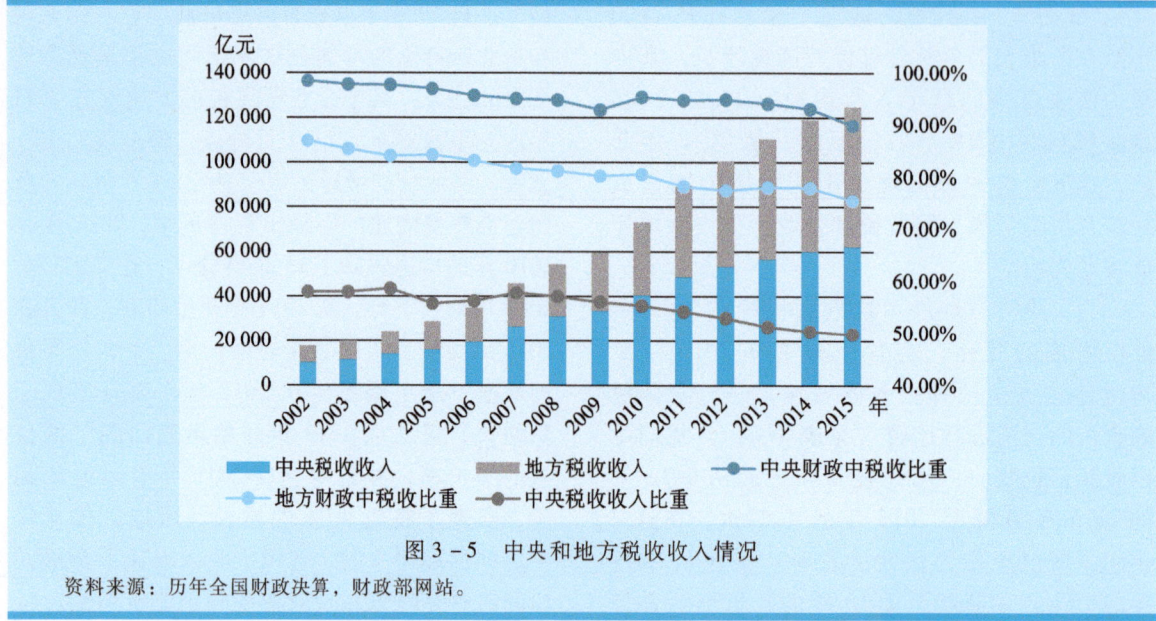

图3-5 中央和地方税收收入情况

资料来源：历年全国财政决算，财政部网站。

3.2.1.2 非税收入

《2012政府收支分类科目》中"公共财政预算收入科目"列示的非税收入，共包括六项，即专项收入、行政事业性收费收入、罚没收入、国有资本经营收入、国有资源（资产）有偿使用收入和其他收入。如图3-5所示，无论是中央还是地方，税收收入的比重都呈现下降的长期趋势，其中地方政府的比重下降得更快。换句话说，无论是中央还是地方，一般公共预算收入对非税收入的依赖程度都在加大，这主要是由于近年来预算外收入纳入预算管理等，尤其是较大规模的政府性基金收入和国有资本经营收入，同时税收收入增速急剧下滑。

由于非税收入中六项收入的分类从近些年才开始采用，笔者根据财政部公开的数据，将非税收入只分为四类，即专项收入、行政事业性收费、罚没收入和其他收入。如图3-6所示，国家非税收入无论是总额还是分类收入，增速波动极大，这主要是受到近年来预算外收入纳入预算管理的"一次性"影响，比如在2011年和2015年，预算管理都作了比较大的调整，所以在当年都出现了非税收入增速的突然提升。我们不能把由于统计口径放宽带来的特殊情况理解成非税收入的增加，而产生非税收入保持很高增长速度的乐观印象。例如在2015年，由于新纳入一般公共预算的11项政府性基金绝大多数被列入专项收入[①]，当年专项收入实现了88%的增长，而其他几类收入远不及专项收入的增长率，说明当年非税收入的高增速在很大程度上是由于更多收入被纳入一般公共预算，而不是非税收入的实际增长。根据测算，2015年全国非税收入为27325亿元，增长28.9%，而同口径增长则只有10.6%，当然，这个增速仍然远高于税收收入的增速。

3.2.2 导致税收增速下滑的可能因素

从2012年开始，我国税收收入结束了之前长达18年的远超GDP增长时期，增速不断下降，2015年仅实现了4.80%的增长，这是自1994年以来税收收入的最低增速，也是首次低于GDP增长。对于税收收入的这一剧烈转变，由于发生得比较突然，学术界还没有形

[①] 财政部《关于完善政府预算体系有关问题的通知》（财预〔2014〕368号），财政部网站。

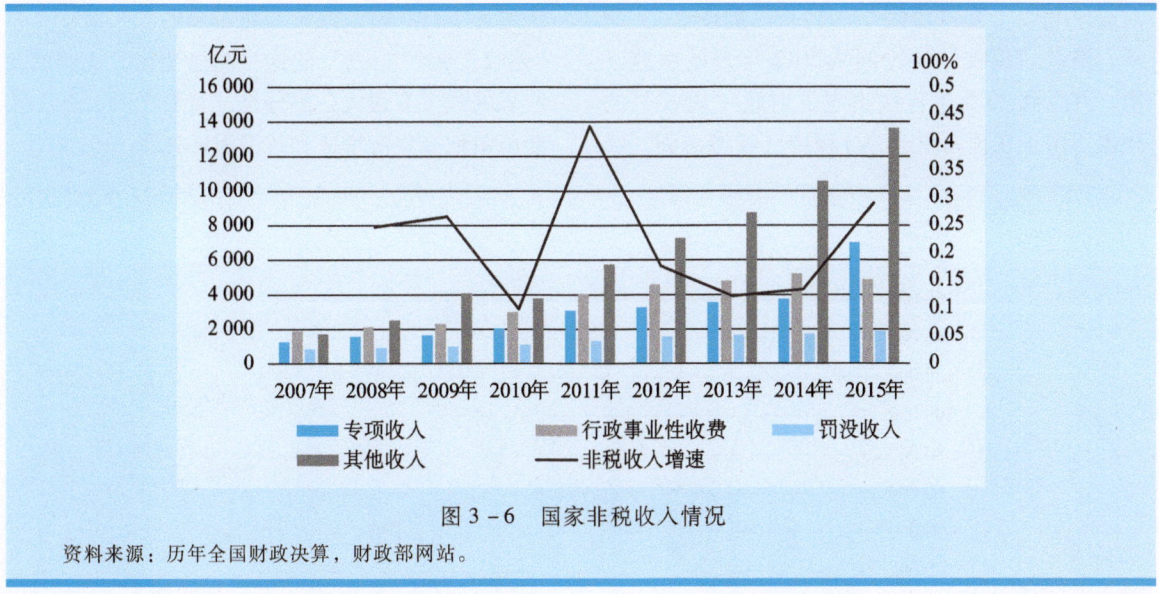

图 3-6 国家非税收入情况

资料来源：历年全国财政决算，财政部网站。

成足够的探讨。结合之前对税收收入超 GDP 增长原因的探讨，下文将尝试分析导致这一转变的可能因素。

3.2.2.1 经济增速下滑

从一些国家的发展经历中可以看到，经济增长时常会带来财政收入更大幅度的增长，而经济下行则往往会导致财政收入更大幅度的下滑（IMF，2015）。例如，2007—2010 年间，巴西年度财政收入的增长率远远高于 GDP 的增长率，其中 GDP 的年度增长率分别为 6.09%、5.16%、-0.64%、7.49%，而财政收入年度增长率分别为 13.87%、15.80%、3.15%、24.42%，后者比前者平均高出了近 10 个百分点。同时，我们也可以明显地看到，2009 年比 2008 年 GDP 增速下降了 5.8 个百分点，而财政收入增速则下降了 12.7 个百分点。类似的，俄罗斯受金融危机影响明显，2009 年财政收入和 GDP 均呈现负增长，财政收入比 GDP 的降速更快（王美桃，2012）。以同样经历过高速增长的日本、韩国的历史经验来看，其在高速增长时期同样存在税收增速长期高于 GDP 增速的现象。但在经济增速趋缓之后，其税收增速也逐渐平缓，且与 GDP 增速逐渐接近（高培勇和张德勇，2010）。

当一国的税收收入弹性（税收收入增速与 GDP 增速之比）长期大于 1 时，就会出现当经济增速下滑时税收收入增速下滑得更快的现象。从 2012 年开始，全国 GDP 结束了从 2000 年以来长达 12 年平均 10% 的增速，进入下行轨道，2012 年为 7.7%，2013 年为 7.7%，2014 年为 7.4%，2015 年为 6.9% 并创 25 年来新低。同时，我国税收收入增速的拐点也是 2012 年，并且之后进入急速下滑轨道，税收收入增速与 GDP 增速的双下滑表现出了高度的同步性，一定程度上证实了经济增速下滑对财政收入增速下滑的解释力。

3.2.2.2 政策因素

基于稳增长和推进供给侧结构性改革的需要，在积极财政政策所能选择的工具清单中，减税已经取代传统的增支被推至第一位，成为首选操作。无论是全面实施以"营改增"为代表的较大规模减税政策，还是给小微企业减税，以及其他结构性减税措施，这些政策都可能带来税收收入增速的减缓。

但是，政策因素带来的税收减少，由于是有意识、有计划性的，应当在极大程度上反映在财政预算中，而这无法解释近年来我国财政"超收"规模和比例的下降，以及 2015 年发生的财政"超收"变"短收"的转折。如图3-7所示,财政"超收"的比例从2012年开始急速下滑,并且到2015年首次出现了财政"短收"的现象。由于在预算制定的过程中已经考虑到了经济增速下行和财政政策变化带来的收入减少,从"超收"到"短收"的这一明显变化,证明财政收入的减少有很大一部分是"意料之外"的,不能简单地被经济增速和政策因素解释。

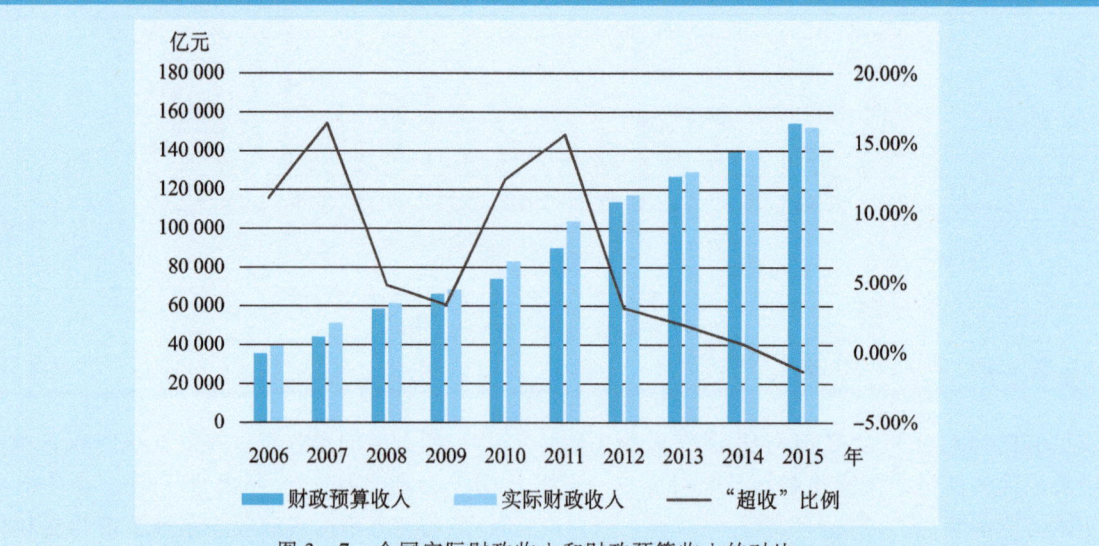

图3-7 全国实际财政收入和财政预算收入的对比

资料来源:财政部提请全国人大审议的《关于上一年度中央和地方预算执行情况和下一年度预算草案的报告》,财政部网。

3.2.2.3 管理因素

从之前的讨论我们已经看到,管理因素,包括税务部门税收努力和征税能力的提升,被认为是我国税收在1994年税制改革后长期超GDP增长的重要因素。高培勇(2006)提出,宏观经济过热、税收征收率偏低、增加政府财政收入这三个因素的结合,迫使在1994年税制设计时预留出了很大的"征管空间",也就是说需事先建构一个法定税负较高的税制架子。由此随着税收征管水平的上升,中国税收走上持续高速增长的轨道。这一解释的一个推论是,随着征管水平提升空间越来越小,税收增速与GDP的名义增速之间的差距将越来越小。

"征管空间"带来的红利的递减至少有两个来源。首先,随着税务部门征税能力的不断加强,法定税负和实际税负之间的空间逐步缩小,征收率不断接近100%,由征税能力提升带来的税收收入增加必然会出现递减的趋势。我们以增值税征收率为例,如图3-8所示,通过金税工程一期和二期的实施,我国增值税的征收率从1996开始呈现出明显的上升趋势,在不到十年的时间里,已经由不到50%的水平上升至超过85%的水平。很显然,这样的增速是不可能在长期得到持续的,因为假设可以,那么从2004年算起的十年之后,征收率就应当远超100%,而这显然是不可能的。

其次,随着税收努力的提高,由税收努力带来的税收增加效应也逐渐减弱。如前文所述,分税制改革实现了以定额合同和分成合同为主的契约形式向以分税合同为主的契约形式转变,由此对各级税务部门产生了强烈的税收激励作用。这种激励作用促进税务部门税收努力的提高,进而带动税收高速增长。但是,正如吕冰洋和郭庆旺(2011)指出的,边际税收收入一般会随着税收努力上升而递减,如反复的税收稽查并不会使税收同步增长。也就是

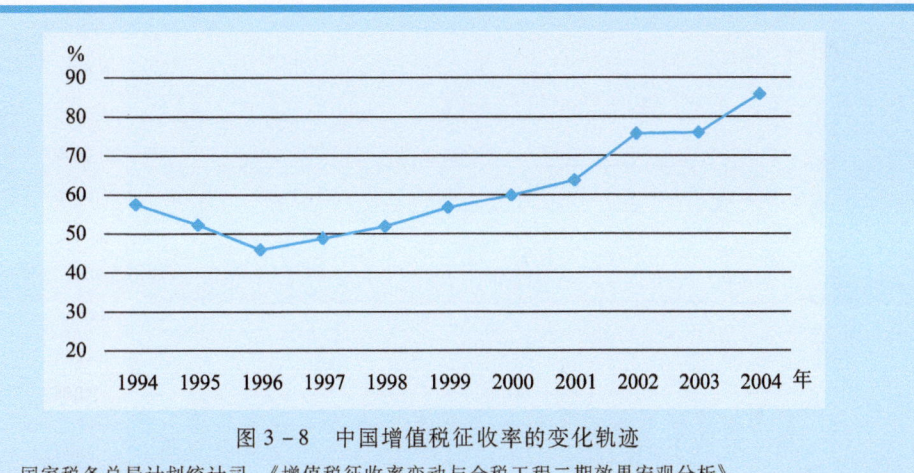

图 3-8 中国增值税征收率的变化轨迹
资料来源：国家税务总局计划统计司：《增值税征收率变动与金税工程二期效果宏观分析》。

说，税收努力的上升无疑可以带来税收收入的增加，但是这种效应会随着努力程度的提高而逐渐减弱。征税成本与税收努力正相关，与税务部门工作效率、公民纳税意识等因素有关。所以，虽然分税制改革的激励作用大大促进了税务部门税收努力的提高，在收益与成本的权衡之下，税务部门也不可能无止境地增加努力，并且随着努力程度的提升，这种由税收努力带来的税收增加效应逐渐减弱。

3.2.2.4 价格因素

如前文所述，价格因素也是影响我国税收收入的重要因素之一。在中国的现行税制体系下，大部分的税收收入来自增值税、营业税和消费税等间接税。这样一种"向间接税一边倒"的税收收入格局意味着，我国税收收入的绝大部分要作为价格的构成要素之一，附着于价格之中。当经济高速增长时，价格上涨通常较快，税收收入的增速便可能高于经济增速。当经济增速放缓或低于以往增速时，价格上涨较慢甚至出现下降，税收收入的增速便可能低于经济增速。

我们以工业生产者出厂价格指数（PPI）为例，如图3-9所示，PPI从2012年开始连续4年同比下跌（上年同月=100），这是自2003年以来除了受到全球经济危机严重影响的2009年等个别年份以外，首次出现的长期工业品价格下跌的现象，并且其下滑速度极快，在2011年9月—2012年8月的一年时间里就下跌了10个百分点。当然，这是与经济增速下滑和社会总需求不足等因素相关联的，但是由于我国的税制结构是以间接税为主体、以产业增加值为主要计税依据，我国的税收收入与价格的关联度很高。受PPI等价格指标长期下行的影响，财政收入的增长动能已明显下降。

3.2.2.5 结构因素

GDP总量的增速并不能反映经济体内部结构的改变，而这种结构变化可能造成税收收入的增速不同于GDP增速。从三大产业的比重变化来看，如图3-10所示，第二产业的比重从2012年开始呈现下降的趋势，其比重的下降主要被第三产业比重的上升抵消，同时第一产业的比重也有略微的下降。根据李方旺（2006）的测算，2001—2005年第一产业、第二产业和第三产业的税收负担率平均为4.3%、18.2%和15.0%，第二产业的税收贡献最大，所以第二产业比重的下降会带来税收增速的下降比GDP增速下降更快的结果。尽管第二产业比重的下降并不是第一次发生，如1997—2002年，第二产业的比重下降了2.6个百分点，可是同时第一产业的比重下降了4.6个百分点，由于第二、第三产业的税收负担率

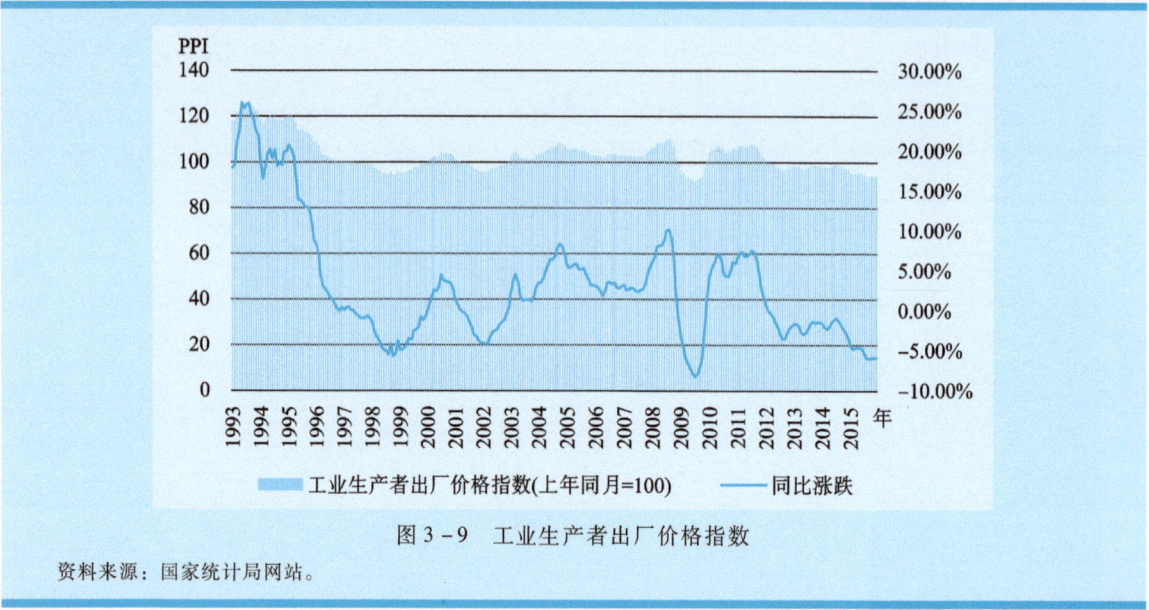

图 3-9　工业生产者出厂价格指数

资料来源：国家统计局网站。

要远高于第一产业，所以税收收入并没有出现明显的增速下降。这一次的情况与之前是不同的，2012—2014年的三年间，第二产业比重比2011年下降了3.3个百分点，而第一产业比重在同一时期仅下降了0.3个百分点。因此，产业结构的改变对从2012年开始的税收收入增速下滑也具有一定的解释力。

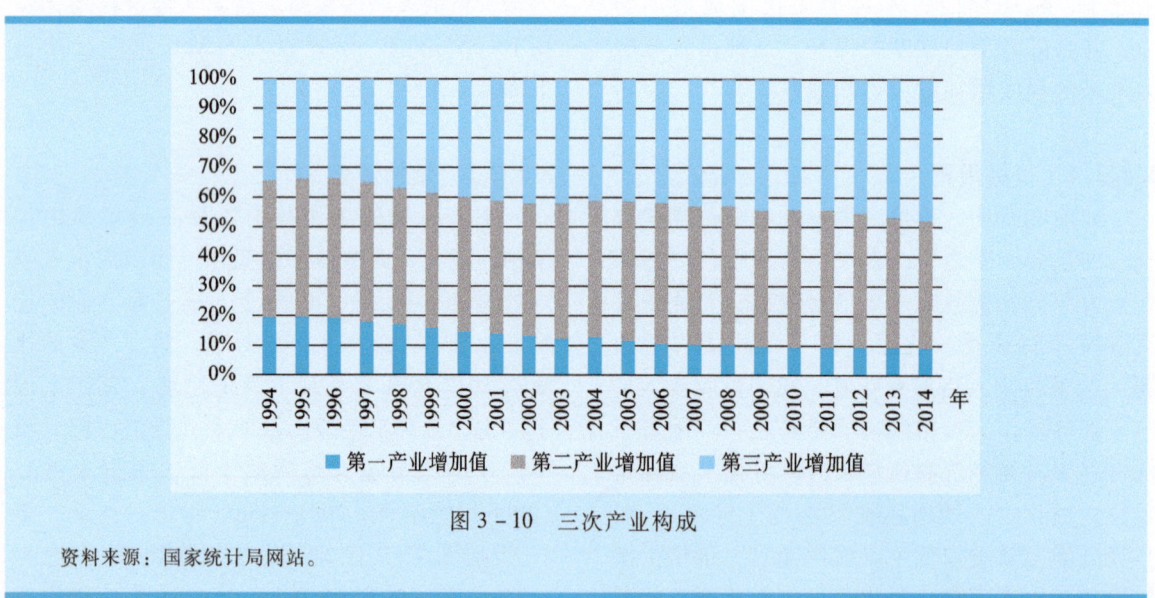

图 3-10　三次产业构成

资料来源：国家统计局网站。

除了三大产业之间的比重变化，不同行业之间增速的差异也可能导致税收收入增速不同于经济总量增速。根据刘金东和冯经纶（2014）的测算，单位增加值税负提高带来的部门因素是税收超GDP增长的最主要原因，平均贡献率达到80%，而对部门因素贡献率最高的三大行业依次是工业、金融业和房地产业。于是，笔者将这三个行业的增加值加总，将其增速与GDP增速进行比较。如图3-11所示，这三个高贡献行业长期保持与GDP相当或更高的增速（除去1998年），但是从2012年开始，连续几年低于GDP增速，如

2014年三个行业增加值的增速低于GDP的增速大约1.8个百分点,其下降速度比GDP的下滑更快。对税收超GDP增长贡献最高的三个行业增速低于GDP,会导致税收收入增速的回落比GDP更快,所以,图3-11所揭示的这个现象对于从2012年开始的税收收入增速急速回落具有一定的解释力。

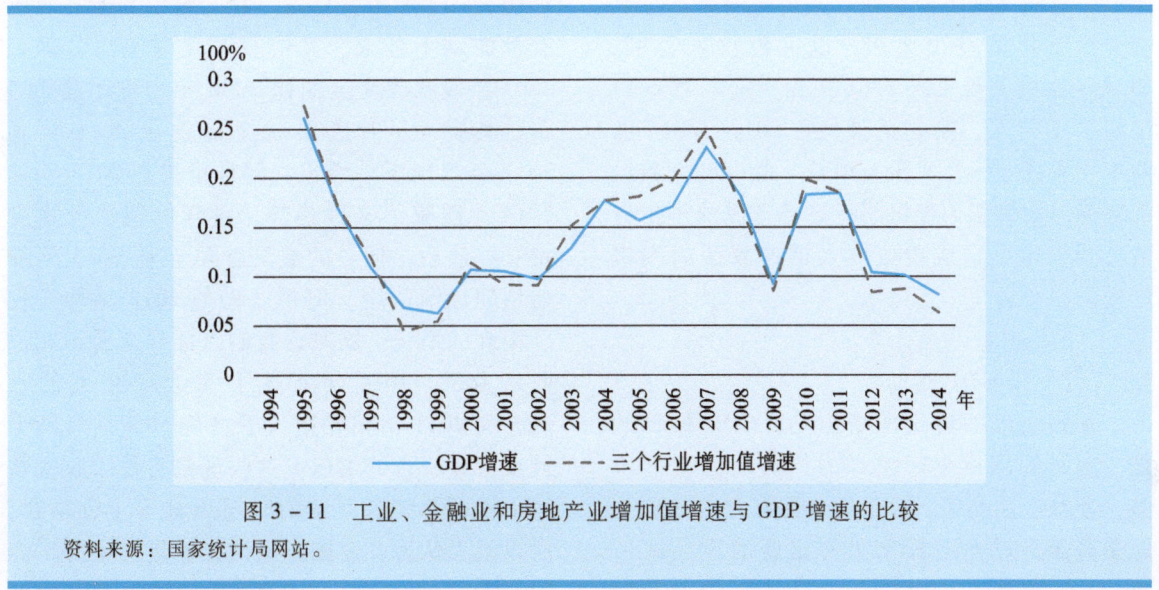

图3-11　工业、金融业和房地产业增加值增速与GDP增速的比较

资料来源:国家统计局网站。

3.2.2.6　外贸进出口

前面的讨论告诉我们,在国民经济核算中,只有出口扣除进口的净出口部分才被计入GDP,但是在实际过程中无论是出口还是进口都分别产生税收收入。外贸进出口中的进出口消费税、增值税、关税等每年为财政贡献了额外的财政收入。

从图3-12我们可以发现,从2011年开始,进口、出口总额都呈现出增速下降的趋势(2013年有略微反弹),并且都在2015年出现

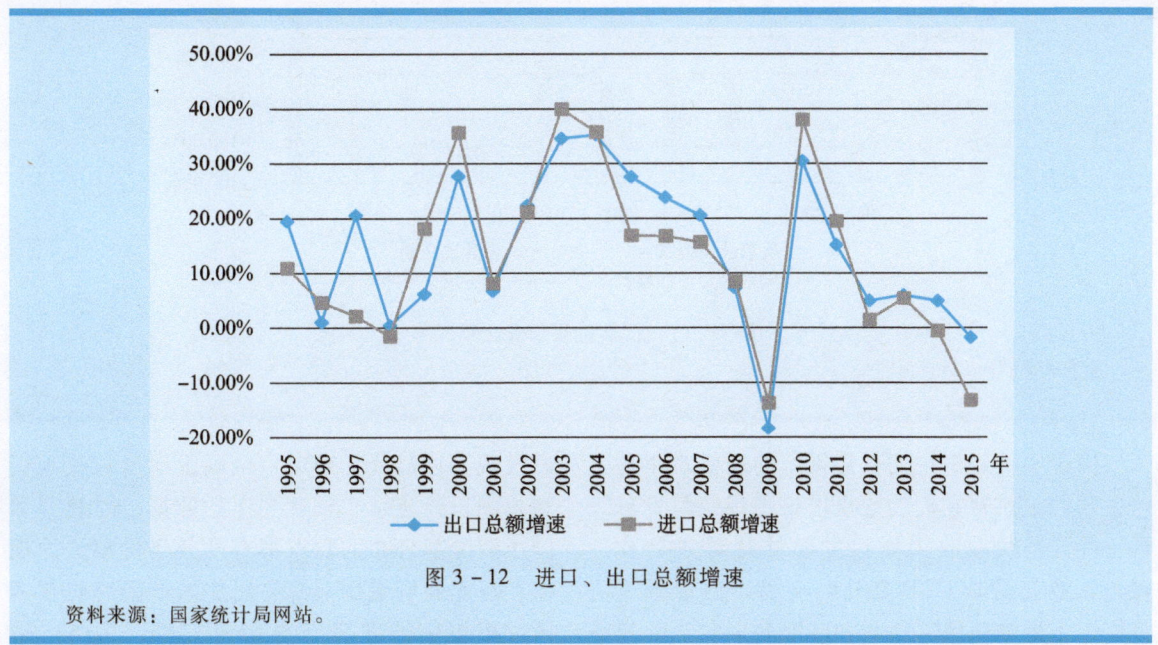

图3-12　进口、出口总额增速

资料来源:国家统计局网站。

负增长,双双创下自1995年来的历史最低点(除去受到全球经济危机严重影响的2009年)。并且,与2008—2009年的全球经济危机时期的进出口增速同步下降不同,这一轮进口总额比出口总额增速下降更快,显示出内需不足是这一轮下降的突出原因。以关税收入为例,2015年实现关税收入2561亿元,基本与2011年的水平持平,换句话说,在2012—2015的四年中关税收入几乎没有增长。所以,世界经济复苏乏力和国内经济下行态势造成的进出口贸易减少也是造成税收收入增速放缓的因素之一。

3.2.2.7 非GDP活动

正如之前的讨论所指出的,GDP核算的是一定时间内所生产出来的产品或劳务的价值,金融产品交易、存量资产持有和交易和土地交易等活动由于没有生产出新的产品或劳务,是不被计入GDP的,而这些非GDP活动却为财政贡献了额外的财政收入。如果这些贡献额外财政收入的非GDP活动有明显放缓的趋势,那么财政收入自然也会受到影响。

金融产品中我们以股票和债券交易为例,如图3-13所示,首先,我国股票和债券的成交额波动十分大,其中股票尤为突出,例如2007年股票成交金额比2006年上涨了将近4倍;其次,尽管股票成交金额在2011年和2012年出现了负增长,但是很快在2013年和2014年摆脱了这种趋势,重新以较快的速度增长;最后,债券的成交额虽然从2013年开始增速逐渐放缓,但是之前的2012年却实现了很高的增长。同时,我们以证券交易印花税收入为例,2014年实现了666.92亿元的收入,与2011年相比增长了将近50%,远高于同期税收收入的增速。这些现象与税收收入增速下滑的趋势和开始的时间点都不十分吻合,所以笔者认为,金融产品的交易量变化并不能很好地解释税收收入增速的变化。

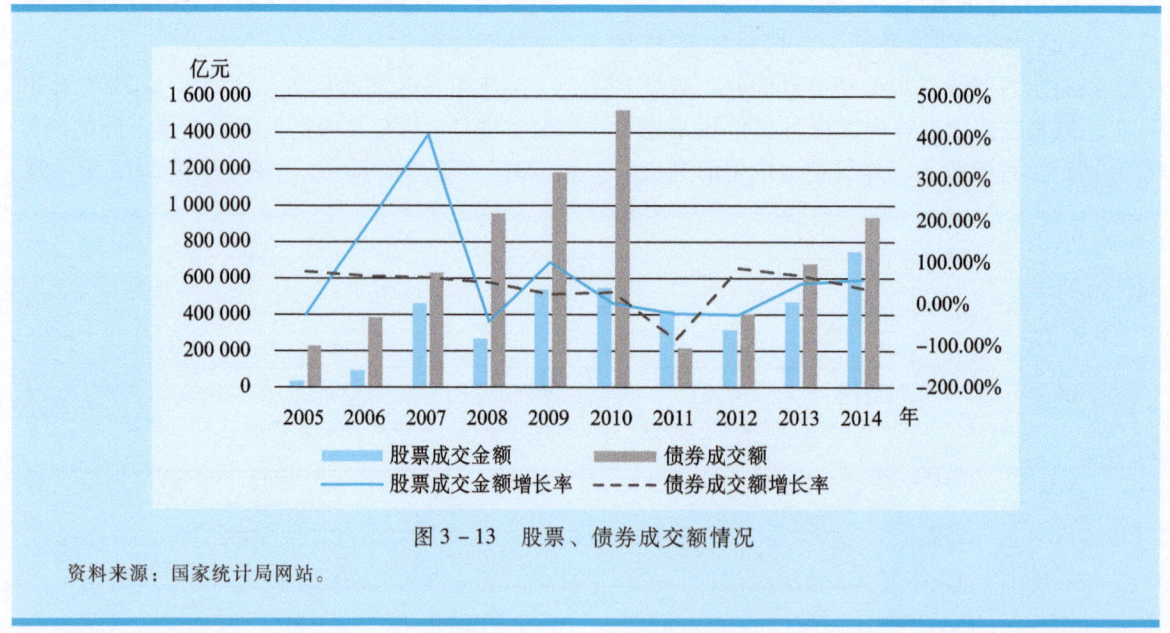

图3-13 股票、债券成交额情况

资料来源:国家统计局网站。

由于实体经济中的存量资产的规模难以估计,我们很难对它们的规模增长进行定量的分析,并且与税收收入增速的整体趋势进行比较。土地交易是GDP之外的交易,但形成了契税、土地增值税等税收和政府基金收入。笔者发现,通过公开渠道,全国土地出让收入很难找到口径统一、长达多年的数据,财政部和国土资源部公布的数据都有部分年份缺失的现象,在此我们借用上海易居房地产研究院在其研究报告中的图表(易居研究院,2016)来作简单的分析。从图3-14我们可以看到,我国土地出让金收入的年度波动还是很大的,最高时可以达到124.3%的增长率,而最低时也可以低至-19.7%的负增长。从税收收入增速的拐点2012年来看,当年出现了土地出让金收入的负增长,之后尽管在2013年又出现了很大幅度的增长,但是在2014年增速急剧下滑,而且在2015年出现了-18.5%的负增长。

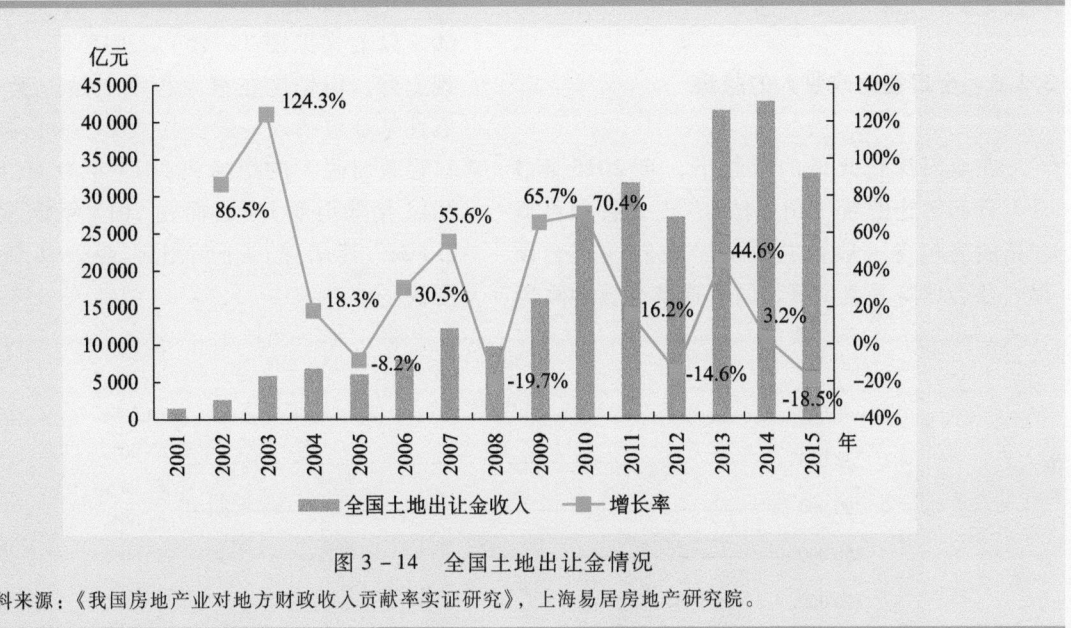

图3-14 全国土地出让金情况

资料来源:《我国房地产业对地方财政收入贡献率实证研究》,上海易居房地产研究院。

从与房地产直接相关的房产税、城镇土地使用税、土地增值税、耕地占用税和契税这"五税"来看(见图3-15),"五税"收入的增速从2011开始呈现逐年下降的趋势,并且下降速度极快,在五年时间里从之前30%多的增长率跌至个位数增长,2015年仅增长1.46%。按照之前结构性分析部分的测算方法,房地产"五税"收入对从2012年开始的

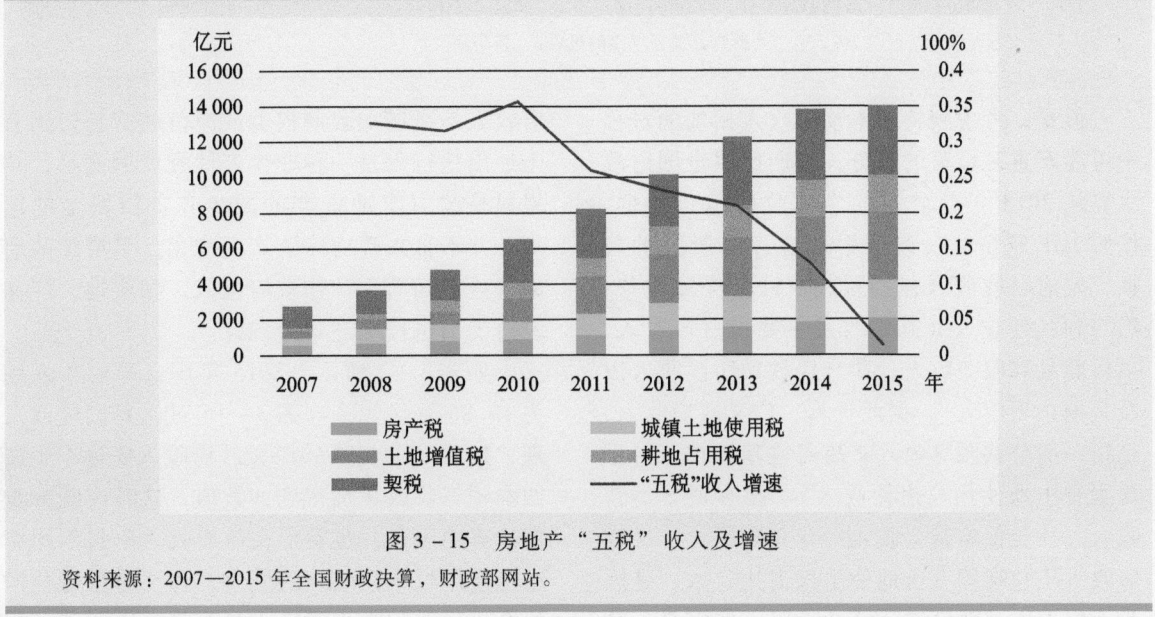

图3-15 房地产"五税"收入及增速

资料来源:2007—2015年全国财政决算,财政部网站。

税收收入增速减缓贡献了 8.66%，大于个人所得税和消费税的贡献率。总而言之，无论是土地出让金收入还是房地产"五税"收入，它们都呈现出与财政收入增速下滑大致相同的趋势。

3.2.3 全口径财政收入的趋势

在全面深化改革的背景下，自 2015 年 1 月 1 日起实施的新《预算法》，正式将预算概念拓展为包含一般公共预算、政府性基金预算、社会保险基金预算、国有资本经营预算等四本预算在内的全口径政府预算体系。也正是在这样的背景下，非一般公共预算收入对于政府收支平衡的意义开始凸显。2013 年，一般公共预算收入占全口径政府收入的比重为 58.95%，而在 2013 年以前，这一比重都在 60% 以上（见图 3-16）。2015 年，该比重出现上升，但是这在很大程度上是由于 11 项政府性基金被纳入一般公共预算。根据测算，全口径政府收入的增速在 2013 年为 16.8%，在 2014 年降至 8.1%，而在 2015 年继续下降至 2.1%，其增速的下降比一般公共预算收入更快。

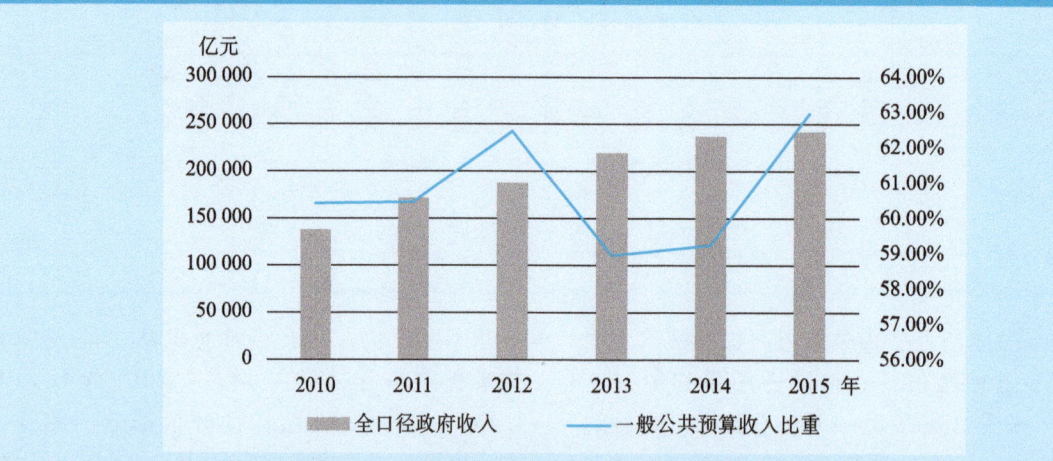

图 3-16 全口径政府收入和一般公共预算收入比重

资料来源：2010—2015 年全国财政决算，财政部网站。2010—2014 年全国社会保险基金决算，财政部网站。《关于 2015 年中央和地方预算执行情况与 2016 年中央和地方预算草案的报告》，新华社。

但是，考虑到将四本预算收入相加的过程中可能有重复计算的部分，我们比照全国财政决算从 2013 年起公布的广义政府运行数据。按照 IMF 颁布的《政府财政统计手册》的口径，政府财政收入包括税收、社会保障缴款、赠与和其他收入（其他收入主要指财产收入、出售商品和服务收入、罚金罚款和罚没收入以及其他杂项收入）。据此计算，广义政府收入，是指一般公共预算收入、政府性基金收入（不含国有土地使用权出让收入）、国有资本经营收入、社会保险基金收入的合并数据。广义政府收入不包括国有土地使用权出让收入，是因为根据 IMF《政府财政统计手册》的定义，政府收入是指增加政府权益或净值的交易，国有土地出让行为是一种非生产性资产的交易，结果只是政府土地资产的减少和货币资金的增加，并不带来政府净资产的变化，不增加政府的权益，因而不计作政府收入。相应地，广义政府支出也按上述口径统计。

如表 3-2 所示，2015 年广义政府收入约为 19.85 万亿元，与图 3-16 对比我们可以发现，按照 IMF 定义的广义政府收入要远小于将四本预算收入相加得到的数值，这其中既有重复计算的因素，也有广义政府收入不包括国有土地使用权出让收入的因素。为了尽量与我国的全口径财政收入的定义具有可比性，笔者用广义政府收入加上全国土地出让收入作为广义财政收入的测算,并绘制了图 3-17。根据测算,广义财政收入在 2013 年约为 21.16 万亿元,在 2014 年约为 22.82 万亿元,同比增长 7.8%,在 2015 年约为 23.21 万亿元,同比增长仅为 1.7%。所以,无论是用四本预算收入相加还是用广义政府收入加土地出让收入来测算,广义的财政收入的增速下滑都远快于一般公共预算收入。其中,全国土地出让收入增速放缓,甚至在 2015 年出现负增长,是造成政府性基金收入减少,从而造成广义财政收入增速下滑的重要因素。

表 3-2　　　　　　　　　广义政府收支情况　　　　　　　　　单位:亿元

年份	广义政府收入	广义政府支出	收支差额
2013	169952	172539	-2587
2014	185211	188938	-3727
2015	198480	216207	-17727

资料来源:2013—2015 年全国财政决算,财政部网站。

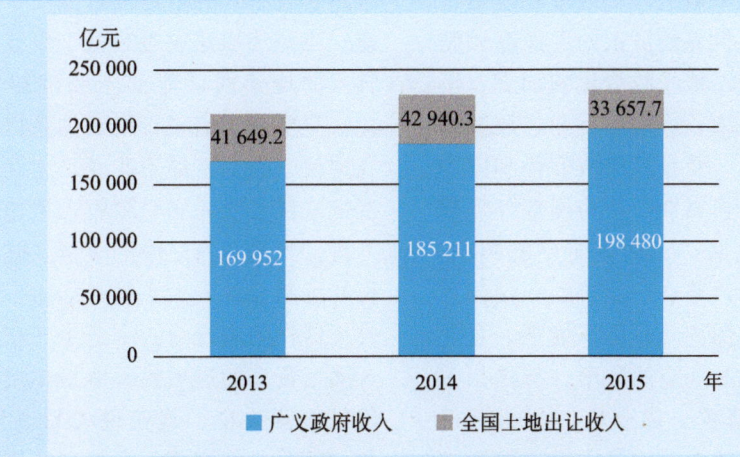

图 3-17　广义政府收入与全国土地出让收入

资料来源:2013—2015 年全国财政决算,财政部网站。2014—2015 年全国土地出让收支情况,财政部网站。

3.3　未来的可能趋势及应对

近四年来我国财政收入,无论是狭义上的一般公共预算收入,还是广义上的全口径财政收入,增长都明显放缓,2015 年我国财政收入的增速虽然略超过 GDP 的增速,但这是在采取一些特殊措施的情况下实现的。同年,GDP 增长 6.9%,创下 25 年来的新低。这一轮的财政收入增速放缓,不同于以往的周期性下滑,而是伴随着我国经济增速进入新阶段,财政收入自身也进入了中低速运行的新阶段。

3.3.1　中低速运行:财政收入的新常态

从客观规律来说,财政收入增速明显高于 GDP 增速的现象是不可能一直持续的,否则财政收入占 GDP 的比重就会越来越大，直到超过合理的水平。所以，以较长的时间尺度来看，财政收入增速应当与 GDP 增速相当，财政收入占 GDP 的比重也相应地维持在一个合理的水平。我国的财政收入保持了将近 20 年的超 GDP 增长，其中多年还实现了动辄 20% 甚至 30% 以上的增速，这样的超高速增长是不可持续的。2012—2015 年，我国财政收入增速持续下滑，已经告别了"超 GDP 增长"时期，进入"中低速运行"的新常态。

第一，经济增长决定财政收入增长。经过 30 多年的改革开放，中国经济已经步入工业化中后期。人口红利减少，劳动力成本上升，经济结构向大力发展服务业的调整又不可避免地导致社会劳动生产率增速以及经济整体增长速度的放缓。当前，世界经济正处于深度调整之中，复苏动力不足，地缘政治影响加重，不确定因素增多，推动增长、增加就业、调整结构成为国际社会共识。受世界经济形势和国内经济运行中增长速度换挡期、结构调整阵痛期和前期刺激政策消化期"三期叠加"的影响，我国经济面临着体制改革、产业转型和结构升级的压力。在复杂的国内外经济环境下，企业经营面临压力，企业利润空间收窄，与之相关的主体税种，如增值税、营业税、企业所得税、进出口环节的相关税收增速下滑。随着中国经济由高速增长转为中高速增长，财政收入的增速自然会相应地减低。

第二，财税改革红利递减。我国持续多年的财政收入高速甚至超高速增长现象，大致始于 1994 年，是 1994 年财税体制改革的产物，具有相当的改革红利性质。这种红利效应的释放到达一定程度后，必然要步入递减状态。自分税制施行以来，税务部门加强税收征管是财政收入高速增长的重要原因之一，而加强税收征管能够促进财政收入高速增长，则有赖于中国现行税制问世之初，就已经预留下的可深挖的征管空间。但现在的问题是，这种主要来自于高法定税率的征管空间，留存的余地已经不大。同时我们也应当看到，1994 年之后财政收入持续高速增长，很大程度上是对税制改革之前财政收入增速持续下降的矫正，具有相当的补偿性质。既然是补偿，便不会是无止境的，在补偿效应基本释放之后，必然要回归正常的轨道。

第三，在中国的现行税制体系下，大部分的税收收入来自以增值税、营业税和消费税为代表的间接税。这样的税收收入格局意味着我国税收收入的绝大部分要作为价格的构成要素之一附着于价格之中。由于和商品及服务的价格绑在一起，因而它会随价格的涨跌而升降。通常情况下，当经济增速较快时，价格上涨较快，而当经济增长减速时，价格上涨也会减速甚至出现价格下跌。于是，当经济高速增长时，税收收入的增速便可能高于经济的实际增速；当经济增速放缓或低于以往增速时，税收收入的增速便可能低于经济的实际增速。因此，只要我国的现行税制体系以及由此决定的我国税收收入格局不改变，中国经济增速的下滑带来税收收入和财政收入增速的更大幅度的下滑，当属意料之中的事情。除此以外，间接税的税制设计放大了纳税能力。这种间接税的放大器作用表现为：一是生产型增值税规定购入固定资产的进项税不能抵扣增值税；二是增值税与营业税、营业税税目之间存在重复征税。随着经济增速下滑带来的固定资产投资增速放缓、房地产市场降温和"全面营改增"的实施，间接税的这种放大效应逐渐减弱，从而影响税收收入和财政收入的增速。

第四，作为积极财政政策重要举措的结构性减税，在减轻企业负担、促进经济结构调整的同时，总体来说对税收增长带来的是减收影响。基于稳增长和推进供给侧结构性改革的需要，在积极财政政策所能选择的工具清单中，减税已经取代传统的增支被推至第一位，成为首选操作。无论是全面实施以"营改增"为代表的较大规模减税，还是给小微企业减税和加大出口退税的力度和节奏，只要具有增税倾向的以个人所得税和房地产税为主要内容的直接税改革不能同步实施，或者，即便同步实施了,但增税的力度小于减税,以至未能达到此减彼增,减增效应相互抵消,财政收入增速下滑幅度将进一步加大。基于这样的预测,我国的财政收入未来可能要在更大程度上依赖非税收入和全口径财政收入中非一般公共预算的收入。

第五,随着房地产市场的总体降温,与房地产相关的房地产营业税、房地产企业所得税、契税、土地增值税、耕地占用税以及土地出让金等收入受到波及。虽然房地产市场近期在政策松绑推动下有所回暖,主要体现在一线城市和部分二线城市,但是并未改变去库存的总体特征。房地产市场的量价齐降,不仅对相关税种增长带来下拉作用,也影响国有土地使用权出让收入的增长,"土地财政"受到冲击。在从持有环节产生税收收入的房地产税未出台之前,当前这种主要基于流转环节产生的税收收入和其他收入必将继续受到房地产市场总体趋势放缓的影响。但是,我们也应当看到,我国的城镇化水平仍较低,在一段较长的时间内城镇化仍将是拉动内需的重要战略,所以房地产市场的长期增长是有支撑的,只是可能很难再现之前的火热。

3.3.2 应对财政收入新常态

在财政收入增速放缓的同时,考虑到支出结构、宏观调控、社会发展和促进改革等因素的影响,财政支出的增速仍将保持在较高的水平,收支矛盾进一步尖锐。在支出结构上,当前的教育、医疗、社保、文化、科技等支出仍需保持增长,具有明显的支出刚性。受到世界经济复苏乏力和国内经济下行态势的影响,宏观政策上也要求继续实施积极财政政策并加力增效,在稳增长、调结构、促改革、惠民生等方面发挥更加积极的作用。而社会发展水平的不断提升,客观上要求政府提供更多更好的公共服务,这将进一步加大支出压力。此外,三中全会提出要清理规范重点支出挂钩的安排,但实际上安排的支出仍与按照挂钩的比例水平相近,消化挂钩的惯性需要一段时间。财政是国家治理的基础和重要支柱,财税体制改革既是全面深化改革的重要组成部分,又为其他领域改革的顺利推进提供支持、协同和保障。改革中合法既得利益的有效补偿、改革成本的分担等都需要财政保持必要的支出规模;而去杠杆过程中要保持经济适度增长,不能爆发系统性风险,局部风险的化解要尊重规律、循序渐进等,也需要财政维持一定支出水平。因此,2015年我国财政支出的规模和增速都难以下降,全国一般公共预算支出达到175768亿元,同口径增长13.17%,远高于一般公共预算收入的增速。

第一,财税体制改革要加快推进,结构性减税政策要落到实处。重大的财税体制改革,往往不是发生于财政充裕时期,而恰恰是发生于财政困难时期。财政收支差距越大,财政平衡越是困难,越是易于激发改革的动力和活力,越是易于减少改革的阻力和障碍,越是易于启动财税体制改革。中国1994年的财税体制改革便是一个十分突出的例子。那一轮的财税体制改革之所以能够顺利破题并以前所未有的规模全面启动,说到底,就是因为当时的财政已经陷于极端困难境地,沿着原有的体制轨道走不下去了(高培勇和蒋震,2016)。

我们看到,尽管当前财政收入增长放缓、收支矛盾更加突出,但新一届政府推进税制改革、为企业减负让利的步伐仍在加快。作为目前规模最大、涉及范围最广的一项结构性减税举措,"营改增"对于经济和社会发挥了多方面的积极效应,比如解决重复征税问题、完善税制、促进就业和助推经济增长等。它的推行向社会发出了中国政府坚定改革、扩大消费的积极信号。这项起步于2012年的改革部署,在经过了四年多的长跑之后,作为宏观调控政策和财税体制改革的一个交汇举措,终于在2016年5月正式在全国推开。以此为契机,随着中央和地方收入划分过渡方案的形成,中央和地方收入划分改革整体方案以及中央和地方之间事权和支出责任划分改革指导意见也有了呼之欲出之势。

而且，在稳定税负的目标下，随着全面"营改增"5000亿元左右减税效应的逐步释放，也有可能倒逼以个人所得税和房地产税为代表的直接税改革。在现行税制注重对"流量"征税的基础上，探索加大对"存量财产"征税的力度，优化税制，开拓财源，并结合财政体制改革构建和完善合理的地方税体系，同时强化税收对社会公平的调节作用，包括全面推行资源税改革、推进房地产税出台和加快环境税立法工作等。

第二，加强支出管理，是财政收入不足背景下满足财政支出需要的重要手段。面临如此巨大的支出需求，完善财政支出管理以提高绩效至关重要。这不应仅限于行政管理费用，而是要涵盖财政支出的方方面面。例如，对行政经费等一般性支出进行严格控制，并积极在配套改革中努力降低行政成本；基础设施的规划应更加科学且具有前瞻性，避免重复建设；应加强对基础设施建设的管理，减少腐败并提高成本效益；应重视对民生福利性支出的机制设计，以提高激励。在所有加强财政支出管理的措施中，加大财政信息公开的力度和大力提高财政收支透明度是关键环节。这应是未来财政改革的重要方向。透明度的提高应不仅限于一般预算收支，而是应覆盖到全口径的财政收支。只有这样，才能借助于全社会的力量来监督评价财政支出的合理性，既有助于压缩行政管理费用，又有助于提高全部财政支出的绩效，还可以在更大范围内得到社会对财政支出合理性的认可。

但是，过紧日子，只能紧政府不能紧民生。政府财力增长放缓，但教育、医疗、社保等重点领域的投入和民生支出仍需得到保障。完善保障和改善民生的制度安排，加快发展各项社会事业，推进基本公共服务均等化，加大收入分配调节力度，坚定不移地走共同富裕道路，使发展成果惠及全体人民。落实强农惠农富农政策，努力争取农业再获丰收，保障主要农副产品有效供给，促进贫困地区、民族地区等发展，推动城乡发展一体化和城镇化建设。在基本社保、教育、医疗、住房、公共基础设施、新农村建设等方面，继续实施重点支持，并强调资金绩效。创新财税政策的实施方式，采取贴息、补助、奖励等手段，发挥财政资金和财税政策"四两拨千斤"的杠杆作用，引导社会各方面加大投入，加快构建多元化、多形式投融资体系。

第三，进一步健全政府预算体系，强化资金统筹使用。统筹使用政府性资源收入，建立健全政府预算体系，实行全口径预算管理，在强化一般预算收入管理的基础上，加强对政府性基金预算和国有资本经营预算制度建设和管理，推进社会保险基金预算管理制度化、规范化。在适合条件下可以考虑统筹使用一些资金，比如国有资产收益，用于社会保障支出或财政一般预算支出，来增加财政可用财力。

全口径政府预算管理，这项早在2003年即已作出的改革部署，由于触及相关部门利益而一直难有进展。然而，在一般公共预算运行面临巨大压力、连续两年未能完成收入预算的境况下，作为缓解财政压力、平衡一般公共预算收支的一种不得不动用的措施，从2015年迄今，先后将地方教育附加、文化事业建设费、残疾人就业保障金、从地方土地出让收益计提的农田水利建设和教育资金、转让政府还贷道路收费权收入、育林基金、森林植被恢复费、水利建设基金、船舶港务费、长江口航道维护收入、水土保持补偿费、政府住房基金、无线电频率占用费、铁路资产变现收入、电力改革预留资产变现收入等政府性基金预算转列一般公共预算，从而开启了统筹政府性基金收入的进程。

第四，合理利用债务空间，克服短期财经困难。在充分考虑近期和中长期财政可持续发展和统筹把握代内、代际平衡的基础上，合理评估、适度利用债务空间和规模，以应对短期财政支出压力。2015年我国的赤字规模是1.62万亿元，赤字率是2.3%，2016年拟安排财政赤字2.18万亿元，赤字率提高到3%，达到国际上3%的安全线。目前，中央和地方以最宽口径计算的债务率将近40%，而国际上的安全线是60%，所以总体风险是可控的。但局部地区风险很大，各种平台交织，财政没有做到统一管理。

对于管理规范的以政府名义直接举借的债务，要合理运用，利用好国债余额管理和地方政府债务限额管理提供的空间和便利，筹集资金，满足政府宏观调控和财政履职的需要。对于通过企事业单位及各种平台的名义举借的债务，要摸清底数、严控增量、化解存量、防范风险，在承担必要责任的同时，对地方政府与新增的该类债务作全面、规范的分离与切割。PPP就是一种较好的切割方式，通过政府和社会资本的双方合同，把今后的风险通过收费和补贴来长期分摊，政府债务变成企业债，缓释风险。对于甄别后纳入预算管理的地方政府存量债务，各地区可申请发行地方政府债券置换，以降低利息负担，优化期限结构，腾出更多资金用于重点项目建设。加强地方政府债务管理及创新投融资方式，逐步地"去杠杆"，保持经济适度增速，财政必须有所作为（楼继伟，2015）。

第五，在财政收支压力加大的背景下，要警惕一些不良现象的出现。随着财政收入减少，支出压力增加，政府部门可能会为了缓解当前的收支矛盾，而对税务机关摊派超出实际的"硬任务"，从而向企业和居民收取"过头税"。随着规范性的一般预算收入减少，相关部门可能会为了维持以往的支出势头，而动用非规范性手段攫取非规范性收入，从而重蹈"乱收费"覆辙。同时，要警惕相关部门以放慢结构性减税步伐为代价，来维系政府财力盘子和既定支出项目的安排，还要防止相关部门不惜以引发系统性和区域性金融风险为代价，重走地方债务融资平台老路，逃脱债务规模风险控制。所以，对于随财政收入增速下滑而"过紧日子"的部署，决不能停留于喊口号，更不能止步于短期操作，需要将其视为一种规律性现象，将其作为一种长期战略，融入财政和经济的运行过程，并且以一系列的实质性改革奠定财政和经济持续健康发展的体制性基础。

4 供给侧改革与税制重构

2015年11月，习近平同志在中央财经领导小组第十一次会议上提出："在适度扩大总需求的同时，着力加强供给侧结构性改革，着力提高供给体系质量和效率，增强经济持续增长动力"。"供给侧结构性改革"的提出，标志着我国宏观经济政策从需求管理向供给管理的重大调整，中国经济转型有望迎来实质性突破。中央之所以现在提出"供给侧结构性改革"，主要原因在于单纯的需求管理难以助推中国经济"爬坡过坎"。2009年我国曾经推出"四万亿"的巨额投资，2015年央行多次降准降息，并通过新批基建项目来进行投资刺激，但效果均不佳。这表明，中国经济当前发展面临的问题不单纯是短期性的、周期性的、外部的冲击，还夹杂着中长期、结构性、内部的压力，传统的财政货币刺激政策对于前者或许有效，但对于后者或许不显著，或者短期奏效，但中长期很容易出现反复，而且反复的时间在不断缩短，反复的频率在不断提高。一句话，传统的财政货币政策的刺激效果在逐渐递减。为此，习近平同志在2015年11月18日的亚太经合会议上指出，要解决世界经济深层次问题，单纯依靠货币刺激政策是不够的，必须下决心在推进经济结构性改革方面作出更大努力，使供给体系更适应需求结构的变化。

4.1 供给侧改革的背景、思想由来与措施

4.1.1 我国实施供给侧改革的背景

4.1.1.1 经济背景

宏观层面，我国经济增长呈现放缓趋势，经济下行压力加大。2015年国内生产总值增长率降至6.9%，为24年来最低水平。从三次产业增长情况来看（见图4-1），2009—2011年受刺激性的财政货币政策影响，三次产业增加值以较快速度增长；2011—2014年，三次产业增加值的增长速度呈现逐级降低的趋势。其中，第二产业增加值增长率跌幅明显，于2014年达

到近年来最低水平（5.82%）；第三产业增加值保持着10%以上的增长率，发展趋势相对良好。2015年，第一产业增加值同比增长3.9%，第二产业增加值同比增长6.0%，第三产业增加值同比增长8.3%。第一、二产业增加值增速明显低于2014年，第三产业增加值增速略高于2014年。其中，工业萧条现象明显，2015年全国规模以上工业企业的利润总额同比下降2.3%；主营业务收入利润率为5.76%，略高于2014年同期水平（5.69%）[1]。

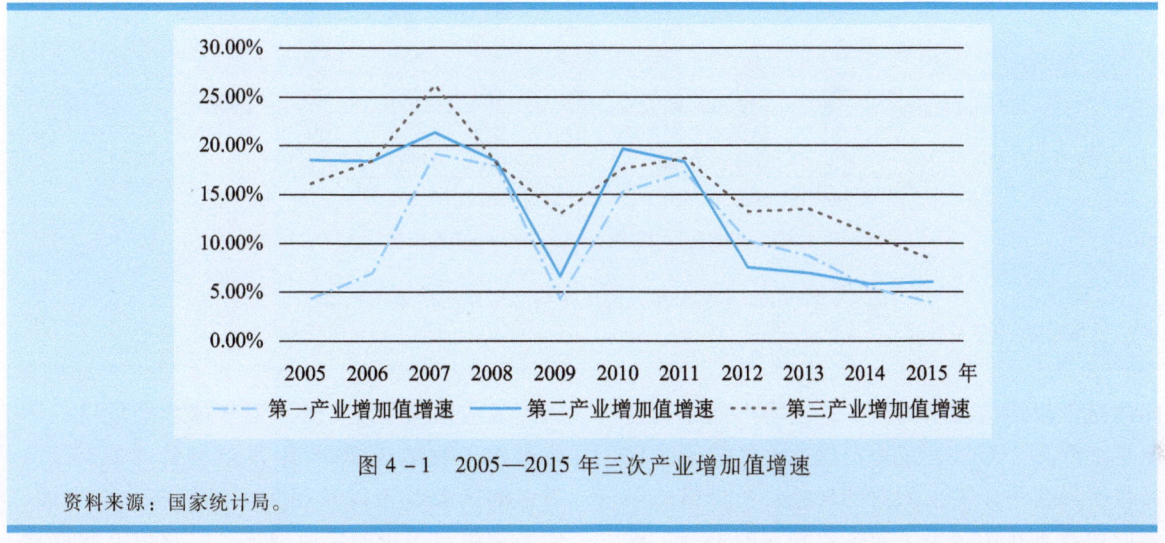

图4-1 2005—2015年三次产业增加值增速

资料来源：国家统计局。

成本方面，劳动力、土地等生产要素价格上升明显，加大了供给方的生产成本，企业利润进一步收窄。以全国规模以上工业企业为例，2015年每百元主营业务收入中的成本由上年同期的85.64元上涨到85.86元[2]。成本的增加客观上削弱了价格优势，并挤压了企业利润空间。从劳动力要素成本来看，随着人口老龄化、劳动年龄人口下降，加上严格的户籍制度限制着人口流动，劳动力成本进一步上升。以农民工这一较低层次的劳动力要素成本为例，农民收入可视为由农民转业为农民工的机会成本，农业的发展以及农业补贴增长导致农民收入增加，从而增加了农业劳动转移成本，对农民工的工资施加了增长压力。由图4-2可见，在2008年至2014年，农民工平均工资以13.5%的平均年增长率从1340元上涨到2864元。在当前产业发展仍集中于劳动密集型，且利润多依赖于廉价劳动力的情况下，用工成本的上升直接影响了利润的创造。

供给总量与结构方面，经济体仍存在着产能过剩严重，供给远大于需求，主要行业工业产品出厂价不占优势等问题。2015年全年，我国工业生产者出厂价格指数同比下降5.2%。其中，石油工业PPI在2015年内月度同比下降幅度超过20%，煤炭及炼焦工业、冶金工业PPI月度同比下降幅度接近或超过10%[3]。在前期的经济刺激政策下，制造业、重化工业等产业高速发展。然而，该类型行业的发展具有"加速循环"的特征，即行业处于上升期时，厂房等基础设施的建设本就耗用大量的产品，因此行业的发展会对本行业创造巨大的需求，从而形成加速发展的自我循环。然而，当行业处于衰退期时，外部需求疲软，该行业受"加速循环"的影响难以在较短期

---

[1] 国家统计局，http://www.stats.gov.cn/tjsj/zxfb/201512/t20151227_1296161.html。
[2] 国家统计局，http://www.stats.gov.cn/tjsj/zxfb/201601/t20160127_1310925.html。
[3] Wind资讯与国家统计局。

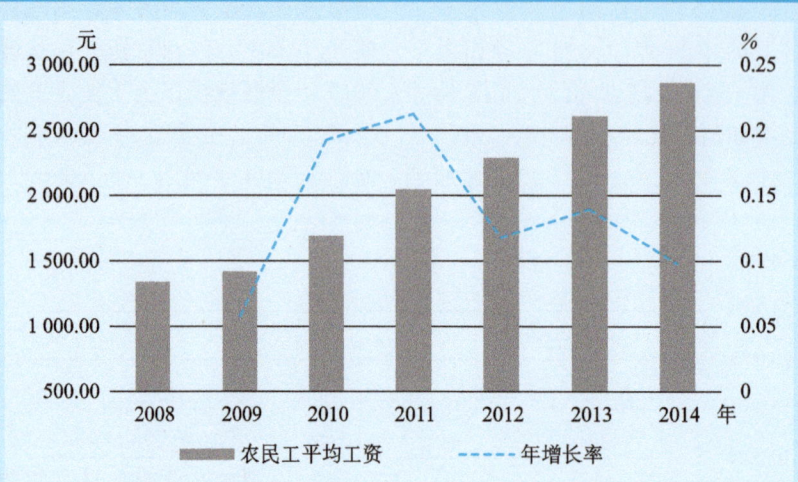

图4-2 2008—2014年农民工平均工资水平以及增长情况

资料来源：国务院新闻办公室官网，http://www.scio.gov.cn/xwfbh/xwbfbh/wqfbh/2015/20150228/index.htm。

间内减产以适应需求的减少，使得产能过剩情况更加严重。综上，工业产出品价格的下降以及供给回落慢于需求回落的现象，从价格与供需的角度直接影响了工业企业利润的创造，这也是实体经济疲软的重要原因。

4.1.1.2 政策背景

2015年，面对宏观经济下行压力，我国采取了积极的财政政策以及一系列相关的"稳增长"政策。然而，在实体经济发展萧条、外需持续疲软的情况下，经济向好或趋稳的预期并不扎实。同时，财政政策的逆周期调控以及宏观经济下行对财政收支形成压力。2015年，全国一般公共预算收入同口径增长5.8%，全国一般公共预算支出同口径增长13.17%①。在财政收入增长放缓的情况下，财政支出进度明显加快，政府财政收支矛盾突出。

近年来，我国传统的需求刺激政策边际效力在逐渐递减，为了维持刺激总体效力征收的税费又加重了民营部门的负担，公共部门的需求刺激对民间部门的"挤出效应"明显，我国的需求刺激政策有陷入"刺激陷阱"的危险。值得注意的是，前期大规模刺激性政策的负面效应逐渐显现。为应对全球金融危机的不良影响，我国于2008年紧急出台并执行了4万亿的刺激政策以及相关配套措施。一方面，广义货币与信贷的快速增长，以及地方政府债务的大规模增加，虽然促进了工业生产、投资等方面的快速发展，短期内扭转了经济体快速下滑的趋势，但是积极性政策客观上无助于本已存在巨大泡沫的房地产等行业的理性调整，反而刺激了房价的过度上涨，并加剧了房地产泡沫化。另一方面，前期大量的基础建设投资在促进政策扶持部门发展的同时，可能对市场部门产生了挤占挤出效应：政策扶持部门因自身的低效率，其快速扩张不仅导致了效率的下降，而且拉高了市场部门的要素价格，进而限制了具有较高效率的市场部门的扩张。

2016年至今，我国继续实行积极的财政政策并加大力度，同时实行"供给侧"财政改革。一方面，加大财政赤字，并大力推行结构性减税，适度降低社保缴费水平，帮助企业降低成本，保持竞争优势；另一方面，试图通过价格调整、企业合并重组、完善市场退出机制等途径化解过剩产能、去库存化，从制度因素、组织创新能力等角度为提高全要素生产力

---

① 财政部网站，http://gks.mof.gov.cn/zhengfuxinxi/tongjishuju/201601/t20160129_1661457.html。

创造可能。然而，当前税制中增值税、消费税、营业税等流转税占比过高，以流转税为主的"跛足税制"实质上鼓励地方政府追求过剩产能；企业实际税负过高严重影响竞争优势的发挥。因此，如何在实行"供给侧"财政改革的过程中切实降低企业税负，优化税制结构成为改革应当思考的问题。

4.1.2 供给侧改革的思想由来

"供给侧"财政改革主张从供给侧对经济体制进行改革，这一思想基于新供给主义经济学，它不同于强调"供给自身创造需求"的理想状态的古典学派，也不同于单纯强调减税、税收中性的供给学派经济学。下文对以上三者进行阐述：

古典学派的萨伊（1803）认为，供给会创造自己的需求，因此经济不会出现生产过剩的危机，更不会出现就业不足，这是最早的主张重视宏观经济供给侧的观点。此后，古典经济学、新古典经济学、凯恩斯主义经济学在假定供给环境的前提下，强调需求管理对经济发展的作用，而忽视了总供给的变化。其中，凯恩斯主义经济学认为资本主义经济存在有效需求不足的问题，政府应当通过刺激需求来提振经济。在经历了短暂的经济复苏之后，美国经济陷入滞胀局面，凯恩斯主义的需求管理政策收效甚微。

供给学派经济学的思想在20世纪70年代开始盛行。供给经济学认为，政府管制太多遏制了创新，税负太重又扭曲了供给结构，导致了无效供给、产能过剩。相应地，改善供给的政策包括：一是减少政府管制，促进企业家创新；二是降低税负，提高个人和企业家工作的积极性。以拉弗曲线为代表的减税理论成为供给学派的代表性观点。供给经济学的核心思想就是"小政府，大市场"，这一点甚至可以看作向亚当·斯密"夜警政府"的一种回归。1981年里根就任总体之后成为供给学派的积极践行者，其"里根经济学"（Reagonomics）的主要政策观点包括：一是停止增加联邦政府的开支；二是降低税率，使人们的努力工作得到合理回报；三是放开政府的过度管制；四是步步为营地迈向预算平衡。肯尼迪将最高边际税率从91%降低到了65%，里根将其从50%降低到了28%，这些改革最终都带来了其任期内政府财政收入的增加[①]。里根经济学在美国影响深远，2001年布什总统进一步执行了减税政策。

如果说里根经济学是供给学派在北美大陆上的实践，那么欧洲大陆上的英国在面对财政压力、财政收支矛盾的背景之下所实施的"新公共管理运动"（New Public Management, NPM）[②]也借鉴了供给学派的思想。20世纪70年代之后，石油危机引发"成本推动型"通胀等多种原因导致西方经济不景气。一方面选民不愿意承担重税，另一方面对社会福利的需求却有增无减，这种"既让马儿跑又不给马儿吃草"的公众诉求不无意外地使西方的公共管理部门陷入了"两难"。新公共管理运动事实上就是在国家税收和社会福利上左右为难的产物，1979年至1990年在任的英国首相撒切尔夫人（Margaret Thatcher）和其继任者梅杰首相（John Mayor，1990年至1997年在任）都是新公共管理运动的成功践行者。新公共管理，概括来说，是"重塑政府"和"再造公共部门"，改变传统的公共管理管理模式，转变政

---

① GPO, US Government Printing Office, Federal revenue, Table 2.1 – Receipts by Source: 1934 – 2016 http://www.gpo.gov/fdsys/pkg/BUDGET – 2012 – TAB/xls/BUDGET – 2012 – TAB – 2 – 1.

② "新公共管理运动"（New Public Management, NPM）要和"新行政管理"（New Public Administration）相区分。前者旨在提高政府等公共部门的质量和效率，主要发生在20世纪80至90年代的英国；后者主要发生在20世纪60年代末、70年代初的美国大学等科研机构，旨在减少教师等的教条化治学。Pfiffner, James. " Public Adminstration versus The New Public Management", Published in Institutionenbildung in Regierung und Verwaltung: Festschrift fur Klaus Konig, A. Benz, H. Siedentopf, and K. P. Sommermann, eds. (Berlin, Germany: Duncker & Humbolt, 2004), pp. 443 – 454.

府的职能。新公共管理侧重于政府和公共组织的内部结构、公共服务的供给方式的根本性改变，而其最终目标则是要减小政府规模、压缩政府活动空间、创新服务供给方式，以更低的费用、更高的效率实现公共目标。如果再往前追溯的话，美国经济学家鲍莫尔[①]在 20 世纪 70 年代就认为，政府公共支出效率低于私人部门。为了保持二者之间的协调，随着经济的发展，需要政府公共部门不断扩大。

新供给主义经济学是近年来中国学者基于对主流经济学理论框架的反思，以及对中国经济发展问题的深层次分析，结合传统供给学派经济学、制度经济学等多学科构建的理论框架[②]。滕泰（2013）从经济周期的划分、经济萧条的原因、理论核心、政策主张四个角度系统总结了新供给主义经济学的理论观点。第一，经济周期从供给的角度可分为新供给形成、供给扩张、供给成熟、供给老化四个阶段，供给与需求的相对结构的变化以及相互作用是经济周期波动的主要推动力。第二，供给老化是经济衰退的主要原因。此外，短期视角下政府管制等直接供给约束和高税负、高资本价格等间接供给约束，以及长期视角下土地与劳动力等生产要素、技术创新、金融制度等方面的供给抑制使得供给不能自动创造有效需求，这也是经济衰退的原因之一。第三，不同于供给学派经济学关于"供给自动创造需求"的主张，新供给主义经济学的理论核心是新供给创造新需求。当经济结构出现供给老化的问题时，刺激需求或者重新规划现有供给无助于改变经济结构，刺激需求不仅不能在长期内消化过剩产能，反而可能进一步鼓励低端或无效产能的扩张。所以，新供给主义经济学针对经济结构转型的政策主张侧重于放松供给约束和供给抑制，激发企业家精神，吸引社会资源，以技术进步和创新发展新供给，进而创造新需求。贾康、徐林（2013）通过总结凯恩斯主义与货币刺激政策在欧洲、日本的实践经验以及传统供给学派的理论，指出经济发展停滞是因为生产要素和制度供给不足，而不是需求不足；对于经济萧条，凯恩斯主义的需求管理政策只能在短期内刺激需求，而无助于在长期内从根本上解决问题。金海年（2013）基于对需求曲线和供给曲线的综合分析，得出结论：经济持续增长的动力在于供给，而供给受到智力资源投入、制度环境创新的影响。郭月梅（2015）从当前政策效果的角度对供给与有效消费不足的原因进行分析，总结得出以流转税为主的税制中的税负更容易转嫁给消费者，所得税制没有充分发挥调节个人收入分配的作用；关于产业创新与产品开发创新的政策效果不显著，产业结构与供给结构的失衡难以满足居民升级的消费需求。

"供给侧"财政改革的基本思路与新供给主义经济学的理念一脉相承，即针对现行低端、无效供给过剩，高端供给不足，无法适应居民消费升级的需求结构的现状。宏观经济政策的侧重点从需求管理转向于供给管理，从供给侧入手推动制度创新与要素流通，减少制约技术进步与创新发展的管制、税负、金融等供给约束，淘汰落后产能，创造新供给。

4.1.3 供给侧财税改革的措施

2015 年 12 月，中央经济会议提出了"宏观政策要稳、产业政策要准、微观政策要活、改革政策要实、社会政策要托底"五大政策支柱，同时部署了"去产能、去库存、去杠杆、降成本、补短板"等工作重点，从战略、战术层面对供给侧改革的思路与路径进行了阐述。

财政是国家治理的基础和重要制度，供给侧财税改革自然成为整个改革的重要内容。为更好地讨论供给侧财税改革的未来发展方向与实施措施，本文拟从"去产能、去库存、去杠

---

① William Jack Baumol, "Macroeconomics of Unbalanced Growth: The anatomy of urban crisis", 1967, AER.
② 郭月梅、蒋勇、武海燕："新供给经济学视角下扩大消费需求的财税政策探讨"，《税务研究》，2015 年第 9 期。

杆、降成本、补短板"五大工作重点的角度对现阶段我国供给侧财税改革措施进行梳理。

指向"去产能"的财税政策。第一，明确地方"去产能"的主力责任，中央政府发挥奖补、激励职能。中央财政设立工业企业结构调整专项奖补资金（专项奖补资金规模为1000亿元），对地方和中央企业化解钢铁、煤炭行业过剩产能工作给予奖补，鼓励地方政府、企业和银行及其他债权人综合运用兼并重组、债务重组和破产清算等方式，实现市场出清。各省级政府和国务院国资委分别负责制定本地区和中央企业化解钢铁、煤炭行业过剩产能实施方案并报国务院备案。发改委等部门综合平衡并确定各地区、中央企业化解钢铁、煤炭过剩产能任务后，财政部按照资金管理办法有关要求拨付奖补资金①。第二，实施钢铁煤炭行业有关税收优惠政策，例如继续实行钢铁出口退税政策，取消加工贸易项下进口钢材保税，落实钢铁企业利用余压余热发电资源综合利用税收优惠政策。第三，实施钢铁煤炭企业重组、破产等的财税会计支持政策，通过税收优惠政策、土地出让收入政策和财务会计制度等，支持钢铁、煤炭企业进行收购、合并、债务重组、破产等。第四，深化国企改革：重点排查具有僵尸企业特征的企业，对僵尸企业进行分类指导；逐步建立健全优胜劣汰市场化退出机制，充分发挥失业救济和再就业培训等的作用，解决好职工安置问题，切实保障退出企业依法关闭或破产，加快处置低效无效资产，淘汰落后产能。从成效来看，上半年，钢铁去产能的量达到1300多万吨，是2016年目标任务的30%左右；全国17个地区和有关中央企业已全面启动煤矿关闭退出工作，共退出产能7227万吨，为全年目标任务量2.5亿吨的29%②。

指向"去库存"的财税政策。截至2015年末，商品房待售面积达7亿平方米，增长15.6%，达历史峰值，住宅占据63%。房地产库存积压严重，因此去库存的财政政策主要针对于房地产。第一，自2016年2月22日起，调整房地产交易环节契税、营业税优惠政策。新政策取消了非普通住宅和普通住宅的区别，统一规定购买90平方米以上首套房的按网签价的1.5%征收契税。营业税方面，个人将购买不足2年的住房对外销售的，全额征收营业税；个人将购买2年以上（含2年）的住房对外销售的，免征营业税③。税收政策的调整降低了交易成本，有利于活跃交易气氛。第二，非限购城市首套房首付比下调至最低20%。第三，自2016年2月21日起将职工住房公积金账户存款利率，由现行按照归集时间执行活期和三个月存款基准利率，调整为统一按一年期定期存款基准利率执行④。第四，改革户籍制度，通过允许农业转移人口等非户籍人口落户，加快农民工市民化，促使其形成在就业地买房落户或者长期租房的需求，扩大有效需求，消化库存。截至2016年8月中旬，各省份户籍改革意见出炉，居住证所附加的一系列养老、医疗、教育等公共服务、便利有助于推进农业转移人口市民化进程。从实施效果来看，全国商品房销售额57569亿元，同比增长39.8%，其中住宅销售额增长41.2%。房地产开发企业土地购置面积11167万平方米，同比下降7.8%。7月末，全国商品房待售面积71382万平方米，比6月末减少34万平方米，连续5个月减少，累计减少2549万平方米⑤。

---

① 财政部：《工业企业结构调整专项奖补资金管理办法》，2016年5月10日。
② 国务院新闻办公室官网，http://www.scio.gov.cn/xwfbh/xwbfbh/wqfbh/33978/34888/index.htm。
③ 财政部、国家税务总局、住房城乡建设部：《关于调整房地产交易环节契税 营业税优惠政策的通知》（财税〔2016〕23号），2017年2月17日。
④ 中国人民银行、住建部、财政部：《关于完善职工住房公积金账户存款利率形成机制的通知》（银发〔2016〕43号），2016年2月17日。
⑤ 统计局网站，http://www.stats.gov.cn/tjsj/zxfb/201608/t20160812_1387693.html。

指向"去杠杆"的财税政策。目前,我国的债务杠杆主要表现为地方政府和企业两方面。2015年,地方政府债务余额限额为16万亿元,地方政府债务率为89.2%,地方政府债务虽整体可控但仍存在潜在危机。2015年2月至2016年4月,在各类型企业中,国有及国有控股企业与集体企业资产负债率处于60%及以上的较高水平,股份制企业资产负债率处于57%—58.4%的水平,私营企业、外商及港澳台商企业资产负债率略低,分别处于51%—52.8%、53.8%—55.2%的水平。因此指向"去杠杆"的财税政策主要体现在针对地方政府、针对企业两方面。第一,地方政府方面,主要表现为:落实新预算法,将地方政府举借债务的主体限定为经国务院批准的省、自治区、直辖市政府;妥善处理存量债务,进行地方政府存量债务置换,对地方政府债务余额实行限额管理;引入政府与社会资本合作(PPP)模式,缓解地方政府融资压力;加快国有企业改革,提高资本回报,并通过去产能释放一部分债务风险。第二,企业方面。由于一大批僵尸企业仍依赖低息银行贷款、政府补贴等市场外因素继续生存,在挤占资源的同时大大加剧了杠杆风险,因此在国有企业改革中促进僵尸企业以及部分产能过剩国有企业的市场出清,有助于降低公共部门整体的杠杆率。从降杠杆情况看,规模以上工业企业资产负债率7月份为56.6%,比上年同期下降0.6个百分点,去杠杆取得一定成效①。

指向"降成本"的财税政策。2015年12月中央经济工作会议对降成本给出政策导向,即通过降低制度交易成本、税费成本、融资成本、用工成本、生产要素成本、物流成本等营造健康公平高效的企业发展环境,因此,指向"降成本"的财政政策围绕该大方向展开。第一,降低制度型交易成本:清理规范涉企行政事业性收费,简化优化行政审批与行政许可,加强知识产权与商事制度改革。第二,降低税费负担:推进"营改增"试点扩围,降低税费,落实诸如针对符合条件的小微企业按规定免征教育费附加、水利建设等政府性基金的各类税费优惠政策。第三,降低用工成本:降低保费,加强企业困难援助,在劳动强度大的行业加大科技运用力度。第四,降低融资成本:对有成长空间的中小微企业给予优惠利率、贷款贴息等支持,引导银行机构优化信贷投向;运用政策性产业基金加强定向资金支持,推动建立产业创投基金、中小微企业发展基金以减轻企业资金压力;地方政府建立风险补偿金,或提供多种形式的融资担保支持研发创新,降低融资成本;地方政府控股的担保公司酌情降低向工业企业收取的年担保费率,降低资金使用费。第五,降低生产要素成本:推进电力市场改革;通过调低电价、对企业新增用电给予补贴等方式降低企业电价负担;降低用地成本。第六,降低物流成本:加强交通基础设施建设,引导企业加强与专业化第三方物流合作,推动物流标准化、社会化。从降成本效果来看,规模以上工业企业每百元主营业务收入中的成本继续下降②,但具体数据尚未公布。

指向"补短板"的财税政策。"短板"因地方政府具体情况而异,因此与此相对的"补短板"的措施各异,在一定程度上与前文所述的各项政策有所重合,在此不再赘述。

未来我国的供给侧财税改革,总体上要求效率性减支和结构性减税并举。就减支来看,一是削减新能源、"双创"等无效或者低效的财政补贴,提高社会保障的效率,这些减支手段可以为减税提供基础和空间。二是简政放权,还可以推进政府与社会资本合作、政府购买公共服务,既降低政府负担,又为民间资金拓宽投资渠道,还促进了公共服务的专业化,可谓一举多得。三是进行碳交易、公共资源交易平台、特许经营等制度创新。

---

① 国务院新闻办公室官网,http://www.scio.gov.cn/xwfbh/xwbfbh/wqfbh/33978/34928/index.htm。
② 国务院新闻办公室,http://www.scio.gov.cn/xwfbh/xwbfbh/wqfbh/33978/34928/index.htm。

供给侧改革中税制重构的大方向主要是通过结构性减税，将我国过重的流转税、过程税向对消费、利润等经营结果课税转移，一方面对重复投资、产能过剩釜底抽薪，另一方面降低企业税费负担。当然，对消费和利润等经营结果征税并非易事，需要"互联网+税收"来助推现代征管革命，切实推进对自然人征税，促进社会公平。

4.2 从直接税与间接税的相对关系分析税制结构

税制结构体现了一国对税类、税种、税制要素、征管等层次的整体布局和总体结构，其中，主体税种的选择以及税种之间的比重关系直接影响微观经济主体的运行，进而作用于宏观经济。如上文所述，将我国过重的流转税、过程税向对消费、利润等经营结果课税，逐步将税制结构流转税过重的"跛足税制"向过程课税、结果课税并重的"双主体税制"转化，成为供给侧改革中税制重构的大方向之一。

关于过程课税、结果课税的量化问题，本文暂以"间接税"、"直接税"为考察对象，两税类的划分口径将在后文详细讨论。其中，直接税是指税负难以由纳税人转嫁出去、必须由自己负担的各税种；间接税是指税负可以由纳税人转嫁出去、由他人负担的各税种。从课税的对象来看，直接税由于难以转嫁因而主要是对所得额进行课税，例如个人所得税、企业所得税，与结果课税的思想吻合；间接税由于易于转嫁主要是对流转额进行课税，例如增值税是对销售货物或者提供加工、修理修配劳务以及进口货物的单位和个人就其实现的增值额课税，与过程课税的思想吻合。

基于此，笔者拟从直接税与间接税的相对关系为切入点，对税制结构进行分析，并结合供给侧财政改革的大方向对完善甚至重建税制结构提出建议。

4.2.1 直接税与间接税的划分

随着税种不断丰富，税制渐趋完善，现代学者们根据两税类的划分依据对具体税种进行了不同的划分，主要有以下三种：

第一种划分方法较为普遍，崔军（2011）、高梦莹（2013）等人认为直接税主要包括：所得税类中的个人所得税、企业所得税，财产税类中的房产税、契税、车船税、船舶吨税、车辆购置税，行为税中的城市维护建设税、烟叶税。间接税主要包括：流转税类中的增值税、营业税、消费税、关税，资源税类中的土地增值税、耕地占用税、城镇土地使用税、资源税，行为税类中的印花税。

第二种划分方法对间接税的定义更为严苛，刘佐等（2010）、肖伟娜（2014）将增值税、消费税、营业税、关税、资源税、城市维护建设税划分为间接税，其他税种均归为直接税。

其他的划分方法以第二种划分方法为基础，各有调整。其中，李心源（2011）认为间接税应当包括车辆购置税，而不包括资源税；朱志刚（2013）认为烟叶税、城市维护建设税、船舶吨税也属于间接税；郭月梅（2014）、安体富（2015）认为车辆购置税为间接税；刘国艳（2015）认为社保费实质上具有税收的性质，主张将其纳入直接税。

4.2.2 直接税与间接税的作用机制

4.2.2.1 直接税的作用机制

直接税是指税负难以由纳税人转嫁出去、

必须由自己负担的各税种的统称[①]。直接税的作用机制主要体现在公平层面,具体表现为收入分配功能的发挥。一方面,直接税的课税对象是所得和财富,税负难以转嫁,可以直接对个人的收入产生实质性影响;另一方面,直接税累进税率的设计,使得税负水平的高低与所得、财富的多少相搭配,量能课税得以实现。收入分配功能的可实现性以及分配效果与收入水平的匹配性使得直接税能够产生调节收入分配、促进分配公平的作用。此外,直接税可发挥"自动稳定器"的功能,自动平抑国民经济的周期波动。由于直接税的税额大小与企业、个人获得的所得相关,在经济萧条期间,企业、个人创造的所得较少,相应的税负水平较低;反之,在经济向好时,企业、个人创造的所得更多,相应的税负水平较高,此时直接税在一定程度上能够发挥避免经济过热的作用。

然而,直接税要发挥收入分配的作用也存在一定的难度。第一,若要促进税制从过程课税向利润、消费课税的转变,税务信息系统以及税务征管能力将面临更高的要求。与生产端税源集中、便于征管不同,经过层层流转环节,处于末端的利润创造端,数量巨大,如何在一定的成本约束下准确有效地识别、核算利润创造端,是现阶段税务信息与征管系统面临的一大难题。相比较而言,尽管间接税弊端很多,但是就我国近期来看,直接税仍然无法替代间接税在筹集政府财政收入中的"主力军"作用。第二,所得、财富的核算具有一定难度。随着多种经济形态的发展,收入创造的来源与形式呈现多样化。现阶段所得、财富的定义具有一定的模糊性,且具体数额的核算缺乏统一的标准,尚且无法满足征收直接税应明确纳税人的所得与财富的形式、数额的要求。第三,企业对于税负可通过税收筹划、国际转移定价等方式进行规避,收入分配功能的发挥受到影响。其中,税收筹划等措施为企业规避直接税提供了可能,国际税收转移使得直接税存在可转嫁的空间,削弱了直接税不能转嫁的性质,从而使其难以充分发挥收入分配的作用。

4.2.2.2 间接税的作用机制

间接税是指税负可以由纳税人转嫁出去、由他人负担的各税种的统称。间接税的作用机制主要体现在效率层面,具体表现为取得财政收入与稳定经济增长两方面。第一,间接税的征税对象包含大部分商品和劳务,其税源十分丰富。税收的取得与企业、个人是否获利无关,且征税具有便利性,因此间接税具有组织与取得财政收入的重要功能。第二,间接税的性质决定其影响范围广泛,间接税的税率变化经过各环节的转嫁最终会影响商品的价格,从而通过价格机制作用于供求,因此针对经济运行情况对间接税税负进行逆向调节,可以发挥稳定经济增长的作用。其中,间接税可针对不同行业设置各档位的税率,通过价格机制传导实现对行业间的调节。

然而,间接税易转嫁的性质使其存在一系列的问题。第一,间接税难以发挥收入分配功能。一方面,间接税一般采用比例税率,随着纳税人的收入增加而边际税负减小,因而具有累退性。间接税无法从实质上实现量能课税的目标,不仅与税负公平原则相违背,最终也会加剧收入分配不公平的程度。另一方面,间接税易转嫁,课税具有隐蔽性,因此各主体的实际税收负担并不清晰且难以明确量化,通过间接税税率的调整对某行业或者某类主体的税收负担进行定向调节存在难度。第二,间接税难以有效发挥资源配置的作用。间接税具有可转嫁的性质,因而间接税的纳税义务人可通过提高价格等方法将税负转嫁给流通中的下一环节,最终政府针对流通环节课征的间接税会因为层层转嫁而构成商品实际价格的一部分。因此,一方面,商品的价格已不能真实反映商品的价值以及供需关系,价格不"纯粹";另一

[①] 贾康:"中国税制改革中的直接税问题",《华中师范大学学报》(人文社会科学版),2015年第3期。

方面，价内税使得消费者无法真实分辨并比对各商品之间的真实价格以及相对应的税负水平，不仅不利于消费者基于税负、商品的价格与质量作出合理选择，阻碍了价格机制发挥作用，也不利于消费者强化纳税意识。此外，间接税作为商品价格的附加，实质上对物价有推高作用，可能会抑制内需。

4.2.3 直接税与间接税的重新划分

参考前人对两税类的划分方法，笔者试图基于具体税目的经济实质对直接税与间接税进行重新划分，并将其与在前文中提及的第二种基于严格意义的划分方式进行对比，结果如表4-1所示。

表4-1 严格划分与根据经济实质的重新划分方式下两税类划分结果[①]

	相同的划分		不同的划分
直接税	企业所得税，个人所得税（除房屋转让所得），房产税，印花税，城镇土地使用税，车船税，车辆购置税，烟叶税，耕地占用税，契税	严格划分	个人所得税—房屋转让所得 土地增值税
		重新划分	资源税 社会保险费
间接税	增值税，消费税，营业税，城市维护建设税，关税	严格划分	资源税
		重新划分	个人所得税—房屋转让所得 土地增值税

（1）财产转让所得—房屋转让所得的个人所得税。根据前文的分析，针对二手房转让环节征收的个人所得税，处于优势地位的卖方能够将这部分税收转嫁给买方，买价中实质上已经包括针对房屋转让所得征收的个人所得税。在我国房地产市场，买方受制于住房的刚性需求，在议价方面处于劣势地位，卖方转嫁税收负担存在可能与空间。因此，实质上这部分税收具有可转嫁的性质，可归类为间接税。

（2）土地增值税。我国土地增值税在房地产转让环节征收，采取预征和清算相结合的方式[②]。现阶段，虽然房地产项目在销售完毕或者基本销售完毕的情况下才对土地增值税进行清算，房地产商难以在销售过程中就将土地增值税全额转嫁给买方。但是，土地增值税的征收客观上提高了开发商与房地产商的成本，因此房地产商对土地增值税的税收负担已经形成预期，同时商品住宅需求弹性小于供给弹性，卖方仍然可能且能够在一定程度甚至极大程度上实现对买方的税收转嫁。因此，笔者将土地增值税划分为间接税。

（3）资源税。从资源税对矿产品价格的影响来看，资源税的征收以及税负水平的提高在短期内会刺激资源价格的上涨，资源开采企业可将一部分税收负担转嫁给下游企业；在长期内，资源的替代品消化一部分需求，且矿产品的供给与需求曲线弹性较高，税收拉高资源价格后，长期的需求曲线可能下移，进而抵消一部分价格上涨[③]。因而长期内资源税税负转嫁的幅度有限，税负主要由开采企业承担。因此，笔者将资源税划分为直接税。

（4）社会保险费。在我国，社会保险费虽然没有纳入税收体系，但是社会保险费实质

---

① 严格划分方式是指前文中关于直接税与间接税划分的第二种划分方法；《中国税务年鉴》各项税收收入数据表中"其他税收"一项由于税种不明确，因此不作划分。
② 李鹏："中华人民共和国土地增值税暂行条例——中华人民共和国国务院令"，《云南政报》，1994年第3期。
③ 董连英："浅析资源税改革对县域经济的影响"，《现代商业》，2010年第5期。

上具备税收的固定性、强制性、无偿性等本质性特征。此外，我国社会保险基金预算收入的筹措分为国家、企业、雇员三部分，其中企业缴纳的部分可视为企业所得的扣除，社会保险费中雇员缴纳的部分可视为雇员劳动所得的扣除，社会保障费实质上具有所得税的属性，因此笔者将社会保险费（税）划分为直接税。

为从数据上体现两种划分方式下直接税与间接税的相对关系，笔者统计了2005—2014年各税种收入，如图4-3、图4-4所示。

图4-3 基于严格划分方式下的直接税与间接税占比

图4-4 基于重新划分方式下的直接税与间接税占比

注：直接税中"社会保险费"的统计口径为各项保险缴费收入总和，不包括财政补贴收入与利息收入。
资料来源：2005—2014年全国社会保险基金决算。

由图4-3可见，基于严格划分方式，虽然间接税的比重从2005年的67.37%波动下降至2014年的56.9%，但是间接税仍然保持着主体地位。间接税占比下降主要由国内增值税收入、国家进口货物增值税及消费税收入、关税收入在税收总收入的占比减少造成的。直接税方面，2007年我国开征房产税、印花税、土地增值税、车船税，其中2014年土地增值税在税收总收入中占3.27%，房产税占1.55%，这是直接税占比增加的重要原因。值得注意的是，个人所得税占比从 7.5% 降至 6.16%，直接税发挥调节个人收入分配功能的空间十分有限。然而，该种划分方式并不完全符合"能否转嫁"的基本含义，部分直接税具有可转嫁的性质，间接税在实质上所占比重可能与之有所差异。

由图 4-4 可见，在将社会保险费纳入直接税的统计口径后，直接税与间接税呈现着"二分天下"的局势。在该划分方式下，直接税收入在税收总收入中所占比重从 2005 年的 45% 波动上升至 2014 年的 52.2%，其中社会保险费在税收总收入中所占比重在同期间内从 16.62% 上升至 20.14%。

因此，在不同的统计口径下，税制结构略有差异，在没有界定清楚具体税种的税类划分之前单纯要求"提高直接税比重，降低间接税比重"存在不妥之处。因此，基于直接税与间接税相对关系的税制重构，应当依赖于对直接税、间接税的合理划分，从经济实质上考虑各税种的归属。

4.3 供给侧财税改革与税制重构

4.3.1 供给侧财税改革中税制重建的大方向

推进供给侧财税改革，至少有两个问题需要关注。一是需要我国税制结构逐渐向消费和利润等"终端"环节均衡转移。当然税制结构从生产起始端向消费末端转移不能走极端，否则也会导致产业空心化等问题，只会"按下葫芦浮起瓢"。强调对消费和利润课税的重要性并不是要否定在生产过程征收流转税的合理性和必要性，只是后者在我国税制结构中比重过于"一头沉"了，将我国流转税为主的"跛足税制"打造成"双主体"的复合税制才是我们追求的目标。

二是推进供给侧税制改革，必须要从实际出发。首先，我国过去之所以聚焦生产侧征收流转税，是因为生产出厂环节税源集中、征税便捷，不仅便于税务机关征管，而且便于纳税人完税。以成品油消费税为例，全国炼厂 100 余家，批发企业则超过 1000 家，终端零售加油站数量更是超过 10 万家。从生产到消费的课税转移不是想当然之间就可以完成的。而且生产端已经征收的税收减税容易，消费端补税能否如愿以偿则存在很大的未知性。其次，企业对于利润可以通过税收筹划、国际转移定价等进行规避。过去很多时候国际双重课税正逐渐被"一站到底"的税收竞争所替代，国际税源更多变成了"无国主收入"（stateless income），逼迫美国这样的超级大国甚至抛出了"公民、居民和来源地"三重税收管辖权，"退出税"（exit tax）、"退籍税"（expatriation tax）、"移民税"（emigration tax）开始大行其道。经合组织（OECD）、20 国集团已经考虑到跨国公司（multinational enterprises, MNEs）的"国际税基侵蚀和利润转移"问题（Base erosion and profit shifting, BEPS），企图通过国际合作来完善税收征管，作为国家主权的税收权益似乎只能求助于超国家的国际组织来解决。尽管类似"十八路诸侯讨董卓"，效果可想而知，但是这却开始颠覆学术界"将税收作为国家依据政治权力筹集财政收入手段"的基本定义。我国个人所得税综合化征收也面临跨地区信息搜集、央地关系等多方面挑战。

4.3.2 具体可行的措施

4.3.2.1 优化间接税设计，实质性降低企业与消费者的税收负担

综合前文分析，间接税可转嫁的性质以及价内税的设计使得要素、产品价格无法体现其

成本与利润的配比关系,价格机制难以发挥引导资源有效配置的作用;税负较重也影响消费者的消费、储蓄行为以及企业的投资行为。因此,针对间接税制,本文建议如下:

(1) 继续推进"营业税改增值税"改革,降低制造业增值税税率

第一,全面推进"营改增"与结构性减税。在营业税与增值税并行的税制下,课征增值税行业的产出作为营业税行业的中间投入、课征营业税行业的产出作为下一环节需要课征营业税的中间投入或者作为不能抵扣增值税行业的投入时,都会产生重复课税问题。这不仅加重了部分主体的税收负担,而且使得税制结构更加复杂,难以管理。此外,"营改增"之前,对工商业实行基本税率为17%、优惠税率为13%的增值税,对服务业、房地产业实行3%、5%的营业税。二元税制的存在创造了一个税负不同的非公平竞争环境,也无法体现税收中性的原则,因此将二元税制改革为一元税制也是构建公平税负、公平竞争的市场环境的要求。2011年11月,《营业税改增值税试点方案》①规定,从2012年1月1日起,在上海市交通运输业和部分现代服务业开展营业税改征增值税试点。2013—2014年,我国先后在全国范围内对交通运输业、部分现代服务业、铁路运输业、邮政业、电信业进行营业税改增值税试点。2016年5月1日起,我国全面推开"营改增"试点,将建筑业、房地产业、金融业、生活服务业纳入试点范围。作为供给侧结构性改革中"降成本"措施的重要内容,全面推进"营改增",完善增值税征收与抵扣链条,减少重复征税与偷税漏税行为,有助于促进税收公平,并为减税创造更大空间。

第二,推进增值税立法,降低制造业增值税税率。税收具有法定性,然而我国仅有个人所得税、企业所得税等较小规模的税种实现了税收立法,增值税等规模较大的流转税的立法进程尚未取得实质性进展。本文认为应当将增值税抵扣、缴纳、征收等一系列操作规定以法律形式体现,明确纳税人面临的增值税税法风险,规范增值税征收过程。此外,我国服务业现行增值税税率分为11%与6%两档,而制造业现行增值税税率为17%和13%,制造业仍存在减税空间。在增值税税制的内部,从税率来看两行业的税负存在明显区别,利润空间较小的制造业面临较大的税收负担,对制造业配置优质资源以及转型升级制造了税收障碍。因此,面对宏观经济下行压力,税制改革可考虑降低制造业的增值税税率,为市场配置资源创造更加公平的税制环境。

(2) 发挥特别消费税对收入分配的调节作用

我国消费税以特定消费品为征税对象,由于消费税可转嫁,消费者是最终的税负承担者,因此消费税能够通过对特殊消费品课税从而起到调节收入分配的效果。

现阶段,我国消费税税目主要包括:烟(包括卷烟、雪茄烟、烟丝)、酒及酒精、化妆品、贵重首饰及珠宝玉石、鞭炮及焰火、成品油、摩托车、小汽车、高尔夫球及球具、高档手表、游艇、木制一次性筷子、实木地板、铅蓄电池、涂料。值得注意的是,随着我国居民收入水平以及消费能力的提高,原属于消费税课税对象的部分特殊消费品已经成为居民普遍使用的消费品,如"化妆品"中的"普通美容、修饰类化妆品"。这类普遍消费品已不具备我国消费税课税对象的特征,应当调整为非应税项目或者降低税率,减轻居民税负。另外,对于贵金属、高级珠宝、游艇等高档消费品,该类产品的消费人群主要是高收入阶层。结合消费税的特性,特殊消费税的征收范围应当根据居民的收入水平、消费水平进行适时调整:一方面,避免特殊消费税对中低收入阶层税负产生影响;另一方面,对高档消费品征收重税,使与之相关的高收入人群实际上以包含高额消费税的价格购买这部分消费品而承担更高水平

---

① 财政部、国家税务总局:《营业税改增值税试点方案》(财税〔2011〕110号),2011年11月16日。

的税收负担，提高再分配过程的公平性。

2016年9月30日，财政部、国家税务总局出台《关于调整化妆品消费税政策的通知》，自2016年10月1日起取消对普通美容、修饰类化妆品征收消费税，并将"化妆品"税目名称更名为"高档化妆品"，征收范围包括高档美容、修饰类化妆品、高档护肤类化妆品、成套化妆品①，并将税率由30%调整为15%。消费税征税范围的调整与我国当前居民实际收入情况相适应，同时也与笔者的思路不谋而合。

4.3.2.2 优化直接税设计，初次分配与再分配中都要注重公平

（1）完善个人所得税制，强化直接税对收入分配的调节作用

第一，逐步实行综合征收与分类征收相结合。个人所得税的分类征收以所得为计征依据，但是忽略了不同个体支付能力、医疗教育养老等生活负担，而综合计征能够充分考虑到个人的负担水平，能够更好地促进收入分配的公平。但是综合征收对税收征管能力较强，且现行税制的设计主要适应于企业所得税征管的需要，尚且难以满足对个人、家庭课税的需要，因此本文认为现阶段并不具备完全推行综合征收的条件。此外，纳税人的"纳税痛感"也是在设计综合征收与分类征收时应当考虑的重要因素。这是因为，对于纳税人来讲，纳税人得到的是税后工资，与税前工资、再行完税相比，尽管实际纳税额度可能变化不大甚至完全相同，但纳税人的感觉却是截然不同的。如果税收在工资发放之前就已代扣代缴，纳税人得到的是税后工资，纳税人在"不知不觉"之中完税；反之，若纳税人领取的是税前工资、再行完税，纳税人"被宰一刀"的感觉将会异常强烈。基于以上两方面原因，笔者认为，个人所得税的综合与分类相结合的改革也不应"一刀切"，可以考虑实行综合征收与分类征收相结合的方式，但是对于大多数的中低收入群体还是应该坚持以代扣代缴为主。

第二，以"互联网+"为契机，着力构建税务方面的大数据系统，提高税务部门的综合信息处理能力。客观上，个人取得所得的形式与来源愈发多样，收入的核查以及收入数额的确定存在难度；主观上，个人所得税对个人来说是所得的减少，倾向于少缴税的个人与征税机关处于博弈的双方，同时在我国居民纳税意识较为薄弱的情况下，税务机关核查收入并以此为基础计征个人所得税会更加困难。此外，个人所得税综合计征的改革要求税务部门能够以相对合适的成本效益比率收集与处理关于个人收入、家庭负担等方面的差异化信息。综上，个人所得税改革的推进需要以真实、充分的个人所得信息系统为基础。我国可基于互联网业态的高速发展以及《"互联网+税务"行动计划》等政策红利，在税务征管领域建立大数据系统，推进税收现代化。

第三，提高个人所得税免征额，增加累进级次，减轻中低收入阶层税负。现阶段，个人所得税免征额的设置没有充分考虑物价涨幅、居民生活等各方面支出的增加，社会保障机制仍不健全且停留于较低水平，中低收入阶层税收负担过重；同时，单纯提高个人所得税免征额也难以体现税收的公平性。因此本文认为，可首先基于普遍层面的物价与生活负担上涨上调个人所得税免征额，减轻中低收入阶层的税收负担，再将不同个体的负担情况纳入考虑范围，并推进实行综合与分类征收的个人所得税制。

第四，加强对高收入人群的征管，在增加个人所得税税收收入总额的同时，发挥收入分配职能。相对于中低收入阶层，高收入人群的收入来源更加多样，且收入中工资薪金所得、

---

① 高档美容、修饰类化妆品和高档护肤类化妆品是指生产（进口）环节销售（完税）价格（不含增值税）在10元/毫升（克）或15元/片（张）及以上的美容、修饰类化妆品和护肤类化妆品。

劳务报酬所得等容易监管的所得项目的比重小，征管难度更大。因此，为强化个人所得税的收入分配功能，在增加个税累进级次的同时，也应将更多形式的所得纳入征税范围，同时加强征管力度，减少税额流失。

（2）从产业结构转型的角度考虑企业所得税制设计

从不同行业的税收负担以及税负引导要素在行业间流动的角度考虑。现行企业所得税采取比例税率的方式，针对企业、非居民企业、符合条件的小型微利企业、国家需要重点扶持的高新技术企业实行不同档次的比例税率。然而，现阶段钢铁、化工、煤炭等行业落后产能亟待解决，去库存需求强烈。企业所得税制可以根据不同行业的利润创造能力、落后产能存在状况、行业未来发展潜力等因素设置针对分行业的企业所得税率，以影响不同行业的税负与税后利润，进而引导物质资本与人力资本要素在行业间的流动，促进产业结构转型。

从鼓励企业淘汰低端供给、创新高端层次供给的角度考虑。一方面，可以对淘汰落后产能的企业给予税收优惠，同时完善加速折旧制度，提高部分技术设备更迭周期较短的行业的加速折旧比例。另一方面，为提高全要素生产率，发挥技术创新对经济的长期拉动作用，对研发投资支出提供税收抵免、减免等多种形式的税收优惠。针对全行业的技术创新，我国可考虑借鉴韩国与日本的技术开发、海外投资准备金制度，即将企业按照知识、资本密集程度进行分类，并制定相应的准备金提取比例，准备金在一定年限内用于技术研发、创新、海外投资等方面的支出可以享受企业所得税的税前扣除。针对新兴技术产业的发展，我国也可借鉴新加坡在 20 世纪 60 年代为鼓励新兴工业发展，按照投入资本的多少计算免税额的措施，将投入资本或者技术研发投入的规模作为计算免税额的重要因素，以此鼓励技术创新。此外，考虑到中小型技术创新型企业在前期需要投入大量资本特别是人力资本，且项目具有较大的风险性，税制可以根据该类企业的特点将发展周期分为前期研发阶段与投入运营阶段。对于前期的发展实施低税率甚至是零税率，为技术创新降低风险，提供较低的税负。

5 中国政府间税收划分制度改革研究[①]

多级政府是世界上绝大多数国家的普遍情况，多级政府间税收如何划分，也是各级财政可持续发展的一个重要内容。多级政府间税收划分受到很多因素的影响，同时它又反过来影响不同级政府的行为及其关系。多级政府间税收划分在我国一直处于调整变化过程中，并且一直存在着不同的观点与争议，如"营改增"后增值税、企业所得税、个人所得税、资源税、消费税等。本章回顾了1994年中国分税制改革，归纳了政府间税收划分的理论基础，总结了国外政府间税收划分的特点与经验，分析了中国当前政府间税收划分中存在的问题，最后给出相关的改革建议。

5.1 1994年分税制改革回顾

5.1.1 分税制改革的背景

5.1.1.1 包干制财政体制的实行

1978年实行改革开放后我国先后进行了各方面的改革，其中财政体制改革为当时的改革起了巨大的推动作用，尤其在充分调动中央、地方、企业和职工的积极性方面起了积极作用。针对之前"统收统支"财政体制下财权过于集中、地方收支不挂钩的弊端，以及1979年和1980年中央财政出现赤字的状况，国家对财政体制进行了一次根本性的变革[②]。

中央政府于1980年开始，在全国推行"分灶吃饭"的财政体制改革，其核心是将中央的财权下放给地方政府，其基本原则是在巩固中央统一领导、统一计划，确保中央必不可

[①] 在本章写作中，作者的学生宋碧君、林珂、夏丹妮和梁雪君在资料搜集整理中做了大量工作，在此表示感谢。
[②] 赵云旗："中国财政改革三十年回眸"，《地方财政研究》，2008年第12期。

少的开支前提下,明确各级财政的权力和责任,做到权责结合,各行其权,各负其责,发挥中央和地方两个积极性①。此后,先后进行了三次调整。1980年开始实施"划分收支,分级包干",1985年调整为"划分税种、核定收支、分级包干",1988年再次调整为实行多种包干体制。包干制的财政体制借鉴了农村承包的方法,充分调动了地方的生产积极性,财政体制由高度集权走向高度分权。

5.1.1.2 包干制财政体制的弊病

（1）中央与地方关系扭曲

在包干制财政体制下中央财政对地方政府依赖很大,这就导致中央财政收入多少,一方面取决于中央和地方的分配比例,另一方面更取决于地方政府征税的努力程度。因此,只能通过制定不同的包干形式来灵活处理,但这却严重影响了中央和地方收入划分的稳定性和规范性②。这种不规范的制度可能促使地方政府降低征税的努力程度,将预算内收入转变为预算外收入,导致中央收入被地方侵蚀。

（2）财权与事权不统一

财政收入和支出基数不是按各级政府承担的社会公共事业任务划分的,财权难以按事权划分,这就造成上下级政府和地区政府间利益分配不均,加剧各级政府间的矛盾。

（3）包干制导致中央财政困境

20世纪80年代末90年代初,中央财政陷入严重危机,全国财政占GDP的比重和中央财政占全国财政的比重持续下降。全国财政占GDP的比重反映的是政府掌握的财力,是政府对经济的掌控能力。中央财政占全国财政的比重反映的是中央对地方的宏观调控能力,这两方面的能力不仅关乎经济的发展,更重要的是关系到国家政权的稳定。第一个比重从1980年的25.7%下降到1993年的12.6%,而同期,无论发达国家还是发展中国家这一比重几乎都高于中国且呈上升趋势。第二个比重在包干制实施的初期有所上升,从1980年的24.5%上升到1986年的36.7%,但随着包干制弊端的逐渐显现,这一比重开始逐年下降,到1993年下降到22.0%。与其他国家相比,这一比重仍然低于同期大多数国家的比重,两个比重的下降使中央政府处于破产边缘。

造成中央财政占比下降的原因,主要是财政包干制体制下地方本级收入增长率持续高于地方上解增长率,同时中央本级财政增长率较为缓慢,因此地方上解占地方财政收入比重逐年下降。除了收入留成外,中央政府还对地方进行专项补助,补助部分基本抵消了地方上解的收入,因而实际上中央财政根本没有从地方取得收入,最终致使中央实际可支配收入连年下降。

全国财政收入占GDP的比重下降的原因主要是预算外收入的逐年攀升。在包干制财政体制下,地方政府预算内收入要按一定比例上缴中央财政,而预算外收入则不作为上交基数,这就导致地方政府更有动力将预算内收入转为预算外收入。鉴于当时整个财政税收体制的不健全,地方也很容易这样做。

（4）财力分散带来的问题

①中央对经济的宏观调控能力下降,包干制赋予了地方政府过多的财权,这就扩大了地方政府的决策权。地方政府的决策行为往往仅出于地方考虑,为了地方经济的发展,其目标政策往往具有短视性和盲目性。政府官员出于政绩考虑,更倾向于将财力倾注于工业建设,而忽视基础设施建设和公共服务的提供。各地区竞相开展工业建设,产业结构严重恶化,重复建设越来越突出,薄弱环节越来越困难③,每一个行业都难以实现规模经济和公开市场竞争。由于中央财力不足,因此很难对此进行宏观调控,经济形势和产业结构无法得到调整。

---

① 杨述明：《论政府间财政关系》,武汉大学博士论文,2005年。
② 马海涛：《中国分税制改革20年：回顾与展望》,经济科学出版社,2014年。
③ 王绍光、胡鞍钢：《中国国家能力报告》,辽宁人民出版社,1993年。

②为解决入不敷出的财政困境，中央政府只能借债，一方面举借外债，另一方面开始发行国债。到1993年中央债务依存度（债务收入/中央财政本级支出+中央财政债务支出）已达到59.63%，对于一个政局稳定的国家来说极为罕见。这也意味着中央财政本级支出有一半以上依靠借债来维持。

5.1.2 分税制财政体制的建立

财政包干制只是由统收统支转向分税制的过渡阶段，虽然实行包干制有众多弊病，但基于当时的政策目标是实现国家财政状况根本好转，因此包干制对于解决当时问题还是有一定积极作用的。但在市场经济条件下，自主经济和市场竞争是其主要特征，这就要求政府能够自主理财，建立相对独立的分级财政管理体系。同时分税制可以为政府运用税收杠杆调节经济提供手段。分税制的实质是根据中央政府和地方政府的事权确定其相应的财权，通过税种的划分形成中央和地方的收入体系。市场竞争要求财力相对分散，宏观调控要求财力相对集中，分税制很好地解决了集权和分权之间的关系。

5.1.2.1 分税制的主要内容

（1）中央与地方事权和支出的划分

根据中央政府与地方政府事权的划分，中央财政主要承担国家安全、外交和中央国家机关运转所需经费，调整国民经济结构、协调地区发展、实施宏观调控所必需的支出以及由中央直接管理的事业发展支出。地方财政主要承担本地区政权机关运转所需支出以及本地区经济、事业发展所需支出。

（2）中央与地方收入的划分

根据事权与财权相结合的原则，按税种划分中央与地方的收入。将维护国家权益、实施宏观调控所必需的税种划为中央税；将同经济发展直接相关的主要税种划为中央与地方共享税；将适合地方征管的税种划为地方税，并充实地方税税种，增加地方税收入。具体划分如表5-1所示。

表5-1	1994年中央与地方税收划分情况表	
中央固定收入	地方固定收入	中央地方共享收入
关税，海关代征消费税和增值税，消费税，中央企业所得税，地方银行和外资银行及非银行金融企业所得税，铁道部门、各银行总行、各保险总公司等集中交纳的收入（包括营业税、所得税、利润和城市维护建设税）	营业税（不含铁道部门、各银行总行、各保险总公司集中交纳的营业税），地方企业所得税（不含上述地方银行和外资银行及非银行金融企业所得税），个人所得税，城镇土地使用税，固定资产投资方向调节税，城市维护建设税（不含铁道部门、各银行总行、各保险总公司集中交纳的部分），房产税，车船使用税，印花税，屠宰税，农牧业税，农业特产税，耕地占用税，契税，土地增值税。	增值税（中央分享75%、地方分享25%），资源税（海洋石油资源税规中央，其他资源税归地方），证券交易税（中央地方各分享50%）。

（3）中央财政对地方税收返还制度

为了保持地方既得利益格局，逐步达到改革的目标，分税制财政体制方案的制定维持地方1993年的既得利益。如果将原属地方固定收入的消费税和75%的增值税划归中央，地方财力将受到极大削弱，分税制改革将难以实行，因此中央财政以1993年为基期，按照1993年地方实际收入以及税制改革和中央与地方收入划分情况，将1993年地方净上划的收入数额作为中央对地方的税收返还基数，基数部分全额返还给地方。同时 1994 年以后还依据本地区增值税和消费税的增长率按 1∶0.3 增加返还数。达不到 1993 年基数的，相应减少税收返还数额。

5.1.2.2 分税制的成效与评价

（1）强化了中央政府的宏观调控能力

1994 年实施分税制的主要目的是解决当时中央的财政困境。从数据可以看出，当时提高"两个比重"的目标已经实现。到 2014 年全国财政收入占 GDP 的比重已经恢复到 22.6%，中央财政收入占全国财政收入的比重也增长到 47.89%。中央政府掌控的财政资源显著增加，这也极大地提高了中央政府的宏观调控能力。中央与地方之间建立了稳定的收入分配机制。对地方政府而言，分税制保证了地方财政收入的原有水平，同时通过引入 1∶0.3 的超基数增长返还系数，使得地方政府的实际可支配收入和其组织的财政收入直接挂钩，这就避免了在包干制体制下出现的地方政府组织财政收入越多上解中央越多的消极激励机制。分税制财政体制形成了以财力适度集中和转移支付为主体的地区间收入再分配机制。分税制前中央财政主要依靠地方上解，大部分税收由直属地方政府的税务部门征收，中央对地方高度依赖；分税制后形成了先由中央征收再返还给地方，地方依赖中央的局面。即使是一些沿海较发达地区都要依靠中央的税收返还和转移支付。

（2）促进产业结构优化

分税制前中央企业产生的财政收入归中央，地方企业产生的财政收入归地方，这样就造成地区间相互封锁，形成各地割据的局面。地方政府保护那些高利高税的企业，如烟草行业、制酒业，使得产业结构日益扭曲，严重背离了市场经济的要求。分税制后按税种划分收入，企业的隶属关系不再重要，工业产品的消费税和 75% 的增值税划归中央，地方政府失去了盲目投资、发展高税率产业的动力。同时，分税制中将一些有关农业和第三产业的税收划归地方，很大程度上促进了地方政府对第一、三产业的关注度和投资力度。各地政府根据地方特色发展优势产业，寻求新的经济增长点，这在很大程度上推动了整个国家的产业结构优化[①]。

（3）促进公共服务均等化

分税制虽然解决了中央的财政困境，但在很大程度上对地方利益形成冲击，为协调中央和地方之间的关系，中央对地方给予大规模的转移支付。分税制中的税收返还只能作为一种过渡政策，因为税收返还是为了保证改革前地方政府的既得利益，这无疑是维持原有的地区间收入差异的局面。但随着一般性转移支付制度的完善，政府从发达地区获得较多税收并将其更多的用于不发达地区的转移支付，这是对地区间财力的一种再分配，全国地方财政的民生支出朝着均等化方向发展。

5.1.3 1994 年后分税制的演进

5.1.3.1 企业所得税

（1）2002 年企业所得税改革

①改革背景

1994 年进行分税制改革时，曾设想改变所得税收入按隶属关系和税目划分的办法。但考虑到当时机构改革尚未进行，政府职能尚未转变，政企关系还没有理顺，同时财务会计制度改革刚刚实行，所得税基数计算也有一定困难，为集中精力先把收入体制框架建立起来，决定暂缓所得税的改革。

随着社会主义市场经济体制的逐步建立和经济社会的不断发展，所得税按隶属关系和税目划分收入的负面影响逐渐凸显出来。特别是企业所得税按隶属关系划分收入归属，一定程度上促使一些地方政府为追逐税收利益搞地方保护主义和重复建设，阻碍了企业的兼并、重组，制约了经济结构调整，特别是不利于平衡

---

① 马海涛：《中国分税制改革 20 年：回顾与展望》，经济科学出版社，2014 年。

地区间财力差距，妨碍了市场公平竞争和全国统一市场的形成，不利于促进区域经济协调发展和实现共同富裕，也不利于加强税收征管和监控。

随着政府机构改革的全面推进、企业新财务制度的顺利实施和分税制财政体制的平稳运行，国家在2002年对企业所得税收入分享制度进行了改革。

②改革内容①

2002年企业所得税收入分享制度改革打破了原有按企业隶属关系划分所得税的做法，其具体划分如表5-2所示。

表5-2	2002年企业所得税分享改革内容
分享范围	除铁路运输、国家邮政、中国工商银行、中国农业银行、中国银行、中国建设银行、国家开发银行、中国农业发展银行、中国进出口银行以及海洋石油天然气企业缴纳的所得税继续作为中央收入外，其他企业所得税和个人所得税收入由中央与地方按比例分享
分享比例	2002年所得税收入中央分享50%，地方分享50%；2003年所得税收入中央分享60%，地方分享40%
基数计算	以2001年为基期，按改革方案确定的分享范围和比例计算，地方分享的所得税收入，如果小于地方实际所得税收入，差额部分由中央作为基数返还地方；如果大于地方实际所得税收入，差额部分由地方作为基数上解中央
特殊规定	跨地区经营、集中缴库的中央企业所得税等收入，按相关因素在有关地区之间进行分配
其他规定	中央统一制定所得税优惠政策，规定各地方不得自行出台所得税优惠政策。在企业所得税征管方面，2002年以前的国家税务局与地方税务局征管的企业所得税范围不变，但自2002年起新登记注册的企业的所得税由国家税务局征收

③简要分析

从以上改革内容可以看出，2002年的改革使企业所得税的税收收入与征管权都向上集中。对地方政府的直接影响是税收收入的减少以及征管空间的下降。2002年的税收分成造成地方政府企业所得税急剧下降。另外，考虑到征管权也向上集中，2003年的企业所得税分成比例调整为中央分享60%，地方分享40%。此规定含在2001年国务院下发的所得税收入分享改革方案通知中，即地方政府在2002年就预知2003年的企业所得税收入会再次向上集中。

（2）2009年企业所得税改革

2009年，国家调整了对企业所得税的征管，从2009年1月1日起，新办企业，根据企业缴纳流转税来决定其企业所得税的征管主体，缴纳增值税的企业，其企业所得税由国税局征收，缴纳营业税的企业，其企业所得税由地税局征收（见表5-3）。

表5-3	2009年企业所得税改革内容
改革内容	1. 2009年1月1日起，新增企业所得税纳税人中，应缴纳增值税的企业，其企业所得税由国税局管理；应缴纳营业税的企业，其企业所得税由地税局管理。 2. 2009年1月1日起企业所得税全额为中央收入的企业和在国税局缴纳营业税的企业、银行（信用社）、保险公司、外商投资企业和外国企业常驻代表机构，其企业所得税由国税局管理。 3. 2008年年底之前国税局、地税局各自管理的企业所得税纳税人不作调整。
改革影响	2002年企业所得税改革中规定所有新增企业的企业所得税由国税局征收，此次改革将新增的应纳营业税企业的企业所得税由地税局征收，地税局因此拥有了独立税种的征收权。这实际上是中央政府在多年对企业所得税提高中央集中度后的在征收方面的一次稍稍地放权。

资料来源：《关于调整新增企业所得税征管范围问题的通知》（国税发〔2008〕120号）。

---

① 《国务院关于印发所得税收入分享改革方案的通知》（国发〔2001〕37号）。

简要分析：此次企业所得税改革将新增交营业税的企业的所得税征收权交给地税局，由于地方分得 40% 的企业所得税，因此地方分得的所得税在一定程度上与地税局征税努力程度有关。出于地方财政考虑，地税局会加大征税努力程度，这在一定程度上会影响总体税收收入，企业所得税征收效率会提高。但随着"营改增"的推进，最终所有新增企业的所得税按现行税法规定都将由国税局征收，2009年企业所得税征收权改革的积极影响可能会消失。

5.1.3.2 增值税

1994 年起实行的分税制改革有一条重要的原则，就是要保证地方 1993 年的既得财力，减少税制改革的阻力，促进财税体制乃至国民经济的平稳发展。所以，中央一方面按照国务院关于分税制财政管理体制的决定，实行中央和地方的税种划分、支出划分，使分税制如期实施；另一方面又规定原递增上解的地区继续递增上解，实行总额分成的地区和原分税制试点地区暂按递增上解办法，即按 1993 年实际上解数和核定递增率，每年递增上解。通过这种方法过渡以实现税收返还的规范化，而递增率按照全国增值税和消费税平均增长率的 1∶0.3 确定。这样看来，中央和地方对增值税的分享比例并不是表面上的 75∶25，中央对地方的税收返还对中央和地方的增值税分享比例产生了重要影响。同时，还需要关注进口环节增值税的问题，因为进口环节的增值税实际上是全归中央的，而进口环节的增值税又达到了相当大的规模，所以需要考虑进口环节增值税对中央地方分享比例的影响。另外，增值税的出口退税问题是另一个影响分享比例的重要因素。1994—2004 年，出口退税完全由中央政府承担；2004—2005 年，中央负担基数以内和超基数 75% 的出口退税，地方负担超基数 5% 的出口退税；2005 年至

2015 年，中央、地方出口退税负担比例已经调整为 92.5∶7.5；目前出口退税已全部由中央负担。因此在讨论增值税分享比例时要将以上因素综合考虑进来。①

（1）1994 年分税制的增值税改革

第一次增值税改革是当时分税制的主要部分。若仅考虑国内增值税，由于中央对地方税收返还比例有规定，即按各地方增值税与消费税增长速度的 1∶0.3 的系数确定其税收返还递增率，中央在整个增值税收入中分享的比例低于 75%。具体来说，相比于表面上的 75%，中央的增值税收入实际上缺失了 47.5%（1 - 75% × 0.7）的超基数部分。因此在中央对地方进行超基数返还的基础上其分享比率低于 75%。

此外，分税制改革中规定进口环节缴纳的增值税属于中央固定收入。在将进口环节增值税考虑进来之后，由于中国加入 WTO 之后进出口日益活跃，进口额逐年上升，进口环节增值税税率的稳中有升会使进口环节增值税的规模不断扩大，因此，中央的增值税收入在包含进口环节增值税后会超过 75%。而由于地方增值税收入与进口环节增值税收入的比例是递减的，因此地方在增值税总收入中所占的比重会逐年递减。也就是说，中央分享的增值税收入不仅会超过 75%，而且还会逐年递增。

（2）2004 年出口退税负担机制改革

出口退税是指对出口货物在国内已征收的增值税和消费税进行退还的政策。我国从 1985 年开始实行出口退税政策，一直到 1994 年税制改革前，我国的平均出口退税率只有 11.2%，在 1994 年 1 月 1 日新税制开始实施时，出口货物退税率是按法定税率退付，即分为 13% 和 17% 两档。新的出口退税政策使得出口商品平均退税率从 11.2% 一下子跳到 16.63%。退税率的大幅度增长刺激了出口企业扩大出口的积极性，同时地方政府为发展本地经济也大力推行外向型战略，双重因素的作

---

① 白彦峰、吴哲方："增值税中央与地方分享比例问题研究"，《财贸经济》，2010 年第 3 期。

用使贸易出口大幅度提高。1994年和1995年连续两年我国的出口增长突飞猛进，增长率分别为32%和23%。另外，对应退税款，新税制也作了明确说明，即以1993年为基数在中央和地方之间按80∶20分担，对以后新增的应退税款由中央财政负担①。在外贸增长的同时，出口退税额激增，虽然进口环节增值税由中央占有，但在当时贸易顺差的情况下，加之出口退税机制不合理，中央财政负担沉重。由于中央财政的退税预算不足，从1995年开始，退税压力骤增，第一次出现欠退税现象。此后，又经历了多次的调增或调减出口退税率，到2002年末，全国累计应退未退税额已高达2477亿元，到2003年底时超过了3400亿元。出口退税欠税问题越来越严重，给经济带来很多负面影响。

①改革主要内容②

对出口退税率进行结构性调整，适当降低出口退税率。对国家鼓励出口的产品退税率不降或少降，对一般性出口产品退税率适当降低，对国家限制出口的产品和一些资源性产品多降或取消。

加大中央财政对出口退税的支持。秉持着"新账不欠，老账要还"的原则，改革前经审核确定的累计欠退税将全部由中央财政承担，对截至2003年底累计欠退税额，从2004年起中央财政采取贴息办理予以解决。

建立中央地方共同负担的的退税机制。从2004年起以2003年出口退税实退数额为基数，对超基数部分由中央和地方按75∶25的比例分担。

②改革评述

此次出口退税政策的调整会极大地增加企业的出口积极性，有利于调整出口贸易结构，有利于合理调整中央和地方、沿海和内地之间的收入分配关系。在原体制下我国增值税地方分享25%，而出口退税则由中央财政全额负担，利益分享与责任分担不对称，中央承担了所有的出口退税，实质上是对东部沿海地区的一种变相的转移支付。而在新体制下，建立共同负担机制，能够在保持分税制财政体制稳定的前提下，实现利益与责任的统一，有利于建立中央和地方共同加强出口退税管理、打击出口骗税违法行为的有效机制，有利于从根本上解决出口欠退税问题，有利于推进外贸体制改革，促进我国外贸和经济持续发展。但出口退税分享机制下又面临新的问题，即采购地企业享受了出口退税，但出口地政府却承担了出口退税，这对地区间公平会有不利影响。虽然地方政府只承担超基数部分，但随着对外贸易的发展，超基数部分会逐渐增加，导致部分地方政府财政困难，这也推动了出口退税机制的进一步改革。

（3）2005年出口退税机制的进一步改革

面对2004年改革中的问题，改革机制进行进一步调整，具体内容为：调整分摊比例，国务院批准核定的各地出口基数不变，超基数部分中央与地方按照92.5∶7.5的比例共同负担③。

（4）2015年对出口退税机制的改革

为深化财税体制改革，理顺中央与地方收入划分，促进外贸稳定发展，国务院决定，进一步完善出口退税中央和地方负担机制，调整消费税税收返还政策，并自2015年1月1日起执行。具体内容为：出口退税（包括出口货物退增值税和营业税改征增值税出口退税）全部由中央财政负担，地方2014年负担的出口退税基数，定额上解中央④。

5.1.3.3 证券交易印花税

1993年分税制改革，国务院颁布《关于

---

① 刘娜：《论我国出口退税制度：变迁、问题及对策》，中国海洋大学，2008年。
② 《财政部 国家税务总局关于调整出口货物退税率的通知》（财税〔2003〕22号）。
③ 《国务院关于完善中央与地方出口退税负担机制的通知》（国发〔2005〕25号）。
④ 《国务院关于完善出口退税负担机制有关问题的通知》（国发〔2015〕10号）。

实行分税制财政管理体制的决定》,提出征收证券交易税并于1994年1月1日实施,将"证券交易税"定为中央与地方共享税种,并明确"证券交易税,中央与地方各分享50%"。尽管因为种种原因,证券交易税的设置最终没有实现,但证券交易印花税却从此开始按照《关于实行分税制财政管理体制的决定》执行,从1994年起地方和中央各按50%的比例分配,一直到1996年底。从此以后一直将证券交易印花税当作证券交易税使用,实际成为中央和地方共享税种。

这种平均分配的安排也许是出于尊重地方政府对证券市场初期发展的努力和保护地方政府的改革积极性而作出的妥协;也正是出于对各种利益关系的认识和权衡,在此期间地方政府才充分运用行政权力,深入参与了证券市场制度变迁的最初阶段。

1996年12月16日颁布、1997年1月1日起实施的《国务院关于调整证券交易印花税中央与地方分享比例的通知》要求:"为进一步规范证券交易市场,妥善处理中央与地方的分配关系,增强中央宏观调控能力,国务院决定,自1997年1月1日起,将证券交易印花税分享比例由现行的中央与地方各50%,调整为中央80%,地方20%。"地方分成比例大大减少。

国务院在1997年5月9日下发了《关于调整证券(股票)交易印花税税率的通知》,将印花税税率从3‰调整到5‰,并要求将"调整证券(股票)交易印花税税率新增加的收入,全部作为中央财政收入"。于是财政部和国家税务总局根据国务院这个精神,下发了《关于调整证券(股票)交易印花税税率有关预算管理问题的通知》,明确了"为简化手续,实行合并计算,总额分成。调整税率后证券(股票)交易印花税收入的分享比例,中央88%,地方12%"。由于提高了税率且税率提高导致的收入增加全部划归中央,地方分成比例进一步下降。

1998年6月11日,国务院《关于调整证券(股票)交易印花税税率的通知》决定:"从1998年6月12日起调整证券交易印花税税率为4‰。并要求"证券(股票)交易印花税税率调整后,中央财政与地方财政对该项税收的分享比例不变,仍为中央88%,地方12%"。

2000年9月29日,国务院《关于调整证券交易印花税中央与地方分享比例的通知》决定,"将证券交易印花税分享比例由现行的中央88%、地方12%,分三年调整到中央97%、地方3%。即2000年中央91%、地方9%;2001年中央94%、地方6%;从2002年起中央97%、地方3%。其中,2000年的分享比例,自2000年10月1日起执行"。

从2016年1月1日起,国务院进一步调整证券交易印花税分享比例,由现行按中央97%、地方3%的比例分享全部调整为中央收入(见表5-4)。

表5-4 我国证券交易印花税调整一栏表

时期	中央分享比例	地方分享比例
1990—1993年	0%	100%
1994—1996年	50%	50%
1997年1月1日至1997年5月9日	80%	20%
1997年5月10日至1999年12月31日	88%	12%
2000年	91%	9%
2001年	94%	6%
2002—2015年	97%	3%
2016年至今	100%	0

由上述过程可见,我国的证券交易印花税的实质其实就是证券交易税,它带有计划经济因素与市场经济因素并存格局下经济转型过程的色彩。从一开始,证券交易印花税就没有立法机构的准许和授权,仅凭政府行政部门的政令而套用不同税种的法规执行;我国金融行业的快速发展带来较大税收空间,因而政府用一个在法律意义上并没有付诸运行的行政决定(1994 年分税制设立证券交易税)取而代之。长期不更改它的名称和所依据的法律,只是根据政府部门对市场冷热的判断而多次变动税率的高低。也可以看出中央在税收的分享比例上是逐步提高的,目前证券交易印花税已经完全划归为中央收入。

5.1.3.4 资源税

(1) 资源税发展历程

改革开放之前我国处于计划经济阶段,国家的各种矿产资源基本上都是国家统一开采、统一销售,不存在资源税。1984 年颁布了《中华人民共和国资源税条例(草案)》,当时仅对煤炭、石油和天然气征收资源税。1994 年分税制改革中将资源税范围扩大,把盐合并到资源税,其征税范围扩大到了原油、天然气、煤炭、其他非金属矿原矿、黑色金属矿原矿、有色金属矿原矿和盐等 7 大类,并采取从量定额的方式进行计税①。资源税的征收管理由我国国家税务局和地方税务局共同负责,所得收入由中央政府和地方政府共享。其中资源税中除海洋资源税归中央税收入,其余的归为地方税收入。除此之外,中外合作开采的石油、天然气,目前按照规定对其征收矿区使用费,而暂不征收资源税。

这种收入划分方式主要是考虑到我国资源大多分布在经济欠发达地区,把资源税划为地方税种,可以增加资源丰富省份的可得财力。由于资源税收入在总税收收入中占比较低,对中央和地方收入划分影响不大,加之当时资源与环境问题并不突出,这种收入划分格局还是合理的。在这种收入激励下,对资源开采越多的地方,其地方政府获得的财政收入越多,这样就产生了负向激励作用。一些资源丰富的地方政府为了眼前利益,过度开发资源,个别政府甚至对一些非法采矿企业放松监管,导致资源严重浪费,环境恶化加剧,安全事故接连发生,严重影响了国家和人民的利益。

(2) 新疆地区资源税试点改革

改革背景:一些资源产品,特别是原油、天然气等能源产品的现有资源税税额标准已明显偏低,不利于资源的合理开发和节约使用。从量定额征税方式下,资源税税额标准不能随产品价格的变化及时调整,地方税收受益不明显。实行从价计征有助于缓解主要资源品目高价格与低税负之间的矛盾。我国油、气资源相对集中在经济欠发达的中西部地区,实行从价计征使资源税收入与产品价格挂钩,有利于保障地方财政收入。此外,我国原油价格已与国际市场接轨,天然气出厂价格实行政府指导价,实行从价计征具有可行性。同时新疆有着丰富的油气等矿产资源,中央的这项决定是促进全国资源税改革从酝酿走向实施的一个突破口,选择在新疆试点有利于为资源税改革的全面推行提供经验和借鉴。

改革具体内容②:原油、天然气资源税实行从价计征,税率为 5%。同时规定某些免征或者减征项目。为便于征管,对开采稠油、高凝油、高含硫天然气和三次采油的纳税人,按纳税人以前年度符合规定的减税条件的油气产品销售额占其全部油气产品总销售额的比例,确定其资源税综合减征率及实际征收率,计算资源税应纳税额。综合减征率和实际征收率由财政部和国家税务总局确定,并根据原油、天然气产品结构的实际变化情况每年进行调整。

计算公式为:

---

① 《中华人民共和国资源税暂行条例》及《中华人民共和国资源税暂行条例实施细则》。
② 财政部和国家税务总局:《新疆原油天然气资源税改革若干问题的规定的通知》。

综合减征率 = ∑（减税项目销售额×减征幅度×5%）÷总销售额

实际征收率 = 5% − 综合减征率

应纳税额 = 总销售额×实际征收率

在全球发展低碳经济的大潮下，我国资源税改革的推进，对于完善资源产品价格形成机制、更好引导经济结构调整、缓解中西部地区财力紧张都具有重要意义。在资源价格普遍上涨的背景下推进资源税改革，税收与资源价格变化挂钩，无疑将增加地方政府财政收入。但实行从价计征无疑会加重油气企业的税负，因此油气企业会希望降低税率或提高减征率，此次暂定5%的税率也是地方政府和油气企业以及国家财政部门博弈的结果。在后续的改革中，国家政策制定部门不仅要在宏观上考虑资源税从价计征对整体资源环境的影响，也要考虑地方政府的税收利益，更要考虑企业的经济利益。一些大型油气企业往往是当地的支柱产业，如果一味地考虑国家和政府的利益而忽视企业利益，可能会产生不利影响。例如企业为保证利润而进行低安全标准的生产开采活动，或者降低纳税遵从度，都会产生很强的负外部性和税收成本。

5.2 政府间税收划分的理论基础

税种如何在中央政府和地方政府之间进行划分，一直都是我国财税领域研究的重点和难点问题。多年来，我国根据各税种的性质特点，立足于本国国情，在税种划分方面，不断进行深入的研究，也进行过多次大胆尝试，但结果却始终存在争议。目前在"营改增"的大背景下，考虑税种的划分问题极具现实意义。在此，从国外研究、国内研究以及具体税种研究三个角度出发，对提出的划分理论进行分类梳理，以期找到新的突破点，进而解决目前我国分税制改革所面临的困境。

5.2.1 国外税种划分的研究综述

5.2.1.1 税种划分两原则

美国学者迪尤将政府间收入划分的原则分为经济原则和效率原则。经济原则是以增进经济利益为标准划分中央与地方税种。税收应归属哪级政府，应以促进经济发展、不减少经济利益为着眼点。例如货物销售税划归中央，可使货物在全国畅通无阻，有利于发展生产；反之，如果划归地方政府，就会出现过境则征的现象，从而增加成本，提高物价，影响流通，对经济发展极为不利。效率原则以征税效率作为划分收入的标准[1]。

5.2.1.2 税种划分三原则

美国著名财政学家塞利格曼对税收划分提出了三项原则：

（1）效率原则，以征税效率的高低为标准来确定税种的归属。如果某种税由地方政府征收效率更高，更有利于税款的及时足额入库，就应将这种税划归地方税；反之则应划归中央税。例如土地税，由于地方税务人员更加了解土地状况（如面积、地价等），稽征方便且不易逃税，因此宜作为地方税。而对于所得税，由于其征税对象——所得——的地点会随着纳税人的流动而难以固定，并且纳税人的居住地和收入地可能不在同一地点，因此将其划归中央税种，征收效率更高。

（2）适应性原则，以税基的宽窄作为划分收入的标准，税基广的税种划归中央政府，

---

[1] 邓子基等：《地方税系研究》，经济科学出版社，2007年。

税基窄的税种划归地方政府。

（3）恰当原则，以税收负担是否公平作为划分中央和地方税收的标准，如所得税由全体居民负担是比较公平和恰当的，因此应由中央政府征收①。

5.2.1.3 税种划分"四不原则"

大卫·金认为地方政府的税收应遵循"四不原则"，具体为：

（1）地方政府不应征收高额累进税。他引用马斯格雷夫的理论指出，高额累进税制是具有再分配功能的税收制度。再分配恰恰不是地方政府的职能，而是中央政府的职能。

（2）地方政府不应征收税基流动性比较大的税种。如果一个地方为了提高公共产品的提供水平而开征税率很高的公司税，无疑会促使资本离开本地区。同样，如果某个地区把消费税税率定得很高，该地区政府将会发现许多人跑到其他地区购买商品和劳务。

（3）地方政府不应征收可以将大部分税收负担转嫁给其他地区居民承担的税种。任何一家企业可以轻而易举地把所在地政府向它征收的税收的一部分乃至大部分通过产品的销售等手段转嫁给非本地的资本所有者、劳动者和顾客。这样该地区较高的公共产品提供水平实际上是靠非本地居民的补贴而维持的，这明显违反公平原则。

（4）地方政府不应征收不直接为本地区居民所察觉的税种。受益人负担是公共产品的基本属性。为了使公共产品的支出和成本达到均衡，一定要让受益者，即本地区的居民来分担成本。这样才会使所有居民有参与地方事务的内在动力②。

5.2.1.4 税种划分五原则

加拿大学者杰克·明孜也提出过税种划分的五条原则：

（1）效率原则：税收划分要尽量减少对资源优化配置的影响。

（2）简化原则：应使税制简化，便于公众理解和执行，提高税务行政效率。

（3）灵活标准原则：有利于各级政府灵活地运用包括预算支出、税收补贴等措施在内的一系列政策工具。

（4）责任标准原则：各级政府的支出与税收的责任关系应协调。

（5）公平标准原则：要使全国各地区间的税种结构、税基税率大体上平衡，即各地居民的税负应平衡③。

5.2.1.5 税种划分六原则

世界银行专家罗宾·鲍德威（1994）等人在考察研究了世界各国的财税体制以后，提出了六条指导性建议：

（1）所得税关系到全社会的公平，应划归中央。

（2）为保证全国统一市场的形成和资源在全国范围内自由流动和优化配置，对与此相关的资本税、财产转移税等税种也划归中央。

（3）对资源课税涉及公平与效率目标之间的权衡，应由中央与地方共享。

（4）具有非流动性特征的税收是地方政府收入的理想来源。

（5）作为受益性税收的社会保障税，可由中央与地方协同征收管理。

（6）多环节征收的增值税、销售税应划归中央，单一销售税、零售税等较适宜于划归地方。

5.2.1.6 税种划分六标准

税种配置理论专家欧文斯和诺里高德就地方税制结构提出了如下判断标准：

（1）税基不应该具有大的流动性，否则

---

① 塞里格曼：《所得税论》，商务印书馆，1935年。
② 彼得·M.杰克逊：《公共部门经济学前沿问题》，中国税务出版社，2000年。
③ 邓子基等：《地方税系研究》，经济科学出版社，2007年。

纳税人就会从税负高的地区转移到税负低的地区，并且税务当局调整税率的自由度也会受到限制。

（2）采用的税种应能筹集足够的收入以满足地方财政的需要。也就是说收入应稳定、可以预测并且具有弹性。

（3）税收负担的大部分应该具有不可转移性，以免削弱地方税收与地方政府福利之间的对应关系（即税收负担应很容易地转移给非居民个人）。

（4）纳税人应认为它是公平的。

（5）应便于管理。

（6）地方税不应具有过分的累进性，因为这会使富有的纳税人迁出该地区①。

5.2.1.7　税种划分七原则

根据公平权力和有效利用资源的原则，马斯格雷夫（1983）认为政府间的税收划分应该遵循七项原则，并为大多数人所接受：

（1）课征于流动性生产要素的税收应该划归中央，否则会引起资源在地区间的流动，扭曲资源在地区间的优化配置，中低级政府应对辖区间流动性低的税基征税。

（2）课征于非流动性生产要素的税收最好划归地方，因为这不会引起资源在地区间的流动。

（3）以保障收入再分配为目标的累进税应归中央，因为收入再分配应由中央政府在全国范围内进行调节，实现公平目标应该以全国为疆界。

（4）用于稳定经济手段的税收应归中央，因为稳定经济是全国性的职责，应由中央政府履行，而具有周期性稳定特征，收入起伏不大的税收应划归地方。

（5）地区间分配不均的税源划归中央，否则会引起地区间税收收入不平衡。

（6）依附于居住地的税收，比如销售税和消费税，较适合划归地方。

（7）受益性税收及收费对各级政府都适用。

可以看出马斯格雷夫的税收划分七原则，是从有利于政府实现收入再分配的公平目标、稳定经济的宏观调控目标和资源配置的效率目标着眼的。这是与其关于财政的三大职能的思想是一致的，反映了现代社会经济中的政府职责要求，体现了税种的设立和划分应该有利于政府职能的履行和政府目标的实现。

5.2.2　国内税种划分的研究综述

随着我国财税体制改革的深入推进，我国也涌现出了大批的学者对此展开研究与讨论。我国学者立足于中国国情，借鉴国外的研究成果，提出了更为丰富和更加有针对性的理论原则。具体可以分为：

5.2.2.1　公平原则

国内一些学者，从公平原则出发对税种划分提出相关原则。如刘汉屏（1999）、杨德强（2011）认为：以支付能力为标准具有再分配性质的税种应划归中央。有差别的地方累进税会同时引起低收入和高收入家庭在地区间的流动，形成居住地选择上的扭曲，并阻碍政府再分配职能的实现。所以，由全国政府在全国实行统一的累进税率，可以有效地防止扭曲现象的出现，使之成为中央政府进行收入再分配的工具。此外，税基在各地不平衡的税种也应划归中央，如资源税、法人税受到各地区资源禀赋、社会经济发展水平的影响。此类税种若由地方政府征收，会导致各地财政收入悬殊，加大地区间财政服务的差距。因此应该由中央政府进行征收。

5.2.2.2　效率原则

一些学者从效率出发，提出税种划分的原则。如刘汉屏（1999）、杨德强（2011）认

---

① 邱泰如："要合理划分中央与地方的税收和税权"，《经济论坛》，2009年第6期。

为：由于中央税收更具效率，因此，从总体上说，税收体系宜采取将较多税种划归中央的形式，且应充分考虑各级政府对各税收的征收能力及效率。具体而言，第一，中央税应包括以下性质的税种：一是流动性税基的税种。该类税种由中央政府征收，可在全国范围内形成统一的税收标准，可避免税基向低效率地区的流动及税收竞争的出现，因而能够提高资源配置的效率及税收效率。如果由地方政府征收此类税收，地区间的税收差异会引起税基流动从而引起资源配置的扭曲。二是收入易发生周期性波动的税种。这类税种划归中央主要是为了避免地方政府财政收入的大起大落，可以使之成为中央政府稳定宏观经济的一个中央政策工具。例如所得税具有明显的周期性，应由中央政府征收。三是主体税种。主体税种是在税收体系中占据主体地位，在税收额度中占据较大税额和比例的税种。为加强中央政府的宏观调控力度和解决地区间财政能力的差异问题，必须将主体税种归属中央政府。四是归宿易于转嫁型的税收也应由中央政府征收。在市场经济条件下，由于国内市场的高度开放，所有者、工人和消费者并不都是同一地区的。公平原则和受益者负担原则要求企业不应把某一地方政府对其征收的税负转嫁给别人承担。五是税收还要考虑到征收管理的方便和效率。如由地方政府出面征收房产税，有利于了解税源，便于核实房产地价。若是由地方政府出面征收流动性的税收，一个政府之内便会出现关卡林立、经济割据的局面。第二，地方税应该包括以下税种：一是终点型产品税应该划归地方税收。如选择性货物税及零售税，其原因是不易转嫁。二是非流动性税基的税种，这类税由地方政府征收更加有效率，因此可作为地方政府的主税种，以稳定地方的财政收入，如土地税、房产税等。三是收益型税种，此类税种不易引起资源配置的扭曲，且税源较分散、零星，由地方政府征收可以因地制宜，提高效率。第三，共享税种的设置一般考虑以下因素：一是中央的主税源，但必须依靠地方政府提供各种便利和服务。二是地方政府在没有大宗税源的情况下，为保证地方政府必不可少的开支，中央政府对稳定税源的税种，主动按一定比例让渡一部分税额。三是一些特殊的、敏感的税种，中央在参与分享的过程中，参与监管。

5.2.2.3 集权与分权的角度

就我国的国情来看，由于我国属于单一制的国家，中央政府肩负着宏观调控、市场监管、公共服务、社会管理、环境保护等职能，客观上要求税权有一定程度的集中。因此，有学者提出税收体系宜采取较为集权的形式。

（1）黄长春（1996）认为，税种的划分要进一步考虑中央政府收入部分，只要是税源大且集中的收入可以划为国税系统征收，同时考虑地方政府的积极性，可以通过收入共享的方式进行过渡。

（2）孙德超（2008）认为，将维护国家权益，实施宏观调控所需的税种划为中央税；将适宜于地方征管的税种划为地方税；将与经济发展直接相关的主要税种划为中央和地方共享税。

5.2.2.4 责任与受益原则

黄磊等（1996）基于经济补偿的需要提出，应该按照公共产品的服务区域和受益范围来确定税源及相应税种在各级税系中的归属。主张将受益于中央政府提供公共服务的税源及相应的税种划归中央；而将受益于地方政府提供公共服务的税源及相应的税种划归地方。

周俊鹏（2008）认为，在现代市场经济条件下，税收是国家最基本的财政收入形式，也是政府实现其事权的最基本的物质基础。所以分税制下政府间税种的划分不可能脱离政府间事权的划分。否则不仅使税种划分缺乏最根本的依据，也会使得这种划分缺乏实际意义。

改革深化课题组（2009）提出，在税种划分上，按照税种属性和与支出责任相适应的原则，对现行税种划分进行调整，对主体税种按照税种属性划分，以消除其不合理安排对宏观经济的负面影响，对其他税种按照与支出责任相适应的原则划分，增强地方政府作为公共服务供给者的收入能力。

5.2.3 具体税种划分的不同观点

5.2.3.1 增值税

随着"营改增"进程的推进，增值税在我国中央与地方之间的共享比例，由原来的75∶25，改为50∶50。由于它仅仅是个过渡政策，是为了解决地方财力不足而作的短暂性调整，并且增值税是我国第一大税，不仅仅有筹集财政收入的作用，还肩负着调节宏观经济的职能，因此不可能单从收入角度对其进行调整。故未来增值税的归属问题仍然在较长时间内处于争议之中。纵观我国对于增值税改革的相关理论，大体上有两种看法：一种是将其纳入中央税体系之中；另一种是在共享税本质不变的情况下，重新调整征收依据和分配比例。

（1）赵云旗（2005）认为增值税作为共享税存在税负转移问题。一方面，增值税实际上是产地税，因而存在着产地和消费地之间税负转移问题。增值税等国内商品税又属于间接税，它要被加到商品的价格中，由消费者负担。把增值税作为共享税，将一定比例的收入划给地方，则地区之间的商品交易必然会出现甲地居民负担乙地增值税税款这种地区间税负转移的问题。目前，我国商品生产发达的是东部沿海地区，势必造成落后地区的消费者负担发达地区税款的现象，不利于缩小我国东西部之间的贫富差距。另一方面，增值税与地方的经济利益关系密切，而且增值税的税基流动性很大，极易导致地区间增值税税基和税源的争夺。增值税具有顺应经济周期的特点。同时，他认为，将增值税作为中央固定收入中的主体税种能够发挥各个方面的积极作用：一是可以有效地提高中央财政收入的两个比重，确保中央财政的主导地位和宏观调控的力度。二是有利于进一步完善我国以增值税为主体的流转税体系。三是消除增值税共享比例问题上中央政府和地方政府间的矛盾。

（2）吕冰洋等（2015）提出以消费为依据进行增值税分成，核心做法是将中央政府与地方政府的增值税比例改为60∶40，并且地方政府获得增值税的依据是各地区社会消费品总额占全国社会消费品总额的比例。他认为，在确定增值税收入归属时，相对于生产地原则而言，消费地原则在生产要素配置方面更具有税收中性。在增值税税收收入按消费地确定归属的情况下，增值税的征税水平由消费地的增值税税率决定。在同一地区销售的生产厂商，不论来自哪一个生产地，都会面临同一个税率。生产地政府给予生产厂商的优惠税率或税收返还等措施不会直接增加本地的消费，因而不会增加生产地的增值税收入，从而地方政府丧失了给予生产厂商优惠税率或税收返还的激励动机。同时他还给出了另一个方案，他建议根据增值税发票信息来确定中央政府和地方政府的共享比例，将商品销售分为辖区内销售和辖区外销售两部分，根据两者比值分割增值税，前者为中央税，后者为地方税。该方案的优点是地方税收来自辖区外经营活动，地方政府难以干预经济运行，不会产生税收扭曲。

5.2.3.2 个人所得税

个人所得税目前在我国属于共享税种，中央与地方的分成比例为40∶60。而随着我国居民收入水平的逐渐提高，人均收入水平的差距逐渐扩大，对个人所得税的再分配职能有了越来越高的要求。并且，"营改增"的背景之下，地方财力薄弱，个人所得税能否作为地方税收的主要来源，也处在讨论之中。可见，讨论个人所得税的归属问题，在目前来看，具有极大的现实意义，不同学者的观点如下：

（1）王刚（2001）从财权与事权相匹配、公平原则以及效率原则等多个方面，给出了个人所得税不适宜作为地方税的原因，从而主张应该将个人所得税纳入中央税系。从财权与事权相匹配的角度，他认为市场经济的有效运行，需要政府，特别是中央政府不断加强对经济的宏观调控，更好地稳定经济的职能。中央政府要履行好事权，必须要有相应的财力作为保障。而个人所得税是我国目前最具发展潜力，增长速度最快的税种。随着我国居民收入水平的不断提高，这一税种今后必将成为我国税收收入中的重要支柱。因此，在不远的将来，将个人所得税划归中央，对于增加中央政府的财力，从而使其更好地履行调控经济的职能，保障市场经济的有效运行，有着十分深远的意义。在效率原则上，他也阐述了个人所得税不适宜划归地方的理由。他认为如果将个人所得税交由地方征收并支配，会直接导致一个后果：沿海发达地区，个人收入水平高，因此个人所得税收入也会高。而广大的中、西部地区个人收入水平低，所以个人所得税收入也比沿海地区低得多，会形成"富愈富，贫愈贫"的恶性循环。并且这个问题将随着今后我国个人所得税收入的不断增长而日益暴露出来。若任其发展下去，势必进一步拉大沿海与内地之间的差距。

（2）朱青（2002）认为，从长远看，个人所得税应该纳入中央税收体系，原因有四：一是个人所得税是政府手中收入再分配的重要工具，它与政府的社会福利一道，可以在社会成员中转移收入，缩小个人之间的收入分配差距。而这种收入再分配职能主要由中央政府来承担，由地方政府负责个人收入再分配具有一定的局限性。二是个人所得税也是政府手中调节宏观经济的重要工具，而且个人所得税可以实行累进税率，是宏观经济的"内在稳定器"，它在中央政府稳定宏观经济方面可以发挥重要作用。从这个意义上来看，把个人所得税划给中央财政是必要的。三是个人所得税要对纳税人的全部所得课征，而纳税人的所得可能来源于许多地区。目前我国税法虽然规定个人所得税主要是源泉征收，但对纳税人在两处和两处以上取得工资薪金所得的、取得应纳税所得但是没有扣缴义务人或扣缴义务人没按规定扣缴税款的，则规定要由纳税人自行申报。由于纳税人可能异地取得收入，而纳税人居住地的税务机关并不容易掌握其在其他地区取得收入的情况，所以纳税人极易逃税。如果将个人所得税划归中央，由国税部门负责征收，由于国税部门更容易在全国范围内取得纳税人的收入信息，所以这将有利于税务部门对纳税人来源于不同地区的所得进行监控，有利于控制纳税人逃漏税款。四是个人所得税在我国是一个很有潜力的税源，从加强中央财政收入能力的角度来看，今后这个税种也应该划归中央。

5.2.3.3 资源税

目前，我国除海洋石油资源税为中央税外，其余资源税均属地方税。对于这一划分模式，国内学者亦有不同的观点。

有些学者认为，应该将资源税纳入中央税系。如杨志勇（2013）认为，中国的资源是国有的，将资源税作为地方税不合适，并且各地资源分配不均，资源贫乏的地区很难靠资源取得税收收入，因此他建议将资源税作为中央税。

有些学者则认为，应该将其作为共享税。如韩俊鹏（2007）认为，虽然自然资源具有不可流动性，使得地方政府具有征收上的便利，但是自然资源在地区间的分布不均匀，而且与各地方政府的努力程度无关，若归地方政府显然有悖公平。另外，自然资源多数不可再生，其税源也不具有稳定性。可见，从长远来说，资源税并不适合作为地方的税种。但是从当前来看，考虑到目前我国的经济发展水平和税收征管水平，将资源税适当共享，一方面可以降低经济增长的成本，另一方面可以增加地方的财政收入。

另一些学者主张，将资源税作为地方性税种。如杨志安、郭矜（2014），不同于将其作为共享税的观点，建议将资源税作为地方主体性税种。他们认为资源税的归属不能仅仅考虑到它不可再生并且放到地方政府会引起过度消耗，还应考虑到，资源分为可再生资源和不可再生资源，并且新生的资源能在未来逐渐被发现,并将取代现有的不可再生资源。同时,我国中西部地区的财政状况始终欠佳,但与之相应的资源却很充足,将资源税作为地方性主体税种,有助于中西部的资源优势转化为当地的财政优势与经济优势,更好地促进我国区域间协调发展。

5.2.3.4 消费税

随着"营改增"2016年5月1日全面推行,地方政府的主体税种缺失,财力来源骤减。学者提出对消费税进行改革,将其从原来的中央税改为地方税或者共享税,进而弥补地方政府的财力。以下是最近几年,关于消费税改革的观点:

有学者主张应将其作为中央与地方共享税。例如杨志勇(2013)主张,应该将消费税改造成为中央与地方共享税。他认为消费税与税收返还收入有关,一开始就不是纯粹的中央税。再加上成品油税费改革之后,养路费转换而来的消费税绝大部分要返还给地方,消费税的共享税属性已经非常明显。他提出两种设计思路:一是按消费税税目确定分税方案;二是按总收入确定分税方案。前者可以更好地适应不同地方税目不同的实际情况。后者则易与财权财力总体分配格局的调整对应起来。此外,他主张消费税目前主要在生产和批发环节征收,应在此基础上,进一步将部分消费品的征税环节前移至零售环节,并将零售环节的消费税收入作为地方税收入,其他消费税收入继续作为中央和地方共享税收入。这么做是为了更好地鼓励地方政府和刺激地方消费。

有学者认为认为,现有的消费税制存在很大的缺陷,提出了应该转消费税为地方税的建议。以2012年的数据为例,消费税的体量是营业税的一半,如果将消费税转为地方税,可以极大地补充地方财力。同时,建议将消费税从生产或进口环节征收改为零售或批发环节征收,由价内税改为价外税。这些层面的改革涉及消费税征税对象和征税环节的改变,为地方政府营造消费环境、征收消费税创造有利条件。

另外一些学者认为,如果将消费税纳入地方,权衡之下,带来的问题会高于增加的效率,因此不主张变动归属,只是在原来的基础上,增加一些变动。例如朱青(2014)认为,如果将消费税原封不动地纳入地方税收体系,会产生两个问题:一是让地方政府在产制环节征收消费税会带来恶性税收竞争和干扰资源配置的问题;二是目前消费税税率偏低,收入规模有限,不足以承担为地方筹资的重任。若是重新制定消费税的征税环节以及提高税率,貌似可以解决上述面临的两个问题,但是过高的税收负担又会促使纳税人逃税,增加了征管的难度。因此,他认为:第一,消费税的大头还是应该由中央在产制环节征收,尤其是卷烟按比例征收的消费税和成品油的消费税,收入归中央;第二,将卷烟在产制环节征收的定额税和批发环节征收的比例税改由地税部门征收,收入归地方;第三,取消小汽车在产制环节征收的消费税,改由地税部门在零售环节征收,收入划归地方;第四,白酒的比例税仍由中央在产制环节征收,允许地方在零售环节对白酒课征定额税;第五,其他产品的消费税一律改在零售环节由地税部门课征,收入归地方。

5.2.3.5 社会保险税

随着市场经济体制改革的不断深化,我国社会保障事业得到了很大的发展,社会保障基金也逐步实现了社会化的统筹与管理。但在实践当中,现行社会保障基金筹集方式——统筹缴费暴露出欠规范、不统一和无法为社会保障提供稳定的资金来源等弊端。开征社会保障税,应该成为我国当前社会保障制度改革与完善的必由之路。就开征社会保险税的进程来看,虽然理论界和决策部门已经达成共识,也已进入可行性研究阶段,但是仍然存在一些问题,需要解决。其中之一,就是社会保险税在财政体制问题上的处理,即社会保险税的分配问题。

如庞凤喜(2003)认为,按照公平与效率原则,社会保险税作为具有一定收入分配功能和经济稳定功能的税种，原则上应该划为中央税，同时该税属于受益税，因而可以根据受益范围即该税种的具体受益内容分属中央政府和地方各级政府。如养老保险税收入应归中央，而其他保险税收入归地方，从而使权责利一致起来，帮助社会保险工作落到实处。

又如钟雅苏（1999）、许建国（2001）等提出，将社会保险税作为共享税。不同点在于前者认为共享比例为中央20%、地方80%；而后者认为中央10%、地方90%。二者对于社会保险税的划分都只是在收入层面上进行考虑，忽略了社会保险税的社会功能，并且具体的划分比例没有给出根据。

彭继旺等（2008）提出，在坚持预算管理和专款专用的原则下，鉴于目前受到统筹层次和管理水平、体制以及利益分配格局等一系列因素的限制，应将社会保险税作为地方税管理，同时主张将收入纳入财政专户，建立财政预算管理制度。可以看出他的划分方法更多的是从现实情况出发，在一定的限制性条件下提出划归中央，没有考虑长远性和全局性的发展。

5.3　中国政府间税收划分存在的问题

5.3.1　财力与事权不匹配

1994年分税制改革以来，中央与地方政府支出责任的划分基本上沿袭了分税制改革以前的划分支出的办法。中央财政主要承担国家安全、外交和中央机关运转所需经费、宏观调控支出等，地方政府主要负责本地区政府机关运转支出及本地区经济、事业发展支出。随后，推进减免农业税、农村义务教育、农村合作医疗、提升公务员工资等改革均是采取一事一议的方式确定中央与地方承担支出责任的办法。总的来说，相对于政府间收入的划分以及转移支付制度的改进而言，政府间事权和支出责任的划分较为缓慢，中央与地方的事权划分的格局没有发生实质性的改变。仍然存在以下问题：

（1）事权和支出责任划分不清晰。主要表现为：一是一些本应由中央承担的支出责任却推卸给地方。例如军费支出本应由中央政府承担，地方驻军的补贴属于中央政府的支出范围，但事实上中央却将其推给了地方。二是一些应当由中央政府全部承担的支出，却让地方政府承担一部分。例如外交事务的支出本应由中央负责，但目前外国领导到中国一些地区访问的接待费用往往需要地方政府承担一部分。三是完全属于地方的支出责任，中央却承担了一部分。这主要集中在中央的专款上，中央一些部门为了实现特定的宏观调控目标，对一些本应由地方负责的事务安排专款。例如，地方行政事业单位人员工资等。

（2）政府职能存在"越位"与"缺位"现象。各级政府在追求自身利益最大化以及GDP绩效考核机制的压力下，往往容易产生追逐自身利益的冲动，在这种情况下，政府支出就会向经济投资倾斜，从而侵占本该由市场提供的产品和服务，对本该由市场负责的投资形成挤占效应，从而产生政府的"越位"现象。同时，对于本该由政府提供的公共产品和服务，如教育、医疗、保险等，由于各种原因，政府往往不能有效提供，从而造成了政府在公共产品及服务提供上的"缺位"现象。

（3）我国在1994年分税制改革时并未建立明确和标准的公共财政框架，即不能像其他市场经济国家那样将中央和地方政府的事权划分进行法制化规定。虽然我国也将中央政府和地方政府的事权和支出范围的划分写进宪法，但是却十分笼统，没有细化，执行起来无法可依,随意性大。

1994年分税制改革在调整中央和省级财政收入与支出的关系上是比较成功的,但同时也留下了一个制度缺口:省以下政府的收入由省政府自行决定。因此,在各级政府追求自身利益最大化的驱动下,上级财政都将税源集中且将易于征收的税收划归本级财政,由此造成了收入上收效应,使得省级政府的财力集中度不断增加。然而现行分税制又对支出责任划分不清,导致支出责任的层层下放。于是财力上移、事权下移必然导致地方政府,尤其是县乡基层政府面临收入能力和支出责任不匹配的问题。

巨大的收支缺口致使地方政府开始寻找其他的资金来源,这才有了之后越演越烈的土地财政。2011年全国出让国有建设土地面积33.39万公顷,出让合同价款3.15万亿元。而不能依靠土地出让金的县乡财政则选择收费和罚款来弥补收支缺口。2011年我国非税收入14020亿元,其中地方非税收入11343亿元。然而收费和罚款的庞大数字无疑意味着县乡投资环境的不断恶化,投资少、创业艰、就业难是摆在县乡政府面前的一大难题。

5.3.2 税收在政府间划分不合理

从政府税收收入结构来看,两大主体税种的增值税和所得税均被划入共享税的行列,且共享税比重较大,导致中央和地方政府均缺乏各自稳定的税源。共享税中中央所占比重过大,地方只分享增值税的25%、所得税的40%,可用财力小,抑制了地方政府和地税部门的积极性。

统计表明,地方财政收入占比低于地方财政支出约20%,而中央财政收入比重则大幅度高于中央财政支出。地方财力和事权不匹配。另外,我国将增值税划归为中央与地方共享税是为了兼顾中央和地方的经济利益,但却没有考虑到税源争夺和利益冲突的问题。由于增值税的多少关系到地方政府的经济利益,加之增值税的税基流动性很大,这不免迫使地方政府盲目投资、盲目引资、重复建设,甚至以破坏环境为代价发展高能耗、重污染的行业,导致产业布局的非理性发展以及巨大的环境污染和破坏。有些地方政府为了争夺税源,不惜用税收返还的办法吸引外地企业投资。

地方税缺乏主体税种,税收体系不健全。分税制改革后,地方政府虽然分得十余个税种,但除了营业税、城市维护建设、地方企业所得税外均是零星小税,且征收难度大,成本高。随着"营改增"的不断深入,地方税收收入将更加紧张。

5.3.3 税收收入归属与来源不一致

税收收入分配存在的另一个较为严重的问题就是税收收入归属与税负归属的不一致。以增值税为例,其最根本的特征是对生产、加工、销售各个环节的增值额进行征税。但实际上增值税为间接税,而且是价外税,实际由消费者最终负担。消费者所在地政府不能征收消费者实际负担的全部税收,只能分享销售给当地消费者这一增值环节所产生的增值税,造成税收收入归属与税负归属的不一致性。而且,由于生产环节增值额附加值远大于批发、零售环节增值额附加值,所以实际上消费者所在地政府只得到了很少的一部分税收,而绝大部分税收由生产地政府享有。

再如企业所得税。企业在一个地区成立总公司,同时在其他地区设立分支机构。在这种情况下,按照现行税法规定,绝大部分税种纳税地在总机构所在地。公司所有相关税收上交给总机构所在地方的政府,而具体生产经营、销售或实际劳务发生地方的政府却得不到税收。由于税收来源于公司各个机构所在地,各个地方政府均为该公司提供公共产品和公共服务而发生了财政支出,但税收却只归属于总机构所在地或机构所在地,造成税收在地区间分配的不合理。当前全国统一大市场迅速发展,区域经济一体化所带来的企业跨地区重组、异地连锁经营、集团化运作的各种经济形式越来越普遍，税收收入归属与税收来源不一致性的问题也将变得越来越突出。

5.3.4 税权过于集中

税收立法权高度集中于中央，对于维护国家税收政策的权威性和统一性发挥了积极作用。但就我国的现状来看，税权中的立法权和制定权均集中于中央，地方仅拥有征管权，地方政府无法根据本地区的实际情况，制定相应的税收规模，调整其收入水平，结果是限制了地方政府对公共服务的供给能力，也就难以实现公共服务均等化的目标。我国地域广博，自然条件和经济发展水平差异较大，地区间完全相同的税种和税率显然不符合我国的国情，容易出现全国统一立法开征的地方税种某些地区不一定有相应税源，而地方拥有的某些特色税种因无立法权而无法开征的情况。另外，由于地方缺少必要税权，地方政府因事权和支出责任的资金需要而出现越权和滥权现象，其主要表现是地方政府滥用收费权和干预税收执法。

5.3.5 转移支付体系不规范

目前我国的转移支付形式概括起来主要包括：一般性转移支付、专项转移支付以及税收返还等形式。以税收返还为例。税收返还是分税制改革时为保持现有地方既得利益格局，逐步达到改革目标而设立的转移支付形式。中央财政对地方税收返还以1993年中央净上划收入为基数，基数部分全额返还，并按照全国增值税和消费税平均增长率的1:0.3实行增量返还。由于"两税"的增长与地方的经济发展水平有直接关系，经济发展水平高的东部地区在增值税、消费税、所得税方面的收入增长远远超过了中西部地区，因此其税收返还的数额也远远超过了中西部地区。因此，税收返还过多地照顾了发达地区的既得利益，没能起到调节地方收入差距的作用。

此外，我国一般性转移支付规模过小，不能有效地弥补地区间的财力差异。不仅如此，一般性转移支付包含的调整工资转移支付、农村税费改革转移支付、县乡奖补资金、基本养老支付等在内的一些项目有明确的指向，都应视为专项转移支付，而具有均等化功能的均衡性转移支付只占一般转移支付的三分之一左右，甚至更少。专项转移支付是中央政府为了实现特定的宏观政策和经济目标，委托下级政府代理一些事务并给予配套资金补偿的转移支付方式，使用方不得擅自改变资金的使用方向。可见，专项转移支付并不能增加地方政府的可支配资金。专项转移支付还存在着分配和管理不到位以及项目繁杂的问题。

最后，省以下转移支付制度尚不完善。1994年的分税制改革对于省以下财政体制，尤其是省以下的转移支付制度没有一个统一的规范，相比于发达国家的规范化、法制化的转移支付制度，还有许多不完善之处。目前，很多地区没有一个类似于中央对地方的公式化的转移支付办法。有的地方即便采用了公式化的办法，但在因素选择、公式设计、数据选取上仍存在很多问题。不仅如此，虽然我国的预算法不允许出现地方财政赤字，但调查显示我国基层财政的"苦难"程度远远高于省级政府，这无疑又说明了省及省以下政府间的纵向财政失衡的情况。

5.4 政府间税收划分的国际借鉴

一国的税权划分和地方税模式受到多种因素影响，其中既包括政治体制、经济体制、经济发展水平、历史传统等宏观因素，也包括税制结构、税收收入占比、中央集权状况、税收征管能力等税收因素。纵观各国的税权划分，税收立法权、税收收入归属权、税政管理权、税收征收管理权等方面差异较大，从而形成了不同的地方税体系和税收管理机制。在此，选择部分典型国家，对其税权划分状况和地方税制体系的建设情况进行对比和分析，以期得出对我国分税制改革和地方税体系建设具有借鉴意义的结论。

5.4.1 部分国家的税权划分实践

5.4.1.1 税权划分的种类与规律

一国税权划分的基础是其中央与地方政府之间的财政关系，而后者取决于国家的组织结构。按照政府权力来源及其集中与分散程度，可以将国家组织结构划分为联邦制和单一制。财政关系中，中央与地方政府间事权与支出责任的划分，对税收收入归属权的划分具有相当重要的影响，与之相关的还有政府间转移支付制度与税收征管机制等。

当前，国际上按照税权划分的集中程度，将税权划分区分为中央集权型、适度分权型和税权分散型三类。中央集权型下，各项税权高度集中于中央，只下放少量税权到地方；适度分权型下，整体税收立法权相对集中，税收管理权相对分散，同时中央与地方一般有一定的共享税收收入权；税权分散型下，中央与地方分别行使独立的各项税权，原则上互不干涉，地方自主性高。例如，分析政治体制这一因素对于税权划分的作用，中央集权型分税制常见于单一制和集权制国家，税权分散型税分税制常见于联邦制国家和分权制国家。在下文中，选择不同税权的典型代表国家，分析其政治与财政体制、税收管理级次、各项税权划分以及其他相关因素对于税权划分的影响。

各国的税权划分集中程度有所差别，相应的中央与地方税税种构成及征管机制也有所不同。发达国家的税权划分基本符合以下规律：一是税权划分以明确的税收法律体系为依据，通过不同政府层级的法律对税收立法权、税收收入归属权、征收管理权等作出规定；二是税权划分与中央、地方政府间的事权划分相对应，各国一般采取税权集中与分散有机结合的方式，集散度也没有明确的界限；三是税权划分确保中央政府的税权主体地位，在给予地方各层级政府对本级主体税种的决定权（以税率和税收减免权限为主）的同时，保留中央政府对其来自上位法的限制权力；四是地方税体系相对独立和完整，地方税的主体税种构成较为明确，中央税、地方税以及共享税的立法权、收入归属权、征收管理权等在各管理层级间得到合理的分配。以上四方面较好地概括了相对完善的税权划分和配套措施的特点，可以作为我国分税制未来改革的方向。

5.4.1.2 部分国家的税权划分

美国是税权分散型国家，法国是中央集权型国家，而日本和德国分别是亚洲和欧洲的适度分权型国家。选取这些典型的国家对于其税权划分的纵向结构和其他征管措施进行研究，得出的对比结论比较具有代表性，具体比较结果如表5-5所示。

表5-5　　　美、日、德、法税权划分比较分析表

	美国	日本	德国	法国
政治体制	联邦制	单一制	联邦制	单一制
税权划分	税权分散型	适度分权型	适度分权型	中央集权型
税收管理级次	三级：联邦、州、地方	三级：中央、都道府县、市町村	三级：联邦、州、地方	四级：中央、大区、省、市镇

续表

	美国	日本	德国	法国
税收立法权	联邦、州有权确定自己的税收制度，州级以下地方政府税权由州法律赋予，且联邦有优先立法权	国会掌握税收立法权，地方政府依法制定条例及细则，特殊情况下经中央批准可开征普通税	联邦对州的优先立法权，州对地方的税收立法权和税收政策管理权，地方税收权限由州赋予和限制	税收立法权、开征权、税收政策管理权等集中在中央政府，地方政府有一定的税收立法权和税政权
各级主体税种	联邦：个人所得税、公司所得税、社会保险税、关税； 州：销售税、总收入税； 地：财产税	中央：个人所得税、法人所得税； 都道府县：居民税、事业税； 市町村：居民税、固定资产税	联邦：增值税、所得税、营业税、关税、消费税等； 州：财产税、遗产税、赠予税、机动车税、啤酒税等； 地方：不动产税、娱乐税、营业税等	中央：个人所得税、公司所得税、增值税、消费税、关税等； 大区：企业增加值捐税、机动车注册税、驾照税等； 省：建筑土地税、企业增加值捐税、印花税等； 市镇：建筑土地税、企业增加值捐税、建筑土地居住税、企业不动产捐税等
税收收入划分	三级或两级政府同时征收的税种为共享税源、税率分享	按税种分割收入，无共享税	以共享税为主，其中工资税与公司所得税按法定比例共享，增值税按协商比例共享	按税种分割收入，无共享税
地方收入占比	地方税收收入占总税收收入比重约50%；地方税收收入占财政收入的比重，州近50%，地方政府近40%	地方税收收入占总税收收入的40%左右；地方税收收入占财政收入的比重约为33%	地方税收收入占总税收收入的50%左右；地方税收收入占财政收入的比重，州为50%以上，地方政府近30%	地方税收收入占总税收收入约25%；地方税收收入占财政收入的比重约为50%
税收征管	三级政府分别有税务机构进行征管	国税和地税系统，三级政府分别有税务机构	财政总局内设联邦管理局和州管理局，地方税务局是州政府的派出机构，州和地方政府负责具体征收	税务总局领导的税务系统和公共会计局领导的国库系统
转移支付	自上而下的补助金制	联邦对州拨付补助金及返还性转移支付	让与税支付、下拨税制度、国库支出金制度	中央大量的转移支付，如专项补助、一般补助、税收返还
特征概述	地方税权大； 税收比重高； 征管较独立； 高度依赖共享税	地方税权较大； 税种数量较多； 税收比重较高； 设独立征管机构	地方税权较大； 税收比重高； 高度依赖共享税种； 无独立征管机构	地方税权小； 税种数量少； 税收比重低； 无独立征管机构
分税优点	财权清晰，地方收入稳定且积极性高	中央集权，地方自主权大、收入稳定	税权集中，各地财力和事权基本平衡	中央调控能力强，财权清晰，税收成本低
分税缺点	财权比较分散，不利于中央宏观调控	税收成本较高	税收的跨州分配较复杂	地方财政对中央依赖性高，地方自主权有限

资料来源：中国国际税收研究会课题组研究报告《我国地方税税制建设》整合得出。

为了更详细地说明不同分税制类型对国家税收收入在各级政府分配情况的影响,在此选取美国、德国和法国这三个代表性国家作为对象,比较其各级政府的收入比例和不同税种的收入占比,数据是2014年各国的税收数据统计结果。

图5-1体现了2014年,法国、德国和美国不同层级政府的主体税种和五类主要税种的收入占比情况。其中,法国的中央与地方税基划分比较明确且很少重复,主要原因是地方税比重较小,中央以所得税和货物劳务税为主,区级以财产税为主体税种,地方则大量依赖其较为完善的高福利社保系统。德国各级政府的税收收入以所得税和货物劳务税为主,这两类税种主要体现了中央与地方共享税制的运作模式,另外财产税在州级和地方政府的税收收入中占比大约合计为20%。美国各级政府税收划分相对清晰,其中央政府以所得税为主体税收来源,州级政府以所得税和货物劳务税(美国销售税)为主体税种,而地方政府的大部分税收收入来源于州的财产税。三国各级政府层级的税收收入占比情况差异较大,不同国家的地方主体税种的选择也有所差异,这些情况与国家的组织管理结构和其他相关因素相适应。

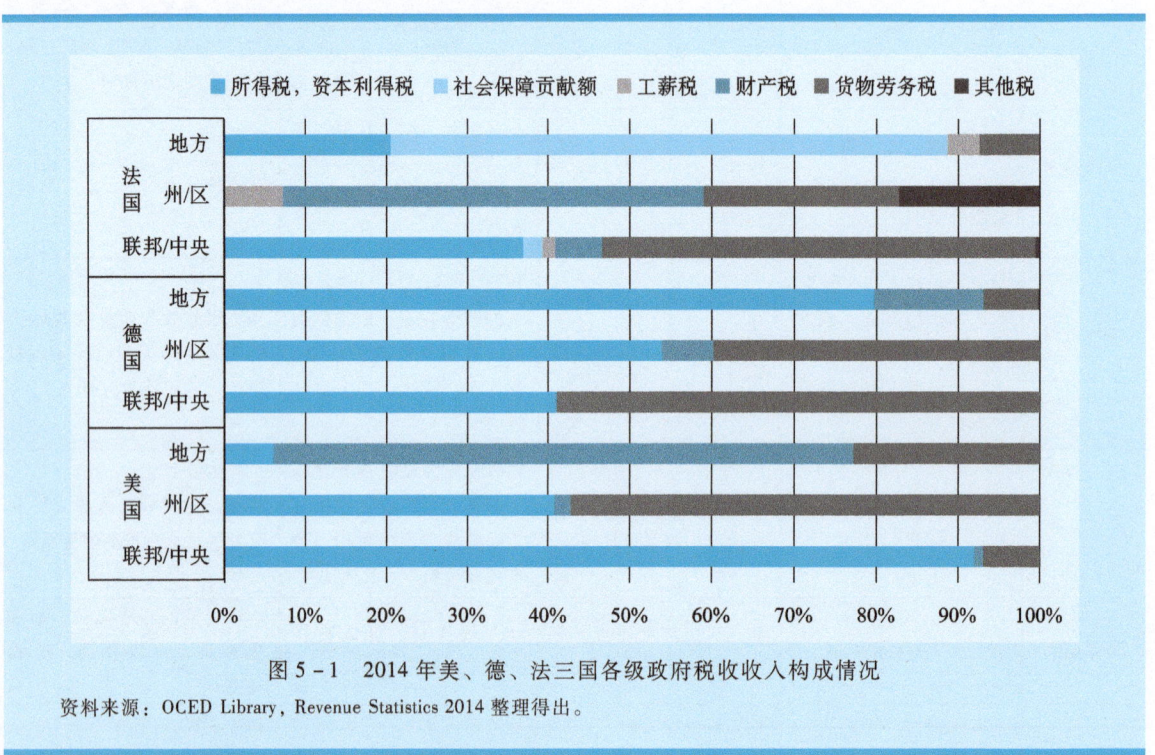

图5-1 2014年美、德、法三国各级政府税收收入构成情况

资料来源:OCED Library, Revenue Statistics 2014 整理得出。

总体上各国的税收权限划分和税收管理体制,与各级政府管理层的财力与事权相匹配,符合按照公共物品和服务的供给标准和政府职能分工层次进行划分的经济学原理。同时,各国划分税权充分考虑了税收的效率、便利、公平等基本原则,以充分发挥不同税种的筹集税收收入、调节收入水平、促进公共服务等税收功能。无论是中央集权型还是税权分散型的国家,其地方税体系建设和匹配地方事权与财力的划分及体现出的优缺点,对于我国的分税制改革都具有一定的借鉴意义。

5.4.2 国际地方税体系建设的借鉴

5.4.2.1 主要国家的地方税体系

上述四个国家及其他税制较为发达的西方

国家，通常赋予地方政府一定主体税种，构建主辅分明、结构合理、征管独立且收入稳定的地方税种体系，从而为地方政府履行其职责提供匹配的财力保障。通常情况下，地方主体税种应当具有税基广泛、税源丰富且稳定、占地方税收收入的比重大、符合收益原则、收入适度弹性、适合地方征管等特征。

随着"营改增"的全面推行，地方政府的财政缺口需要其他地方税收收入的来源来填补。分税制的改革方向是为地方政府建立更加合理的地方税体系，明确匹配地方政府的财权和事权。我国的地方税体系应当包括地方主体税种和辅助税种，主体税种中应当既有地方专有税种，也有共享税的地方部分。目前，我国的地方专有税种还有空缺，适合作为地方税的房地产税的税收法案还未正式立法，而替代营业税的增值税作为共享税主要由中央政府获得，一些学者对于地方主体税种的选择也提出了不同的意见。

当前，各国地方税税种几乎涵盖了包括流转税、所得税、财产税等在内的所有税类，但各国的地方税体系的税种数量和选择的主体税种构成等方面差异较大。现列举世界上部分国家的地方税体系，如表 5-6 所示。

表 5-6　主要国家的地方税体系举例

国家	地方税主要税种
美国	州税：销售税、个人所得税、公司所得税、国内消费税、遗产税与赠予税、资源税、社会保障税 地方税：财产税、个人所得税、公司所得税、销售税等
日本	都道府县税：都道府县居住税、企业税、财产税、矿井税、汽车税、不动产税、汽车购置税、烟草税、地方特别消费税、高尔夫球场使用税、猎人注册税、狩猎税等 市町村税：市町村居住税、不动产税、烟草税、轻型交通车辆税、矿产品税、特别土地使用税、城市计划税、土地开发税、营业办公税等
法国	建筑地产税、非建筑地产税、居住税、地方经济捐税、财产转移税、专利税、电力税、工资税、娱乐税、汽车牌照税、职业收入税等
德国	联邦：增值税、所得税、营业税、关税、消费税等 地方税：财产税、遗产税、赠予税、不动产税、娱乐税、营业税、机动车税、啤酒税等
澳大利亚	州税：酒精和赌博税、酒精和赌博特许经营税、保险合同印花税、工薪税、金融机构税、保险税、车船税、矿产税、注册税等 地方税：财产税、房产税、土地税附加等
英国	市政税、营业房产税、家庭财产税等
俄罗斯	联邦级税：企业财产税、组织财产税等 地方级税：个人财产税、土地税等
韩国	省税：财产取得税、注册税、许可证税、公用设施税、地区开发税、地方教育税等 市县税：居民税、财产税、机动车税、农场税、屠宰税、烟草消费税、综合土地税等
印度	邦：销售税、消费税、交通工具税、土地价值税、农业所得税、娱乐税、职业税等 地方税：土地捐（土地价值税附加）、土地与建筑物税（对租金征收）、土地增值税、广告税、财产转让税（印花税的补充）等
巴西	州税：商品流通税、转让税等 地方税：劳务税、不动产税、不动产转让税等

资料来源：国家税务总局税收科学研究所《外国税制概览》整理得出。

5.4.2.2 地方主体税种的选择

国际最普遍的情况是以财产税作为地方主体税种,包括房(地)产税、不动产税、遗产税和赠与税、不动产转让税、车船税等。OECD中超过一半的国家都选择财产税作为地方主体税种(单主体或双主体),例如美国、加拿大、英国、新西兰、澳大利亚等国家,其中加拿大、英国、澳大利亚等国地方政府的税收收入几乎全部来自于财产税。从税种特征上进行分析,财产税的税基分布地域性明显且分布较均衡,税收透明度较高,充分体现了税收的受益原则,税收收入稳定且增长符合经济预期,对于地方税务部门来说税收征收管理难度相对较低。

一部分国家倾向于选择所得税作为地方主体税种,包括个人所得税、公司(企业)所得税等。代表国家为瑞典、丹麦、芬兰、挪威等北欧福利国家,以及德国、日本、韩国等国。所得税的税基广泛、税源增长潜力高,对纳税人进行量能课税体现了公平原则和税收的受益原则,是地方主体税种的较好选择。但是在税收收入层面,所得税课税的经济发展阶段门槛高,对于发展中国家来说所得税税源有限;在税收成本层面,所得税尤其是个人所得税的征管难度较大,征税成本较高。鉴于所得税税基流动性大的特点,选择所得税作为地方主体税种的国家一般需要建立合理的政府间转移支付体系,以实现地区间的税收价格平衡。

部分国家选择商品类税种作为地方主体税种之一,主要是增值税、消费税和营业税等税种,现实中通常以中央与地方的共享税的形式体现。普通和特殊商品类流转税税源广泛,能够筹集大量税收收入,并且具有征管难度不高、税收成本低的特点。例如美国选择销售税作为州级的主体税种;巴西选择商品流通税作为州级地方税种;印度的邦税包括销售税、消费税;部分国家开征了烟草消费税等。

资源税也是地方税税种的选择之一,例如土地资源税、特别土地使用税、矿产税等资源税税种。例如美国、澳大利亚、日本、德国、韩国、俄罗斯、印度等国的地方政府都开征了土地类的税种。作为税收来源的各项资源通常地方性明显,且计税方式较为简易,适合地方税务部门征管,同时合理的资源税制有利于地方自然资源的科学开发利用。

此外,行为税和特定目的税也是很多国家的地方税体系的构成税种之一,这些税种税源较窄、分布分散,占地方税收收入的占比较低。行为税和特定目的税通常作为地方税的辅助税种,起了维护地方税体系完整性和灵活性的作用,地方政府通常对此类税种拥有较高的自主权。例如法国、德国、印度等国归属于地方政府的娱乐税,法国和印度归属于地方的广告税,日本归属于都道府的狩猎税,以及韩国归属于市县的屠宰税等。

发达国家的地方税体系税种的种类和数量虽然差距较大,但主体税种的选择大致可以划分为单主体、双主体和多主体三类基本模式。例如,财产税单主体税种(如英国、美国、韩国),个人所得税单主体税种(如丹麦、墨西哥),企业所得税单主体税种(如卢森堡),货物劳务税单主体税种(如智利、土耳其),以及以财产税和货物劳务税为双主体的税种组合(如西班牙、荷兰),以财产税和个人所得税为双主体的税种组合(如日本),以个人所得税和货物劳务税为双主体的税种组合(如意大利)。

我国是集权型国家,属于大陆法系,历史传统与日韩相近,结合我国税收征管现状,总结上述对于地方主体税种的分析,可以得出结论:以财产税作为我国地方主体税种之一是较合理的选择。

5.4.2.3 地方税体系分税种讨论

我国适合作为地方主体税种的财产税主要有房地产税(尚未开征)、资源税、消费税、环境税(尚未开征)等,作为中央与地方共享税的增值税和所得税也是地方税收来源的选择之一。在此对部分国家的作为地方政府税收来源的税种进行进一步分析,以期从中得出对于我国分税制改革、地方税体系建设的一些启示。

（1）房地产税

英国实行单一地方税制度，征收家庭财产税，以居住房产作为征税对象，其税种具有财产税和人头税的双重特点。家庭财产税的纳税义务人为房产居住人和拥有人（空置时），计税方式是按照房产评估价值划分为八个等级区间，得出对应的差额比例税率，税额为房产评估价值乘以比例税率。中央政府对于地方政府的家庭财产税税率采取限额政策，设置地区增长率上限以控制地方税规模，同时应当征收的地方税总税额以经常性支出预算减去地方政府转移收入、收费收入的方式得出。在减免税方面，英国根据房产居住人数、居住人身份（未成年人、残疾人、学生等）给予税额减免，同时对经济情况困难的家庭由中央政府发放补助金。

印度各邦以下的地方政府以房产税作为主体税种，该税是房产税和水税、排污税、保护税、消防税等服务税、附加税的组合，对于房产和土地的所有人进行征收，选择按照年度估定价值评估法或单位面积价值评估法计算房产价值作为计税依据来计算税额。

很多国家将房地产税作为地方主体税种之一，例如美国将房地产作为财产税的一部分，还有日本都道府县和市町村级政府的居住税、法国居住税和德国的不动产税等。房地产税将成为我国财产税的代表税种之一，且房地产作为税基，具有不可流动性、稳定性、收益性，对房地产的保有环节征税能够较好地发挥资源配置和收入再分配功能。因此，我国开征房地产税也应当在税收立法权方面确保地方政府拥有一定自主权，在计税方式上设计合理的房地产价值评估体系，在公平性方面给予低收入群体和其他特殊群体合理的减免税优惠，在征管上设置适合地方的税收征管模式。

（2）所得税

个人和企业所得税通常是地方主体税种的常见选择之一，尤其是个人所得税。北欧高福利国家高度依赖对居民收入的课税，这与其社会保障支出规模也有联系。所得税对于地方而言，非常适合为社会服务项目融资，提供具有潜力的收入来源。

日本的地方税税种繁多，地方政府税权有限，居民税是地方税主体税种，都道府县级居民税占地方税收收入比重约为40%，市町村级居民税税收占地方税收收入比重约为50%。其中，个人居民税对地方居民课税，税额由所得部分、均等部分和利息部分组成。所得部分是对前一年的所得进行综合课税，个人均等部分类似于人头税，利息部分近似于储蓄利息税，并且对无收入的家庭主妇、接受生活补助的居民予以减免税。法人所得税对在地方拥有事务所的居民法人进行课征，以资本金总额和从业人员数量为划分级别的标准设立差额比例税率，同时设定标准税率和税率上限。日本具有所得税性质的还有都道府县政府征收的法人事业税。针对设有事务所从事营业的法人（包括国内法人和国外法人）以及无法人资格但从事营利性经营的社团，以各经营年度所得额、附加价值额和资本金额为计税依据，实行"外形标准征税"制度，对于所得的不同部分设置不同比例税率进行课税。

如前所述，所得税征管难度高、税基流动性强，就我国目前情况而言应保持由中央与地方共享的模式。或许在建立我国自然人和法人居民信息统计系统，开征社会保障税等税种，完善社会保障制度之后，可以考虑加大地方政府享有所得税收入的比例。

（3）增值税（销售税）

美国州和地方政府征收销售税，课税对象为零售额，即有形动产的转移、交换、借贷以及服务价格，各州可以自行立法决定具体课税对象、非课税项目和税率标准，联邦给州和地方政府较高的税收自主权。美国州政府中销售税收入占总税收收入比重约为50%，地方政府中销售税收入占比约为15%（财产税占比约为70%），可见销售税在次级政府的地位。在税收自主权方面，州销售税的税率由各州自己决定，地方销售税税率一般由地方政府在州法律规定的税率范围内决定，税率合计约4%—11%，同时还有部分免抵项目。

加拿大开征省级的商品劳务销售税和统一销售税（商品与劳务税），课税对象包含在加拿大的各个生产领域和范围内的商品及劳务，以比例税率进行税额计算。免税项目有儿童（14岁以下）保健和看护服务、慈善机构提供的商品和服务、长期住宅等。

大部分国家将增值税作为中央税和共享税。增值税在零售环节征税，在部分国家作为地方税种。将其作为地方主体税种的优点是：增值税与经济发展状况和居民消费水平密切相关，因此具有较强的成长力，能收集大量税收收入以加强地方政府财力、提高地方积极性。但是，将货物劳务税在中央与地方进行划分，还要考虑到中央与地方政府的财政收入需求、税收扭曲经济行为，以及税收竞争因素的影响，所以将其作为地方主体税种也要考虑一些可能的负面影响。

（4）消费税

美国开征州消费税，在零售和批发环节对汽油、对健康和环境有害的消费品和部分特殊经营项目征税，采用定额税率，税收收入通常专款专用。印度的邦消费税，主要是对酒类和鸦片、大麻、麻醉品等商品的使用和消费行为，在邦内批发、零售、出口环节进行征税。各邦的自主权较高，有的邦选择定额税率，有的选择比例税率。

消费税在各国的地位不同，消费税在地方政府的地位区别较大，大多作为各国的共享税或者地方税存在。消费税作为流转税的一种，有利于国家对居民消费行为和行业发展的导向控制，将其作为地方税能提供较高的税收收入，但可能扭曲消费者和市场行为。我国消费税处于改革进程中，对于部分消费品的征税同样具有地方性特点，消费税具有成为地方税种的潜力。但中央政府掌控消费税税权，有利于对不同类型的消费行为进行集中调控。

（5）社会保障税

美国联邦和大部分州均开征了社会保障税，主要项目是伤残保障和失业救济。该税种的纳税人是雇主和雇员，不同税目的纳税人、征收方式有所区别，同时社会保障税的税率、最高限额、州社保税的抵免等还有更详细的规定。

西方国家的社会保障制度较完善，但在税收层面，社会保障税通常只占中央和地方税收入的小部分，很少国家把社会保障税作为地方主体税种，因为社会保障税的目的是保障一国居民的生活水平，增强社会的公平性。所以，社会保障税在分权型下适合作为地方税的补充，在集权型下更适合中央集中调控。我国尚未开征社会保障税，在此不多作讨论。

（6）资源税

美国有38个州开征了资源税，或称开采税，课税对象为石油、天然气、煤炭、非金属矿石和林业产品，各州自行确定采用定额或比例税率，在资源销售到州外时进行征收。该税并非各州的主要收入源泉，但资源税的灵活性高，设置的税收优惠能够促进资源合理利用（避免高品位效应）。针对地区资源分布不均匀导致州与州的财政失衡问题，联邦采取财政转移支付的方式来进行弥补，所以一定程度上体现了达尔贝的税收划分一般原则中关于自然资源收入归属权应由中央政府掌控的结论。

日本、俄罗斯、澳大利亚等国家将资源税划分为中央与地方共享税，尤其是日本采用资源重税政策，以保证中央政府的宏观调控能力，提高国家的综合能源利用效率。

我国国土面积广阔，自然资源丰富但不均匀，对自然资源课税与美国相仿。一方面在资源税税制的改革上，应当在资源税立法、征税范围的扩大、计征方法等方面进行改进；另一方面在考虑是否将资源税划分为地方主体税种时，可以借鉴美国的资源税征收管理方式，将保持政府的宏观调控能力、协调均衡不同地区间收益等问题纳入考虑范围。

我国分税制改革的重要目标之一，是逐渐

建立较为科学合理的地方税体系，弥补"营改增"后地方政府的财政收入缺口。以上对其他国家地方政府的地方主体和其他税种的税制设计和征管情况进行了简要的梳理和分析，对一些税种作为我国的地方主体税种的优缺点和可能性进行了探讨。

5.5 政府间税收划分改革建议

5.5.1 合理划分中央和地方的立法权

我国没有一部统一的税收基本法，这就使得分税制立法没有一个根本性的依据。分税制立法也多是些文件性质的，立法级次较低，没有上升到法律层次。这种缺乏稳定性、准确性的立法状况给分税制的制度建设和实行都带来了一定的困难。

税收立法权是全部税权问题的逻辑起点和核心内容。从总体考虑，我国税收应建立起以中央立法为主、省级立法为辅的格局。

5.5.2 合理划分中央和地方的事权

目前，我国各级政府的事权边界处于混沌不清的状态。只有明确了中央和地方政府之间的事权以及各级政府之间的事权，才能更好地保证我国分税制的有效实施。

凡属于全国性共同事务的事权，应由中央政府决策、承担和管理。中央要有选择性地集中部分事权，把对保障国家统一、中央权威有根本性意义的全国性公共产品的提供职能划归中央，由中央设立专属机构进行管理，而不再授权或者委托给地方政府行使。重点将国土、资源等基本市场要素的管理权限收归中央，增强中央政府宏观调控的职能。

凡属于地方性共同事务的事权，应由地方政府在中央统一政策许可范围内自行决策和承担，划归地方政府管理。在宪法和基本法中运用列举的方式明确将纯粹的地方性公共物品的供给职能赋予各级地方政府，并在省、市、县、乡地方政府之间再次划分事权。

对于介于全国性事项和地方性事项之间的那些所谓的"准全国性公共事项"，例如，教育、卫生、环保、生态工程等事项及一些突发性事项，可以划为中央和地方共管的事项，由中央和地方政府按照一定的比例来承担管理和支出责任。

另外，还应将以上划分以法律形式加以明确，不至于随意变动，使各级政府在执行中作为事权划分的判断依据，使执行者有章可循、有法可依。

5.5.3 完善中央和地方的税种划分

5.5.3.1 增值税

随着"营改增"的全面完成，我国增值税中央与地方分享制度将提上改革日程。目前中央与地方按5:5的方案进行分享只是一个过渡性的措施。在中国现状和国际经验借鉴的基础上，我们认为，简单地提高地方政府的分享比例不是一个好的选择，因为这一方案虽然解决了地方政府收入问题，但是原有增值税分享制度对地方政府行为及经济的不利影响不仅没有消除，反而进一步加深了。与此相反，我国应取消增值税共享，将增值税全部改为中央税。这将消除增值税地区间的转嫁以及地方政府投资激励。接下来，需要解决的是如何保证地方政府原有税收收入。对此，有多种可选择的方案。一是类似于德国等国家的解决方案，将增值税的一部分留归中央政府，其余部分通过转移支付系统，以各省的人口数等指标为基础，返还给各省政府。二是加拿大的做法，将增值税改为中央税，并降低税率。同时，省级政府开征只在零售环节征收的零售税。此税按消费地原则征收，不会导致税负在地区间的转嫁，符合受益原则，同时有利于促进省级政府转变经济增长方式，从促进投资变为促进消费。由于我国已经建立了先进的金税工程，该增值税的征管系统稍加改进后即可在零售税征收中发挥作用。中央政府仍然按原有方法征税，省政府则只对中间环节进行审查和监管，证明其符合再销售行为而给予免征零售税，仅对最终销售行为征收零售税。

5.5.3.2 个人所得税

根据前述分析，本书认为，我国应大力推进个人所得税由分类向综合的改革，并逐步加大个人所得税在国家税收收入中的比重。这是由于个人所得税，作为直接税，在调节收入分配、稳定经济方面具有重要作用。在个人所得税的收入划分上，本书主张，个人所得税应更多地划归中央政府，省级政府和市县级政府可以在中央政府基础上附征，作为地方政府税收收入的一种补充。将个人所得税更多地划归中央政府具有如下好处：一是由于个人所得税是对居民个人劳动和资本的课税，而劳动和资本的流动性逐步增大，因此，将其更多地划归中央政府，可以提高征管效率。二是调节收入分配差距，中央政府发挥着主要作用，可以在全国范围内进行调节，特别是负所得税的实施，将更加有利于消除不同地区劳动者之间的收入差距。三是将个人所得税更多地划归中央政府，有利于中央政府在全国范围内实施经济稳定政策，尤其是在综合个人所得税制下，加上实行累进税制，使其具有经济自动稳定器的作用，可以发挥逆向调节作用。四是个人所得税与劳动者的就业紧密相关，将个人所得税更多地划归中央政府，可以使中央政府更加关注就业。

5.5.2.3 社会保障税

目前，我国社会保障也主要由省级政府在全省范围内统筹收支。从全国来看，这一社会保障制度实际上是一种区域分割状态，是与自由竞争、要素自由流动和全国统一市场的市场化原则相违背的。从长期来看，我国要达到社会保障的全国统筹。全国统筹的优点十分明显：一是可以消除社会保障对于劳动者的流动的阻碍，提高劳动力要素的配置效率；二是有利于缩小或消除区域间的保障差距，促进区域公平。

由此，我们认为，当前我国社会保障税归地方的现状与我国当前社会保障制度的统筹级次尚未达到全国有关。随着社会保障统筹级次的提高，社会保障税应主要划归中央政府，这也就意味着，在全国范围内建立一个社会保障体系应是中央政府的职责。

5.5.2.4 房产税

本书认为，房产税在地方税体系中占有十分重要的地位，应成为地方税的主体税种。将房产税划归地方税，目前基本上没有争议。目前，仍有很多国家并没有将房产税作为地方政府的主体税种，如很多欧洲国家，这些国家的地方政府的主要税收来源仍然是与中央政府分享增值税等流转税。对此，本书认为，中国作为一个国土面积辽阔和人口众多的国家，适当地赋予地方政府更多的税收自主权，对于提高政府治理效率，激发地方政府的创造性，加强辖区居民对政府的制约等都具有积极的作用。基于此，本书认为，美国、加拿大和澳大利亚等国的房产税对中国具有更大的借鉴意义。

6 土地财政：起源、发展、效应判断及治理[①]

6.1 土地财政的产生及其发展历程

6.1.1 土地财政的内涵

土地财政是指一些地方政府依靠一次性出让以后若干年土地使用权所获得的收入以及由此带动的其他相关收入来维持地方财政支出的现象[②]。归纳起来，广义上，地方政府形成"土地财政"的组成部分，主要有四个方面：

（1）通过出让土地获取的土地出让收入。政府作为国有土地的所有者，让给土地使用者一定期限的土地使用权，并向受让人一次性收取若干年地租，这就是土地出让收入。土地出让收入是地方政府土地财政收入最主要的来源。

（2）房地产业和建筑业有关税费收入。房地产业和建筑业是城市扩张的结果，从根源上看，其有关税费是由土地派生出来的。目前，房地产和建筑业的相关税费收入大约占地方财政预算内收入的40%，已经成为地方财政预算内的支柱性收入，也是其土地财政的一个重要来源。

（3）招商引资带来的税收收入。地方政府往往通过低价出让工业用地的方式进行招商引资，以期获得企业若干年后的税收。这种收入往往不体现在某一期或某几期的财政收入中，因此一般也比较难以量化。

（4）通过土地进行的抵押融资。旧《预算法》规定，除法律和国务院另有规定外，地方政府不得发行地方政府债券，理论上也就不允许其直接向银行借款。但事实上，为了满足

[①] 本章在数据上，得到笔者的学生符亚迪的大量支持，在此表示感谢。
[②] 孙雪梅："略论'土地财政'现状及成因"，《金融经济》，2011年第22期。

地方建设的需要,许多地方政府通过成立土地储备中心或借助经济开发区的平台,绕过旧《预算法》的规定,以土地为抵押获得银行信贷支持。这种形式的地方债使得近年来土地财政的规模增长迅速。

狭义上,土地财政的组成部分只包括前两项来源。广义的土地财政,则包含了上述四个方面的内容。下面我们根据研究需求,选择不同的土地财政内涵进行研究。

6.1.2 土地财政的发展历程

6.1.2.1 土地财政的演变历史

由于土地出让制度虽然规定土地所有权属于国家,但是在具体执行过程中土地所有权和使用权相分离,地方政府可以通过拍卖、招标等方式获得土地使用权,出让一定年限内的土地租金,由此地方政府可代表国家获取规定年限的土地出让金。由于按照法律规定,土地出让年限相对较长,一定面积的土地出让金规模也较大,因此地方政府也可获得一定数量的土地出让金收入,在这种情况下,地方政府有动力出让其所辖区范围内的土地使用权并由此获得收入。这种收入虽然在性质上与地方政府税收收入不同,但是在同一时期内均属于地方政府可支配的收入,由此与地方政府本级财政收入一样,成为地方政府可靠的收入来源,因此有必要比较一下土地财政收入规模和地方政府收入之间的关系。

表 6-1　　1987—2012 年政府土地财政收入情况　　单位:亿元

财政年度	国土资源部门披露的土地出让金合同价款总额	国土资源部门披露的土地出让纯收益	财政部门披露的土地出让收入			地方一般预算财政收入总额	地方土地出让收入占地方预算收入的比重(%)	地方土地出让收入占地方预算收支缺口的比重(%)
			合计	中央	地方			
1987	0.35	—	—	—	—	1463.06	—	
1988	4.16	—	—	—	—	1582.48	—	
1989	4.47	—	—	—	—	1842.38	—	
1990	10.52	—	3.06	1.14	1.92	1944.68	0.0987309	
1991	11.37	—	4.09	1.49	2.60	2211.23	0.1175816	
1992	525.00	—	9.99	3.82	6.17	2503.86	0.2464195	
1993	557.79	—	15.79	1.43	14.36	3391.44	0.423419	
1994	638.96	—	34.84	0	34.84	2311.60	1.5071812	2.01785
1995	387.72	—	30.89	0	30.89	2985.58	1.0346398	1.676299
1996	331.68	—	46.46	0	46.46	3746.92	1.2399517	2.278166
1997	462.10	—	55.84	0	55.84	4424.22	1.2621434	2.452522
1998	507.70	—	66.90	0	66.90①	4983.95	1.3423088	2.488256
1999	521.74	—	81.44	1.89	79.55	5594.87	1.4218382	2.312184
2000	624.96	—	114.43	6.41②	108.02	6406.06	1.6862159	2.727371

---

① 《地方财政统计资料 1998》和《地方财政统计资料 1999》中另有当年用于城市维护建设的国有土地使用权有偿使用收入 45.7683 亿美元和 45.6796 亿美元。

② 新增建设用地有偿使用费由市县级财政缴纳,中央和省级财政按照 3:7 的比例分成,2000—2006 年的中央数据系根据省级数据反向推算得到。

续表

财政年度	国土资源部门披露的土地出让金合同价款总额	国土资源部门披露的土地出让纯收益	财政部门披露的土地出让收入			地方一般预算财政收入总额	地方土地出让收入占地方预算收入的比重（%）	地方土地出让收入占地方预算收支缺口的比重（%）
			合计	中央	地方			
2001	1295.88	—	187.85	13.73	174.12	7803.30	2.2313637	3.26602
2002	2416.79	—	333.82	24.37	309.45	8515.00	3.634175	4.573299
2003	5421.31	1799.12	586.41	42.96	543.45	9849.98	5.5172701	7.363951
2004	6412.17	2339.79	939.97	51.82	888.15	11893.37	7.4676059	10.20928
2005	5883.82	2183.97	1310.79	66.68	1244.11	15100.76	8.2387244	12.37483
2006	8077.64	2978.29	2204.59	167.08	2037.51	18303.58	11.131757	16.8004
2007	12216.72	4541.42	7713.3	128.46	7584.84	23572.62	32.176483	51.36459
2008	10259.80	3611.95	10582.63	192.16	10390.47	28649.58	36.267177	50.44236
2009	17179.53	—	15377.53	275.49	15102.04	32602.59	46.321596	53.09851
2010	27464.60	—	30381.91	288.21	30093.70	40613.04	74.098615	90.44918
2011	31474.40	—	33477.00	304.10	33172.90	52547.11	63.129828	82.54723
2012	—①	—	29087.16	569.34	28517.82	61078.29	46.6906	62.1721

资料来源：马海涛：《中国分税制改革20周年：回顾与展望》，中国财政经济出版社，2014年。

随着国家预算管理体系的变化，土地财政作为地方政府全口径财政收入（包括预算内收入、预算外收入、制度外收入）的组成部分，其绝对值的增长情况并不会受到影响。张清勇（2009）对1987—2000年的中央与地方政府在土地出让收入分配方面的博弈过程进行了全面总结，但是自1987年深圳尝试有偿出让国有土地使用权开始，地方政府就已将征收的城镇土地使用费用于城市维护建设方面，使得土地使用的回报与地方政府的财政资金在某种程度上捆绑在一起。

表6-1总结了历年来政府土地财政收入的情况，从表中可以看出，土地出让收入在地方政府的财政收入中，大致可以分为三个不同的阶段：

（1）1987年至分税制改革

此时期中央与地方的财政分配关系尚处于财政包干制阶段，在这一阶段内，中央与地方的财政包干制的财政收入与支出的分配框架并不明确、稳定，并且朝令夕改，尤其是中央与地方的财政收入分配方面，无法形成科学、合理的分配制度，具有明显的包干、分成的特点。与此财政体制相关的土地利益分配，则表现为中央与地方对土地有偿出让收入进行明显的争夺博弈。从表6-1也可以看出，此阶段，由于中央与地方进行过多次的土地使用权有偿出让收入分成比例的调整，中央与地方的土地出让金之间的比例也随之变动。在财政部门披露的土地出让收入中，中央土地收入和地方土地收入呈现出不相上下的局面，但此阶段，由于受制于整体经济体制改革的步伐，土地出让收入规模相当有限，地方土地出让收入不到地方政府预算内收入的1%，此时土地财政无法成为地方政府的主要收入。

（2）分税制改革到2002年

此时期可以概括为土地财政的酝酿期。分

---

① 该数据系根据《2012年中国国土资源公报》给出的比上年增长率推算得出，准确的统计数据国土资源部尚未公布。

税制改革后，由于规范了政府间财政分配关系，建立了中央与地方的财政收入稳定增长机制，中央与地方政府之间由此有了相对明确的利益框架和利益预期，从原来的税收分成变成了现在的"分税"。在分税制框架下，地方财政支出与收入之间的缺口，某种程度上可以反映地方政府财政的财力困难程度，因为这部分缺口实质是地方政府被动式的缺口。虽然可以获得转移支付和税收返还方面的财力，但是转移支付和税收返还并不是地方政府可以自行决定的，要受上级政府的决策影响。1992—1994年土地出让成交收入占地方一般预算的比例一度高企，是中国第一次房地产业发展的小高潮。但随着1993年海南楼市崩溃，房地产业陷入低谷，后来近10年内土地财政的规模难以提高，土地财政无法支撑地方财政运行。表6-1进一步表明，分税制改革后至2002年期间，地方土地财政收入并不足以弥补地方政府的被动式财力缺口，地方土地财政收入仅占地方财政收支财力缺口的2%—5%。由此可见，此时的土地财政并非是地方财政的主要收入来源，因此从一开始就注定了土地财政也并非由分税制财政体制倒逼而成。进一步地，在此时期，全国的财政困难显而易见，基层政府更是如此，但是此时并非想象当中的分税制改革催生了"土地财政"。

(3) 土地财政全面发展时期

2002年7月1日，国土资源部颁布实施了《招标拍卖挂牌出让国有土地使用权的规定》（国土资发〔2002〕11号）。其中的第四条明确规定："商业、旅游、娱乐和商品住宅等各类经营性用地，必须以招标、拍卖或者挂牌方式出让。前款规定以外用途的土地的供地计划公布后，同一宗地有两个以上意向用地者的，也应当采用招标、拍卖或者挂牌方式出让。"

《国土资源部监察部关于进一步落实工业用地出让制度的通知》（国土资发〔2009〕101号）指出，各地要严格执行工业用地招标拍卖挂牌制度，凡属于农用地转用和土地征收审批后由政府供应的工业用地，政府收回、收购国有土地使用权后重新供应的工业用地，必须采取招标拍卖挂牌方式公开确定土地价格和土地使用权人。

从最早行政划拨为主的供地方式，到协议有偿出让土地，再到完全公开市场化的"招拍挂"出让方式，尤其是土地招牌挂的全面推开，被舆论认为是中国"土地新革命"和"阳光地政"，由此土地有偿出让率开始大幅提高，地方政府的供地方式也逐渐从行政划拨转化为有偿出让，有偿出让土地所获得的收益远比无偿划拨土地收益高得多，土地使用权的市场价格得到充分体现。一些地方政府越来越依赖出让土地使用权的收入来维持城市基础设施建设，土地财政也逐渐成为地方财政收入的主要资金来源。为增加地方财政收入，在土地财政收入巨大的诱惑下，地方政府以经营城市为名义和动力，大肆征用、圈占、开发农村土地，扩大城市建设规模，土地财政全面发展，地方政府对土地相关的税收和非税收入的依赖渐渐加深直到欲罢不能。从表6-1进一步可知，此阶段的土地财政收入占地方预算收入和地方预算收支缺口的比重，达到了历史最高水平，其中2010年是土地财政地位的峰值年份，占地方财政收支缺口的比重高达90.4%，也就是说，此时完全不需要中央政府的转移支付也能维持地方财政的正常运转。

6.1.2.2 土地财政在地方财政运行中的重要地位

我国国有土地出让成交价款从1999年的514.33亿元，上升至2010年的30108.93亿元，增长了近58倍，年均增长率为51.77%。虽然在2005年和2008年随着经济增长的波动而出现过下降，但总体上保持快速上升势头。其中，2001年和2003年较上一年增长了一倍以上，2002年和2010年较上一年增长了75%以上（见图6-1）。

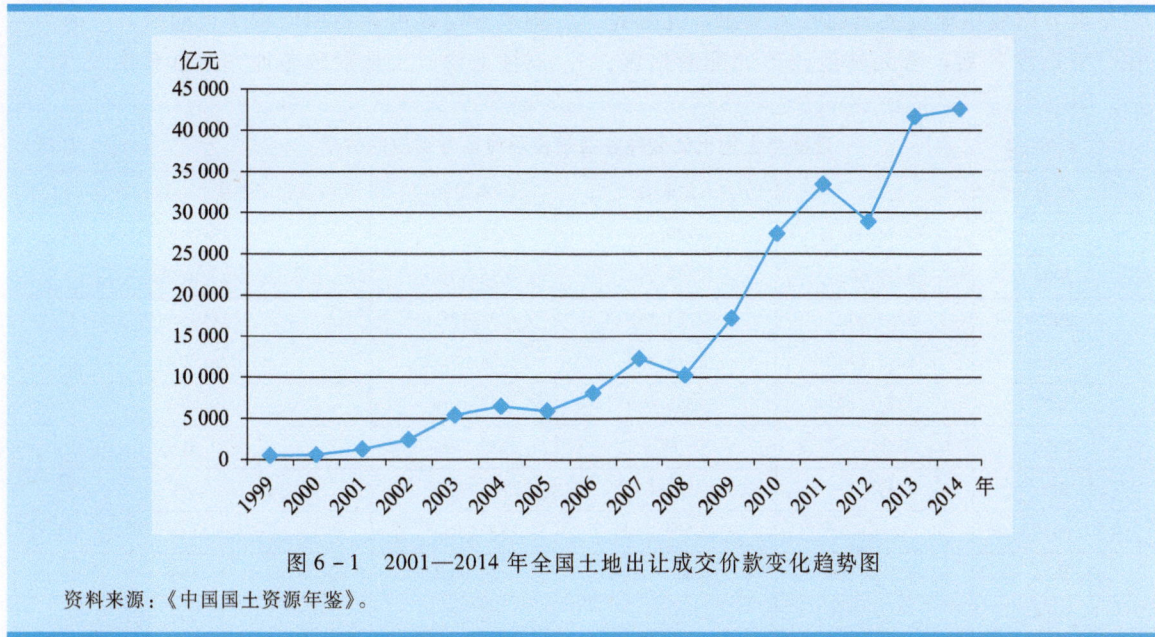

图6-1 2001—2014年全国土地出让成交价款变化趋势图

资料来源：《中国国土资源年鉴》。

2009年全国土地出让成交价款总额达到17179.53亿元，相当于地方本级财政收入的52.73%，相当于地方财政支出的28.14%。2010年全国国有土地使用权出让收入30108.93亿元（包括国有土地使用权出让金收入、国有土地收益基金收入、农业土地开发资金收入和新增建设用地有偿使用费收入），相当于地方本级财政收入的74.14%，相当于地方财政支出的40.75%。2013年全国国有土地使用权出让收入4.125万亿元，相当于地方本级财政收入的59.81%，相当于地方本级财政支出的34.58%，此比例超过地方最大的税种营业税在地方财政中的占比，由此土地财政在地方财政中的地位可见一斑。

6.2 土地财政现状

6.2.1 土地财政收入与土地财政纯收益

从土地财政收入的构成看，土地出让金收入占地方一般预算收入的比例最高，比其他土地收入来源要高出许多倍，由此可见，土地出让金是地方政府依靠土地获取的重要财源，是"土地财政"的主要构成部分。从土地出让金的支出用途看，土地出让金包括拆迁成本、土地整理、城市维护建设等，其中征地和拆迁补偿支出、土地开发整理和出让支出属于获取土地的成本，扣除成本后剩余部分则属于土地出让的纯收益。严格来说，只有土地出让纯收益才是地方政府所获取的收益，可供其支配和使用。

从表6-2可以看出，土地出让金纯收益基本在土地出让成交价款的35%以上，土地出让金纯收益相当于地方一般预算收入的20%左右。但是在近些年，由于土地出让金管理方式的转变以及对土地出让金成本性支出（用于征地拆迁补偿、土地出让前期开发、补助被征地农民）的重视和倾斜，土地出让的纯收益开始下降，也降低了土地出让收益在地方财政的可支配性。但是无论如何，土地财政仍然是地方财政中地位突出的收入来源。尤其是在"营改增"后，若无其他改革的配套措施，则地方财政可能更加依赖于土地财政，因为从属性上说，土地财政是地方的自有收入。

表 6-2　　近些年土地出让金纯收益规模及对地方财政的贡献　　单位：亿元

年份	总收入	纯收益	利润比	纯收益相当于地方一般预算收入比例
2003	5421.311	1799.116	33.19%	18.27%
2004	6412.176	2339.794	36.49%	19.67%
2005	5883.817	2183.968	37.12%	14.46%
2006	8077.645	2978.289	36.87%	16.27%
2007	12216.72	4541.416	37.17%	19.27%
2008	10259.8	3611.95	35.20%	12.61%
2009	17179.53	6354.108*	36.99%*	19.49%*
2010	27464.6	10509.64*	38.27%*	25.88%*
2014	42940.30	8987.93	20.93%	11.85%
2015	33657.73	6883.19	20.45%	8.29%

注：（1）*是估算值，为使读者对近两年的情况能有直观感受，本文按照趋势分析法估算了2009年和2010年的数据。其余年份土地出让金纯收益来自国土资源部发布的《中国国土资源年鉴》，数据具有权威性。（2）"相当于"区别于"占比"表述，特指土地出让金纯收益不包含在地方政府一般预算收入内。

资料来源：管清友：《土地财政：戒不掉的鸦片》，http://blog.sina.com.cn/s/blog_4914e81601015u4u.html。财政部网站，www.mof.gov.cn。

6.2.2 "土地财政"资金在支出项目间的分配

2006年及之前，土地财政支出并未严格实行"收支两条线"管理，征地拆迁补偿等土地出让成本直接在收入中列支，因此未能反映在支出项目中（马海涛，2014）。

从表6-3提供的数据可以看到，用于农业、农村地区的"土地财政"支出，无论在总额上还是在相对比重方面，从2008年的44.82%提高到2015年的60.67%，呈现逐年上升的态势。在考虑土地财政用于征地和拆迁补偿和农业土地、农村基础设施方面上，两者占全部支出的比重近些年有所提高，说明在制度和政策的制定方面，越来越重视对土地的成本补偿和对农业农村的反哺。但也要看到，大部分"土地财政"被用于城市基础设施建设，国家控制地权，通过土地征收买卖价差取得的收益已经取代了之前的工农业产品价格剪刀差，成为国家攫取"三农"剩余的主要途径。

财政部和国土资源部规定从2004年起，土地出让收益中用于农业土地开发的资金计提比例不低于15%[①]，从土地出让收益中提取10%用于农田水利建设，但多数地区并未按照要求足额计提。但也应该看到，在对土地财政的支出范围进行诸如农业土地开发、水利基金开发等相关规定的同时，在地方政府农业土地开发和水利基金资金有限的情况下，这些规定捆绑住了土地财政与这些资金需求的关系，使得这些资金需求越来越依赖于土地财政，地方政府有了更加充足的理由卖地。

[①] 《财政部 国土资源部关于印发《用于农业土地开发的土地出让金使用管理办法》的通知》（财建〔2004〕174号）。

表 6-3　　纳入基金预算管理的"土地财政"支出结构　　单位：亿元

年份	合计	征地和拆迁补偿支出（1）	用于土地开发、整理和出让的支出	城市建设支出	用于农业土地和农村基础设施建设的支出（2）	其他支出	城市建设支出占总支出的比重	(1)+(2)占总支出的比重
2000	68.6161	—	65.7622		—	2.8539		
2001	124.9034	—	110.1931		—	14.7103		
2002	244.5592	—	208.9269		—	35.6323		
2003	469.9232	—	393.9659		—	75.9573		
2004	828.0025	—	673.6717		15.807	138.5238		
2005	1146.7081	—	909.4194		36.2678	201.0209		
2006	1750.4804	—	1405.0483		51.0071	294.425		
2007	6498.31	1773.56	738.24	2293.55	476.89	1216.07	35.29	34.63
2008	10199.48	3819.83	974.52	3169.59	751.09	1484.45	31.08	44.82
2009	13438.19	5304.28	1375.32	3545.10	1071.90	2141.59	26.38	47.45
2010	28304.68	11191.59	2767.94	8043.01	1850.88	4451.26	28.42	46.08
2011	33170.44	15730.15	5727.35	6084.84	1823.93	3804.17	18.34	52.92
2012	28604.80	14926.59	6117.49	4149.24	1137.76	2273.72	14.51	56.16
2013	41638.36	—	—	—	—	—	—	—
2014	41210.98	21216.03	12735.38	4063.02	2435.49	3196.55	9.859	57.39
2015	33727.78	17935.82	6533.9	3531.53	2528.17	5726.53	10.471	60.67

注：城市建设支出包括城市廉租住房建设、公共租赁住房和棚户区改造等支出。

资料来源：财政部 2008—2015 年全国财政总决算报表；财政部预算司编《地方财政统计资料（2000—2007）》；财政部国库司编《2008 年地方财政统计资料》、《2009 年地方财政统计资料》。

6.2.3 土地财政与中央—地方的财政关系

1994 年的分税制改革的目的是进一步理顺中央与地方的财政关系，更好地发挥国家财政的职能，增强中央的宏观调控能力，促进社会主义市场经济体制的建立。上述目标主要通过"两个比重"的提高来实现，提高了中央财政的宏观调控能力。

1994 年之后，随着中央及相关部委关于土地财政的收入分成的逐渐调整和进一步明确，基本上分税制之后土地财政收入归属地方政府，也就是说，分税制与土地相关的税收和非税收入基本保留在地方层级。

考察中央与地方的收入划分情况，不能仅限于预算内视角，还应放宽到预算外。目前预算外非税比重较高，包括土地出让收入在内的政府性基金收入尤为明显。除公共财政之外，政府性基金、社会保障基金、地方融资平台资金的支配权力并不被财政部门掌握，按照 2013 年的财政预算，在公共财政预算、政府基金预算、社会保险预算和国有资本经营预算四类预算收支的盘子中,公共财政预算收支所占的比重,仅为 65% 上下,其余的三类预算收支所占比重数字加总,高居 35% 左右,而且这些基金多数被地方政府所掌握。图 6-2 是加入土地出让金前后的中央与地方财政关系,可以明显看出,在加入土地出让金之后,中央财政地位明显下降,而地方财政地位则相应提高;而且,由于土地出让金的规模较大,所以加入土地出让金之后,中央财政已失去了财政收入方面的主导地位,历年来均低于 50% 的分界线。由此可见,分税制仅是预算内的中央与地方财力关系,一定程度上还存在着"第二财政体制",政府财力呈现分散化。地方也可能更愿意通过非税收入的形式避免与中央进行"分税",由此可判断税外收费以及土地财政的存在,更多的是由地方政府职能的缺陷所引起的。

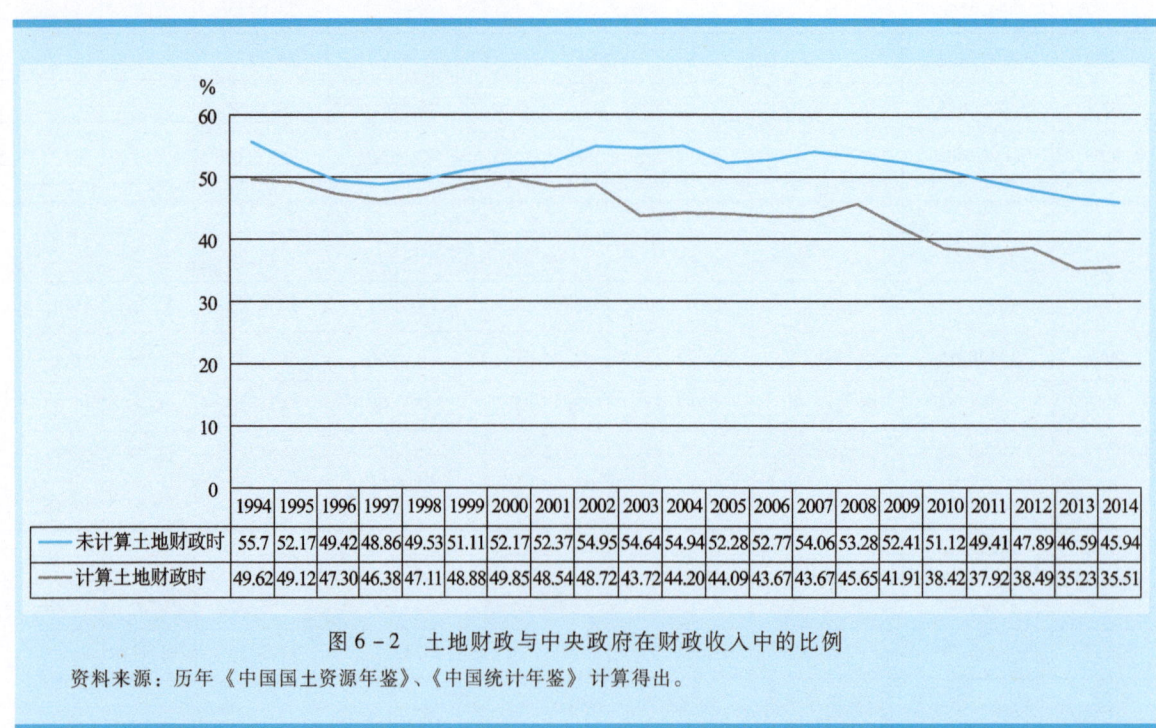

图 6-2 土地财政与中央政府在财政收入中的比例
资料来源:历年《中国国土资源年鉴》、《中国统计年鉴》计算得出。

6.2.4 土地财政与省级财政体制

在省以下财政体制中,由于土地出让收入在不同层级的地方政府间存在着划转的情况,从支出口径考察"土地财政"资金在各级地方政府间的分配情况更为合理。

如表 6-4 所示,土地财政的支出分配呈现出如下的特点:一方面,省级政府和乡镇级政府保持相对稳定。近些年,省级财政所占的比重在逐渐下降。乡镇政府由于其在现行财政体制中地位的弱化,通常只获得一部分土地征地拆迁补偿费,无法分享绝大部分土地租金。另一方面,地市级政府和县级政府在获取"土地财政"收入上居于绝对主导地位。这表明,土地财政主要源于市县级政府。作为省以下财政体制的重要一级,市县级政府出于当地经济和社会发展的需要,更具有对土地财政的资金需求。此外,表 6-4 表明,地市级政府土地财政的支出地位在逐渐下降,相反,县级政府在逐渐上升。这表明随着经济增长,县级财政的土地财政被不断地开发出来,土地出让的市场机制也不断完善和成熟,土地使用权价值被不断发现和提升。

表 6-4　各级地方政府在纳入预算管理的土地出让金支出中所占的比例　　单位：%

年份	省级	地市级	县级	乡镇级
1998	7.66	69.25	21.72	1.37
1999	7.13	57.50	32.43	2.94
2000	5.42	61.85	29.48	3.24
2001	9.05	58.30	30.06	2.60
2002	10.35	53.61	33.69	2.35
2003	9.97	49.00	37.42	3.61
2004	10.73	51.59	34.23	3.45
2005	10.90	52.17	33.99	2.94
2006	10.28	48.48	38.70	2.54
2007	6.77	52.55	38.13	2.55
2008	7.32	47.67	41.70	3.31
2009	5.14	46.72	44.87	3.28
平均	8.39	54.06	34.70	2.85

资料来源：财政部预算司编《地方财政统计资料（2000—2007）》，财政部国库司编《2008年地方财政统计资料》、《2009年地方财政统计资料》。

6.3　关于土地财政的解释

6.3.1　基于收入性质的土地财政总体规模研究

通过上文分析，我们认为目前地方政府是"代理型政权经营者"与"谋利型政权经营者"的混合。基于生产函数的土地财政规模估计只是适合对地方政府"谋利型政权经营者"所得土地财政收入的机理分析，而无法反映其"代理型政权经营者"所得的土地财政收入。

杨圆圆（2010）根据1999—2007年各省数据，采用"土地财政收入＝土地增值税＋城镇土地使用税＋耕地占用税＋契税＋房产税＋土地出让金"的口径对全国各地区1999—2007年土地财政收入规模进行了大致估算。在这一思路的基础上，我们进一步从收入性质上把地方土地财政收入分为租、税、费三类。其中"租"可以看作地方政府作为"谋利型政权经营者"的所得，而"税、费"则体现了地方政府"代理型政权经营者"的身份。

陈志勇和陈莉莉所著的《"土地财政"问题及其治理研究》，将地方政府"土地财政"收入结构划分为如表6-5所示。

这里，我们对上述地方政府的土地财政收入的构成作些调整，将地方政府通过土地获得的财政收入界定为与房地产业有直接关联的主要租税，包括房地产五税（房产税、城镇土地使用税、土地增值税、契税、耕地占用税）、营业税两税目（建筑业营业税和销售不动产营业税）以及土地出让收入。这样定义土地财政收入的原因有二：第一，此内容是广义土地财政收入的内涵；第二，由于数据的不可获得

表6-5　　　　　　　　　　地方政府"土地财政"收入结构

性质	种类	项目
租	土地出让收入	国有土地使用权出让金
		国有土地收益基金
		农业土地开发资金
		新增建设用地土地有偿使用费
税	土地使用权取得	耕地占用税、契税、印花税
	工程建设	建筑安装营业税、城建税、教育费附加
		城镇土地使用税、契税
	房地产经营销售及转移环节	销售不动产营业税、城建税、教育费附加
		土地增值税、契税
		企业所得税、个人所得税
	房地产使用	城镇土地使用税、房产税
费	中央批准的行政事业性收费和政府性基金	土地取得和开发环节：土地复垦税、土地闲置费、耕地开垦费、征（土）地管理费、土地登记费、新菜地开发建设基金、城市房屋拆迁管理费
		建设环节：工程定额测定费、城市道路占用挖掘费、城市基础设施配套费、白蚁防治费、防空地下室易地建设费、城市垃圾处理费、新型墙体材料专项基金、散装水泥专项资金
		销售环节：房屋所有权登记费
		使用环节：城市房屋安全鉴定费、城市公用事业附加
	省级批准的行政事业性收费	各地不一致
	经营服务性收费	开发环节：监理费、测绘费、咨询费、房屋测绘费、面积测绘费、消防检测费、避雷装置检测费等

资料来源：陈志勇、陈莉莉：《"土地财政"问题及其治理研究》，经济科学出版社，2012年。

性，我们无法对在工业用地上进行招商引资所产生的工业乃至经济发展带来的后续税收进行合理的计量。

从表6-6可知，我国当前的土地租税收入占地方预算收入的比重明显偏高，近些年均达到70%—90%，表现为地方政府对房地产业相关的税收依存度极高。因此各地方政府基本存在着以房地产业为主要财政收入来源的倾向，土地财政问题突出。

我国土地财政在发展变化的过程中，呈现如下两个相对突出的特点：

（1）土地财政规模增长迅速

这里采用狭义的土地财政收入，等于土地增值税、城镇土地使用税、耕地占用税、契税、房产税、土地出让金之和。

2000—2014年，土地出让租税合计收入由2062.37亿元上升至66598亿元，增长了32倍，年均增长率为30.3%。同时，土地财政收入占地方财政收入的比重也逐渐增加，从2000年的32.19%提升至2010年的87.78%，增长相当明显，说明地方政府收入内在结构发生了显著变化，这是地方政府主动或被动调整的结果。

从租税分项来看，土地出让成交价款由2000年的624.96亿元，增长至2014年的42606亿元，增长了近68倍，年均增长率为41.6%。土地房产五税、建筑业营业税、房地产业营业税合计收入由2000年的1437.41亿

表6-6			土地财政中"租"和"税"收入统计			单位：亿元
年份	土地出让金	房地产五税	营业税两税目	土地租税合计收入	地方财政预算收入	土地租税收入相当于地方预算收入的比重（%）
2000	624.96	1181.17	256.23	2062.37	6406.06	32.19405
2001	1295.88	1339.08	273.57	2908.53	7803.3	37.27308
2002	2416.79	1526.61	926.469773	4281.75	8515	57.19165911
2003	5421.31	1778.57	1278.580275	7608.86	9849.98	86.07591361
2004	6412.17	2135.48	1631.587335	9028.56	11893.37	85.587494
2005	5883.82	2755.71	1985.446986	9265.15	15100.76	70.36054467
2006	8077.64	3231.06	2470.499607	12044.66	18303.58	75.28144553
2007	12216.72	4431.56	3202.883922	17654.36	23572.62	84.21280249
2008	10259.8	5102.90	3264.09492	16523.68	28649.79	65.01546755
2009	17179.53	6853.54	4290.65448	25568.26	32602.59	86.87568834
2010	27464.61	6811.22	5567.79709	35850.46	40613.04	98.10550279
2011	33477	8228.45	6692.64	48398.09	52547.11	92.10418994
2012	29087.16	10127.99	7594.95	46810.1	61078.29	76.63950644
2013	41638.36	12246.43	9420.59	63305.38	69011.16	91.73209
2014	42606	13818.69	10174.1629	66598.85	75876.58	87.7726

注：由于各地收费标准差异较大，此处没有对土地财政中的收费收入进行统计。
资料来源：《中国统计年鉴2000—2010》、《中国土地资源统计年鉴2000—2010》。

元，增加至2014年的23992亿元，增长了近16.7倍，年均增长率为22.7%。

同时，由于近年来我国土地财政收入增长迅速，土地财政收入在地方财政中的作用日益凸显。土地出让成交价款、土地房产五税、建筑业和房地产业营业税收入合计占地方本级财政收入（不包括地方政府性基金收入）的比重在2000年为25.04%，2003年和2004年已高达77.23%和77.78%，2000—2014年间平均占比为75.1%，而且近些年来，土地性财政收入不断攀升，这表明土地财政收入在地方财政中的地位不可动摇。同时，土地财政收入占地方财政支出的比重也呈现上升趋势，由2000年的15.48%上升至2010年的峰值57.23%，11年间平均占比为37.18%。

（2）土地财政规模东、中、西部地区差异特征显著

从全国整体来看，地方政府土地财政收入增长迅速、规模持续扩大，但由于不同地区经济发展的初始条件差异较大，目前东中西部的经济发展水平仍然存在较大差异。因此，为了深入探究土地财政的相关问题，有必要进一步分地区研究土地财政收入的具体情况。

根据《中国土地资源年鉴》的数据，可以看出，2014年不同区域的土地财政收入占地方本级财政收入的比重存在着明显的地域差别。

图6-3列示了2014年全国31个省（自治区、直辖市）的土地财政占地方本级财政收入的比重情况，表明区域间的土地出让收入在地方财政中的地位更不相同，具有明显的区域差异性，说明地方政府对于土地财政的依赖程度不同。而这种依赖性，将会在很大程度上作

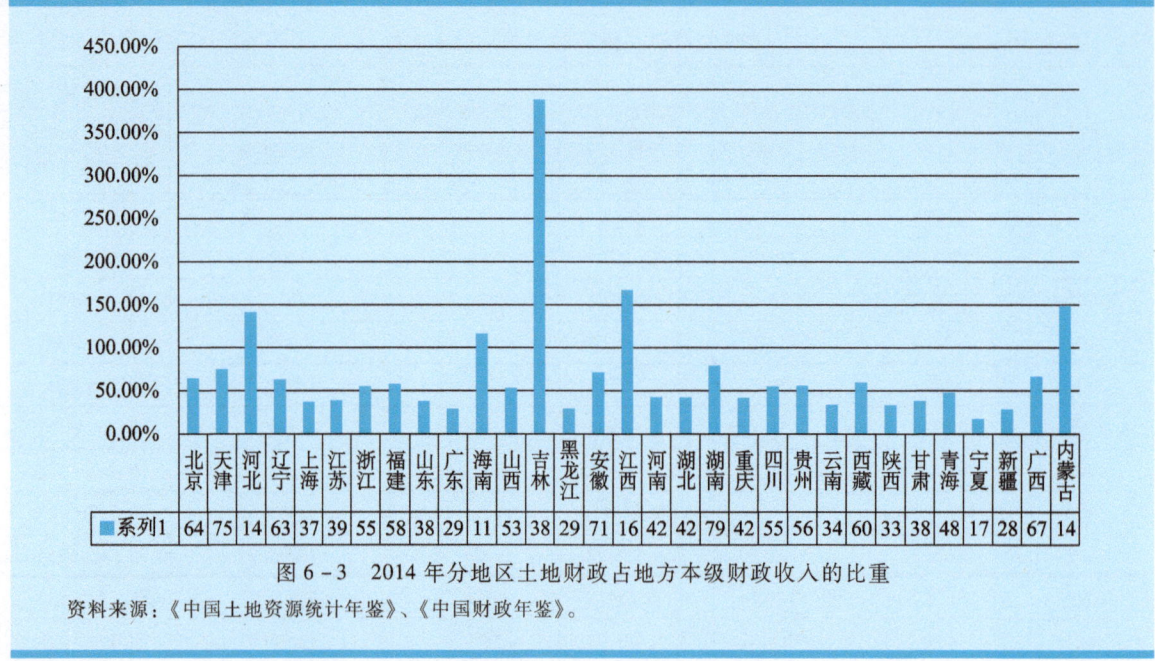

图6-3 2014年分地区土地财政占地方本级财政收入的比重

资料来源：《中国土地资源统计年鉴》、《中国财政年鉴》。

用于地方经济、社会的全面发展，造成地区间的财力差异和经济社会差异。

6.3.2 基于委托代理框架的土地财政总体规模研究①

在分税制下，地方政府为了满足地方领导人晋升竞争的需要，必须做大地方GDP规模，这就要求地方政府必须进行超越自身财力范围的政府性投资及生产经营活动。仅仅依靠体制内的财权不能满足地方政府的发展要求，对资金的过度需求只能通过体制外的手段获得，从而形成体制外的赤字。而地方政府拥有各种经济资源要素的管理权和所有权，这为地方政府获得体制外的收入提供了制度上的可能性。可以说，分税制后相继出现的乱收费、土地性财政等行为，都是这种制度外收入现象。

由于经济的发展，土地资源价值逐渐显现。土地出让金不属于政府预算收入范畴，可以将其作为外生变量。假定a是一个在$(0,1)$范围内的一维变量，以此来代表中央政府观察到的地方政府的努力水平，另设地方政府努力外的因素影响为x，且满足$x \sim (0, \sigma^2)$，则代理人的总产出y可以看作地方政府努力水平a和其他因素x的函数：$y = a + x$。由此可得$E(y) = E(a+x) = a, var(y) = \sigma^2$，说明地方政府的努力程度决定总产出的均值，但总产出的方差不受其影响。

同时，考虑分税制中中央政府与地方政府的关系，假定其分税制合同为$\pi(y) = T + \beta ty$。其中，T为中央政府对地方政府间的转移支付；t为国家设定的税率，取值范围为$(0,1)$，则国家总的财政收入为ty；β是地方政府在分税制下取得的财政收入份额。考虑地方政府的理性人假设，规定地方政府拥有不变的绝对规避特征效用函数：$u = -e^{-\rho w}$，其中ρ为绝对风险规避程度，w是实际货币收入。假定地方政府的努力成本c为$c(a) = \dfrac{ba^2}{2}$，b代表成本系数且$b > 0$。又设土地财政收入为z，z与努力水平a无关且服从均值为$\hat{z}$、方差为σ_z^2的正态分布，则考虑土地财政收入的分税制可以表示为：

$$\pi(y,z) = T + \beta(ty + dz)$$

---

① 本部分得到笔者的学生李昊的支持，特此感谢。

其中，d 表示代理人的收入与 z 之间的关系，$d=0$ 表示代理人的收入与 z 无关。因此，委托人的最优问题是选择最优的 a、β、d。

代理人的确定性等价收入（CE）为：

$$CE(w) = E(w) - \frac{1}{2}\rho\beta^2[t^2\sigma^2 + d^2\sigma_z^2 + 2tdcov(x,z)]$$

$$= T + \beta ta + \beta d\hat{z} - \frac{ba^2}{2} - \frac{1}{2}\rho\beta^2[t^2\sigma^2 + d^2\sigma_z^2 + 2tdcov(x,z)]$$

根据激励相容的 IC 条件，可得代理人确定努力程度 a 的最优值为：$a = \frac{\beta t}{b}$。因为 z 与 a 无关，所以 d 不影响代理人对 a 的选择。

此时，委托人的期望收入为：

$$Ev(y) = E(-T + (1-\beta)t(x+a) - \beta dz) = -T + (1-\beta)ta - \beta d\hat{z}$$

将参与约束条件 IR 和激励相容约束条件 IC 代入上式，委托人的最优化问题转化为：

$$max\ \frac{t\beta}{b} - \frac{ba^2}{2} - \frac{1}{2}\rho\beta^2[t^2\sigma^2 + d^2\sigma_z^2 + 2tdcov(x,z)] - \overline{w}$$

最优化的两个一阶条件是：

$$d = \frac{t \cdot cov(x,z)}{\sigma_z^2}$$

$$\beta = \frac{1}{1 + b\beta[\sigma^2 + \frac{d^2}{t^2}\sigma_z^2 + \frac{2}{d} \cdot cov(x,z)]}$$

$$= \frac{1}{1 + b\beta[\sigma^2 - cov(x,z)^2/\sigma_z^2]}$$

因为 $|cov(x,z)/\sigma\sigma_z| \leq 1$，所以 $cov(x,z)^2/\sigma_z^2 \leq \sigma^2$，所以 $0 < \beta < 1$，β 的值与税率 t 无关。d 则因相关参数的不同变化，可正、可负或为零。

我国目前土地财政收入的现状是土地财政收入全部归地方政府所有，对应于模型中为 $\beta d = 1$，代入模型中可得 $1 < \left|\frac{t \cdot cov(x,z)}{\sigma_z^2}\right| < \frac{\sigma}{\sigma_z}$，这意味着预算内收入的波动要大于土地财政收入的波动。对于地方政府的效用函数 $u = -e^{-\rho w}$，土地财政收入的增长会提高地方政府的效用，因此，地方政府的土地财政收入在分税制后呈现迅速增长的趋势。

6.4 地方政府土地财政结构分析

根据对"土地财政"收入性质的划分，对近年来我国地方政府土地租、税、费总体构成情况进行分析，并进一步按照租、税、费的结构顺序对我国地方政府"土地财政"现状进行深入剖析。

6.4.1 土地财政收入的体系构成分析

6.4.1.1 土地财政收入中租、税、费构成情况分析

在我们选定的狭义土地性财政收入定义中，政府土地性财政收入包括土地出让金和土地增值税、契税、房产税、耕地占用税和城镇土地使用税、建筑业营业税和房地产业营业税。在地方政府土地性财政收入中，土地出让金占比最大。2000—2014 年土地出让金占地方性财政收入的比重平均约为 48%，其中 2014 年达到了 56.15% 的高点。2000—2014 年土地房产五税、建筑业营业税及房地产业营业税占地方本级财政收入的比重平均为 30.1%，占地方财政支出的比重平均为 13.23%。土地出让金在土地性财政收入中的占比使其几乎主导了土地性财政收入占地方政府财政收入的比重的变化趋势。从图 6-4 可以看出，土地相关税与租金在地方的财政收入来源中占据十分

重要的位置。首先,土地出让金的地位超越土地相关税的地位。在我们的考察期内,更精确地说,自2002年开始,土地出让收入的地位更是明显地超过了土地相关税的地位。正如上文所说,2002年至今是土地财政全面发展的时期。其次,从两者的地位稳定性上看,土地出让金受土地出让价格及宏观调控政策等变动的影响,各年之间呈现比较明显的波动性,最大值为67%,而最小值仅为9%,相差甚大。而土地相关税的地位则相对稳定,保持在28%—32%之间。

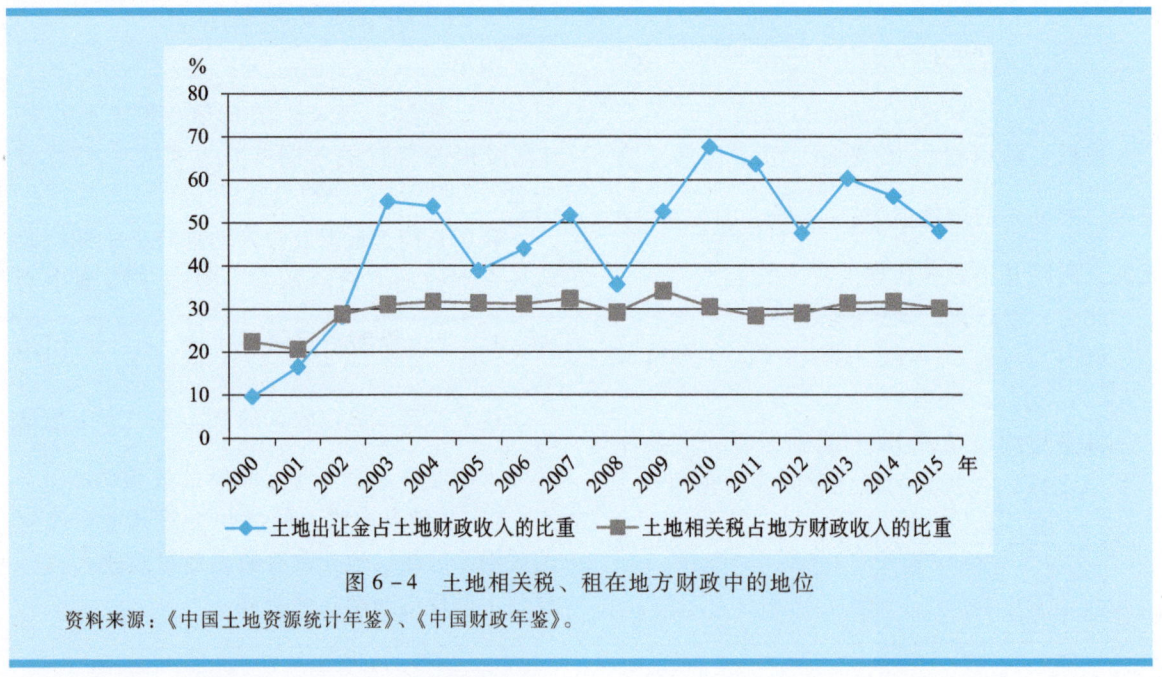

图6-4 土地相关税、租在地方财政中的地位

资料来源:《中国土地资源统计年鉴》、《中国财政年鉴》。

政府土地性财税收入除了地出让金和税收入外,还有行政事业性收费和政府性基金收入。鉴于土地房产各环节中地方政府各部门收取的行政事业性收费和政府性基金数据难以单独获取和分离计算,这里仅选取城市基础设施配套费收入进行分析。2009年地方政府城市基础设施配套费收入为336.60亿元,相当于土地性财税总收入的1.35%。2010年该项收费收入达611.01亿元,相当于土地性财税总收入的1.45%。

从图6-5可以看到,2014年地方土地性财政收入格局中占比最大的仍然是土地出让金,为59%。房地产相关税收合计占比41%,其中房地产业营业税、建筑业营业税占比最大,为8%—9%,反映了地方政府在获取广义财政收入时的不同情况。进一步地,由于税收在我国是中央集权型的体制,但是土地出让收入的主导权在地方政府,这种状况使得地方政府在两者的获取难易程度以及选择倾向性上,具有不同的取向和权衡。

6.4.1.2 土地财政收入中地租性财政收入状况分析

(1)土地成交价款整体呈现快速上升趋势

土地出让成交价款由2000年的624.96亿元,增长至2014年的42606亿元,增长了近68倍,年均增长率为41.6%。可以说,土地财政规模之大,增长速度之快,已经超出了一般人的想象范围。虽然在2005年和2008年由于经济增长的波动出现过下降,但总体上保持快速增长趋势。自2007年以来,房地产市场的繁荣带动了土地出让,土地出让金总额都在1万亿元以上。即使是在2008年全球性金融出让收入也没有发生长危机背景下,我国土地

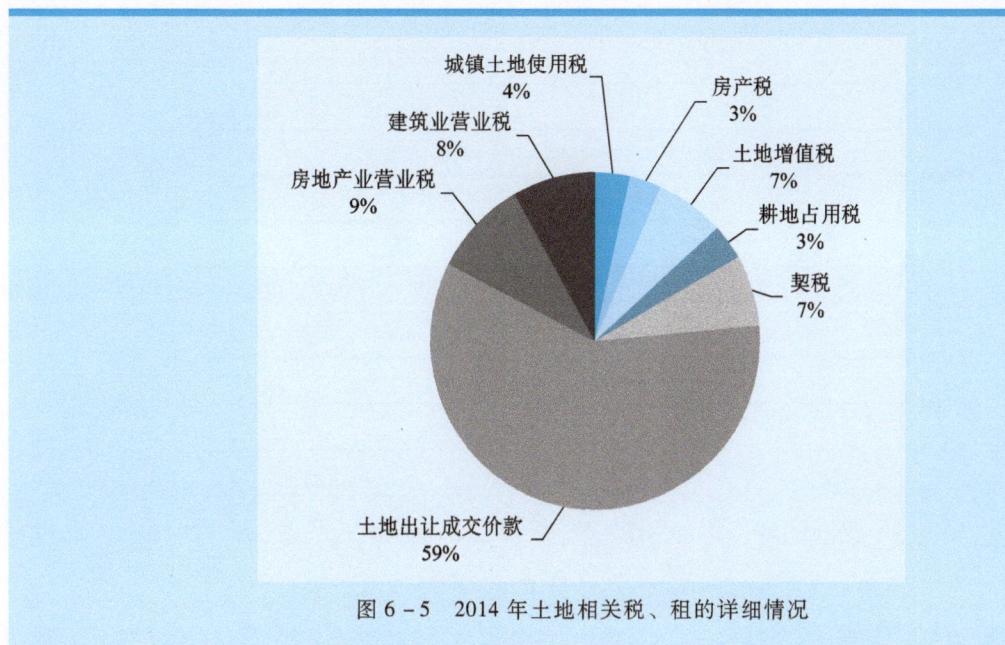

图6-5 2014年土地相关税、租的详细情况

期的深度下滑，在2009年和2010年一系列政策刺激下，我国土地出让收入规模急剧膨胀。

2013年全国土地出让金总额为41638亿元，相当于地方本地财政收入的60.34%。2014年全国国有土地出让金总额为42606亿元，相当于地方本级财政收入的56.15%，土地出让金总额在地方政府财政收入中的占比居高不下。而且这种土地出让金的增长速度是在经济新常态下出现的，不得不引起相关各界的重视。

土地出让收入是市县人民政府依据《中华人民共和国土地管理法》、《中华人民共和国城市房地产管理法》等有关法律法规和国家有关政策规定，以土地所有者身份出让国有土地使用权所取得的收入，主要是以招标、拍卖、挂牌和协议方式出让土地取得的收入，也包括向改变土地使用条件的土地使用者依法收取的收入、划拨土地时依法收取的拆迁安置等成本性收入、依法出租土地的租金收入等。

与中央不同，地方政府性基金收入主要与土地有关。地方政府国有土地使用权出让收入在地方政府财政性收入中地位突出，近些年来具有"土地财政"之称。但从图6-6可知，土地出让收入受楼市影响较大，2008年因楼市下行，全国土地出让收入从2007年的12150亿元骤降为10375亿元，可见其波动性较大。2011年全国缴入国库的土地出让收入33477亿元，同比增长13.8%。2012年国有土地出让相关收入为28892.3亿元，占政府性基金收入的76.97%。2013年国有土地出让相关收入为41638.36亿元，比2012年增长了44.12%。但是，受房地产市场调整影响，2014年国有土地使用权出让收入42606亿元，同比增加1340亿元，虽然规模庞大，但增长速度仅为3.2%。

（2）土地出让价款呈现明显的区域差异特征

从表6-8中可知，全国土地出让收入规模呈现明显的东部、中部、西部的区域差别特征，东部地区最高，中部地区次之，西部地区最低。从表6-8可知，在土地出让面积、土地单价和土地总价款三者之间，土地出让面积的差异系数最小，而单价的差异系数最大，这说明土地出让收入的地区差异特征在按照各地区出让的土地面积来排名时，体现得并不显

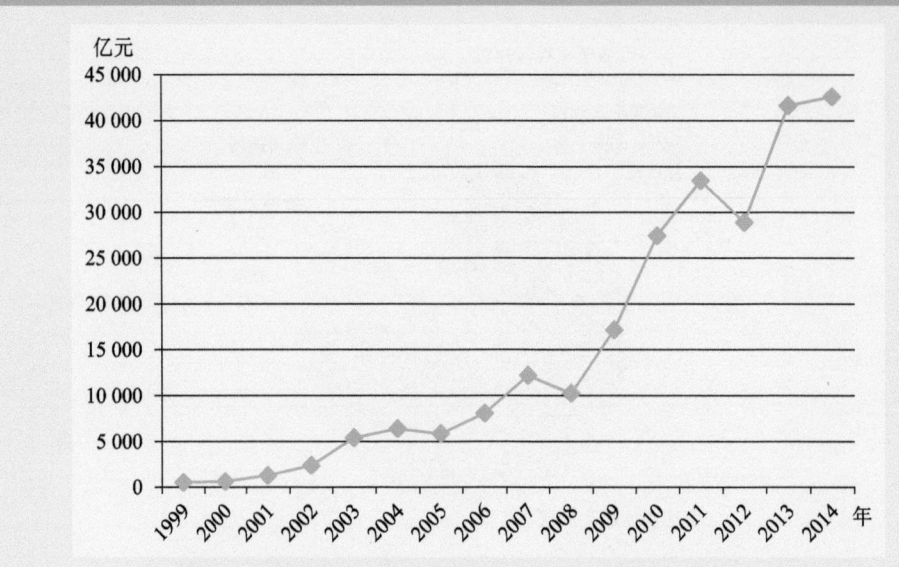

图6-6 2001—2014年全国土地出让成交价款变化趋势图

资料来源:《中国土地资源统计年鉴》。

著①。因此,土地出让成交价款总规模的差异主要源自各地区土地出让单价的差别,即工业化、城市化发展程度相对高,居民收入水平相对较高的东部地区土地出让单价远高于工业化、城市化程度相对较低,居民收入水平相对较低的中西部地区。

表6-8　2014年全国土地分地区土地出让情况

	土地出让面积/(公顷)	成交价款/(万元)	单价（万元/公顷）
北京	1523.81	20276041.51	13306.14808
上海	1473.98	14863603.24	10083.99248
广东	11868.27	30315827.11	2554.359406
天津	3507.57	8019998.79	2286.48289
浙江	11273.64	23329794.5	2069.410989
重庆	7615.57	13313844.81	1748.240094
江苏	25749.71	44307114.8	1720.684031
海南	991.99	1613889.09	1626.920725
福建	7886.8	10851790.26	1375.943381
四川	12014.18	15546826.79	1294.039775
安徽	14674.64	18137696.72	1235.989211
辽宁	10222.69	11212374.72	1096.812553
湖南	9631.08	10332925.83	1072.873014
山东	26637.32	27569112.48	1034.980714

---

① 陈志勇、陈莉莉:《"土地财政"问题及其治理研究》,经济科学出版社,2012年。

续表

	土地出让面积/(公顷)	成交价款/(万元)	单价（万元/公顷）
江西	9815.6	10139466	1032.995028
广西	6674.82	6313009.2	945.7946731
陕西	6263.77	5748392.61	917.7208949
河南	15917.82	14225404	893.6779031
湖北	14372.58	12665606.39	881.2340157
贵州	7800.13	6610147.94	847.4407401
黑龙江	6025.43	4904074.22	813.8961402
山西	5453.86	4423551.23	811.0863187
河北	14103.68	11013345.49	780.8845273
云南	6130.04	4758924.45	776.3284497
吉林	4819.62	3632684.98	753.7285056
青海	1955.38	731888.7	374.2948685
内蒙古	10425.25	3690934.2	354.0379559
甘肃	6660.18	1927530.52	289.4111751
宁夏	3681.05	977345.58	265.5072819
西藏	778.3	166526.94	213.9624052
新疆	11397.83	2154059.93	188.9885996
标准差	6276.340365	9962970.758	2755.70839
平均值	8946.664194	11089475.26	1730.57635
差异系数	0.701528551	0.898416789	1.59236453

资料来源：《中国土地资源统计年鉴》。

6.4.1.3 土地财政收入中税收收入状况分析

1994年的税制改革和分税制改革奠定了我国现行土地房产税制的基本格局。当前我国土地房产税收体系囊括了12个税种，其中与土地房产直接相关的税种5个，即城镇土地使用税、土地增值税、耕地占用税、房产税、契税，其他相关税种5个，即营业税、城市维护建设税、企业所得税、个人所得税、印花税。

通过比较与土地房产直接相关的5个税种，我们发现，税收收入也呈现出明显的自东向西、由高到低的"阶梯状"差异特征。

除了整体上的特征之外，营业税中的房地产业营业税和建筑业营业税占比最大。同时伴随着财政体制的调整，营业税主体税源结构也发生重大变化，房地产业逐渐成为营业税最为重要的税源产业。在"营改增"之后，营业税纳入到增值税的共享范围，使得房地产业和建筑业两税目的营业税也在中央与地方之间进行分成，这会降低地方政府对房地产业税收的关注。

根据1994年分税制的划分，营业税是几乎全部收入归地方政府使用的税种。营业税的征税分为包括除批发和零售业之外的第三产业以及第二产业中的建筑业。要想保持地方税收稳定可持续增长，离不开加大对第三产业的扶持力度，尤其是促进产业带动效应较强、税收贡献较大的行业的发展。而房地产业具有强大的带动效应，其能直接或间接带动上下游60多个产业的发展，因此，房地产业无疑具备产业带动效应强以及财政贡献大的条件。

进一步地,此处比较土地房产各个环节中的税收情况,如表6-9所示。

表6-9　　　　　2014年全国土地房产相关税收收入各环节对比情况

	项目	2014年金额（亿元）	占地方税收收入比例（%）
开发环节	耕地占用税	1990.87	
	契税	3961.10	
	合计	5951.97	10.12
建设环节	营业税（建筑安装）	1616.2289	
	城建税、教育费附加	3641.91	
	合计	2740.13	8.94
销售环节	营业税（销售不动产）	5311.4474	
	城建税、教育费附加	（数据缺失）	
	土地增值税	3914.6837	
	合计	5311.4474	9.03
使用环节	房产税	1851.6364	
	城镇土地使用税	1992.6221	
	合计	3844.26	6.54
合计			34.63

资料来源：《中国统计年鉴》2015年。

2014年,全国开发环节的耕地占用税和契税合计5951.97亿元,占当年地方税收收入的比例为10.12%；建设环节的建筑安装营业税及城建税、教育附加费合计2740.13亿元,占当年地方税收收入的8.94%；销售环节的营业税、城建税、教育费附加、土地增值税合计5311.4474亿元,占当年地方税收收入的9.03%；而使用环节的城镇土地使用税和房产税总收入为3844.26亿元,是当年地方税收的6.54%。2014年,全国开发环节、建设环节、销售环节和使用环节所产生的房地产税收占当年地方税收收入的比例,合计达到34.63%。其中,开发、建设、销售环节的占比,最为明显,开发、建设、销售环节,均属于房地产税的非保有环节,是前期的建设和流转环节。此类税收结构使得地方政府对房地产各个环节的重视程度不同。

6.4.1.4　全国土地房产收费收入状况分析

房地产各环节收费,按照收费的性质主要分为行政事业性收费、政府性基金和经营服务性收费。

目前,中央批准的行政事业性收费和政府性基金主要有13项,包括土地复垦费、土地闲置费、土地登记费、房屋所有权登记费、城市基础设施配套费、征（土）地管理费、耕地开垦费、城市房屋安全鉴定费、白蚁防治费、防空地下室易地建设费、新菜地开发建设基金、新型墙体材料专项基金,散装水泥专项资金等。

在中央批准的行政事业性收费和政府性基金中,从土地取得和开发、建设、销售和使用四个环节分析收费和基金的构成,结果如表6-10所示。

表 6–10	中央批准的行政事业性收费和政府性基金
土地取得和开发环节	土地复垦税、土地闲置费、耕地开垦费、征（土）地管理费、土地登记费、新菜地开发建设基金、城市房屋拆迁管理费
建设环节	工程定额测定费、城市道路占用挖掘费、城市基础设施配套费、白蚁防治费、防空地下室易地建设费、城市垃圾处理费、新型墙体材料专项基金、散装水泥专项资金
销售环节	房屋所有权登记费
使用环节	城市房屋安全鉴定费、城市公用事业附加

资料来源：陈志勇、陈莉莉：《"土地财政"问题及其治理研究》，经济科学出版社，2012年。

此外，各地还存在省级政府批准的不尽相同的行政事业性收费，在房地产的开发建设环节还存在着大量经营服务性收费项目。

6.5 土地财政问题的效应及风险分析

6.5.1 土地财政的效应分析

6.5.1.1 土地财政是分税制框架下地方政府追求财力最大化的结果

按照性质划分，土地财政收入包括租、税、费三类。其中"租"，主要是土地出让收入；税是地方政府在土地使用权取得、工程建设、房地产经营销售及转移环节以及房地产使用环节产生的税收；费则是土地取得、开发和建设环节所收取的各项费用。上述的分析表明，总体上，土地性财政收入在迅猛发展。但是究其原因，实质上归因于在中央与地方的财力格局下地方政府主动调整和适应的结果。目前分税制形成了中央与地方两级相对独立的财政地位，地方政府在分税制体制框架内追求自身财力的最大化和体制外财力的最大化，两个最大化在土地性财政收入的发展中得到了充分满足，因为分税制将大宗税种（增值税、企业所得税等）划为中央与地方共享税，赋予地方的税种多数为小规模税种，其中房产五税就是例证。因此地方政府努力追求房产五税、建筑业和房地产业营业税以及土地出让成交价款的最大化，是分税制合乎逻辑的结果。

6.5.1.2 土地财政规模东、中、西部地区差异特征显著，容易加剧地区间的财力差距

尽管从全国整体来看，地方政府土地财政收入增长迅速，规模持续扩大，但由于不同地区经济发展的初始条件差异较大，经济发展水平基本呈现出自东向西、由高到低的"阶梯式"特征。表6–11列示了2014年全国31个省（自治区、直辖市）的土地出让及财政数据，表明区域间的土地出让收入在地方财政中的地位更不相同，具有明显的区域差异性，说明地方政府对于土地财政的依赖程度不同。而这种依赖性，会在很大程度上作用于地方经济、社会的全面发展，造成地区间的财力差异和经济社会差异，并形成恶性循环，使得地区间的各方面差异越来越大。

表6-11　　2014年全国31个省（自治区、直辖市）的土地出让及财政数据

地区	土地财政收入（万元）	财政收入（亿元）	土地财政相当于地方财政收入的比重
吉林	46712027.8	1203.38	388.17%
江西	31465373.48	1881.83	167.21%
内蒙古	27564505.5	1843.67	149.51%
河北	34628088.11	2446.62	141.53%
海南	6499517.22	555.31	117.04%
湖南	17987130	2262.79	79.49%
天津	18023559.24	2390.35	75.40%
安徽	15883211.72	2218.44	71.60%
广西	9557457.94	1422.28	67.20%
北京	25971198.51	4027.16	64.49%
辽宁	20281912.81	3192.78	63.52%
西藏	747461.7	124.27	60.15%
福建	13781920.83	2362.21	58.34%
贵州	7713645.45	1366.67	56.44%
浙江	22909753.72	4122.02	55.58%
四川	16985585.49	3061.07	55.49%
山西	9747369.79	1820.64	53.54%
青海	1221734.58	251.68	48.54%
河南	11722463.2	2739.26	42.79%
湖北	10908662.61	2566.9	42.50%
重庆	8095178.23	1922.02	42.12%
江苏	28408029.79	7233.14	39.27%
甘肃	2613768.52	672.67	38.86%
山东	19386101	5026.83	38.57%
上海	17148128.26	4585.55	37.40%
云南	5819441.98	1698.06	34.27%
陕西	6300265.2	1890.4	33.33%
广东	23747295.39	8065.08	29.44%
黑龙江	3818458.09	1301.31	29.34%
新疆	3714086.93	1282.34	28.96%
宁夏	608420.94	339.86	17.90%

资料来源：《中国土地资源统计年鉴》、《中国财政年鉴》。

6.5.1.3 土地财政易陷入恶性循环的自我发展

财政部、国土资源部《用于农业土地开发的土地出让金使用管理办法》（财建〔2004〕174号）规定，土地出让金用于农业土地开发的比例，由各省、自治区、直辖市及计划单列市人民政府根据不同情况，按各市（地、州、盟）、县（市、旗）不低于土地出让平均纯收益的15%确定。

从土地出让收益中提取10%用于农田水利建设[①]（多数地区并未按照要求足额计提），以及10%的比例用于教育经费[②]。但也要看到，大部分"土地财政"被用于城市基础设施建设，国家控制地权，通过土地征收买卖价差取得的收益已经取代了之前的工农业产品价格

---

① 《财政部　水利部关于从土地出让收益中计提农田水利建设资金有关事项的通知》（财综〔2011〕48号）。
② 从土地出让收益中计提的教育资金不得用于学校人员经费、公用经费等经常性开支。各地区在保障农村基础教育发展需要的前提下，计提的教育资金仍有富余的，可以将教育资金用于城市基础教育的相关开支。

剪刀差，成为国家攫取农业剩余的主要途径。

也就是说，土地出让的总价款首先要计提三项费用，即分别按规定的比例计提国有土地收益基金、农业土地开发资金和缴纳新增建设用地土地有偿使用费。其次就是支付两类费用，一是被征地农民社会保障支出等补偿性支出，二是管理部门的土地出让业务费用支出。然后剩下的便是土地出让净收益，按照规定，计提固定比例，分别是10%的农田水利建设资金和10%的教育资金，再就是计提不低于10%的资金用于廉租房、公租房、棚户区改造等。剩余的可以由地方政府安排其他项目支出。

通过上述规定来限定土地出让金收入用途的做法，带来了两个方面的结果：一方面，在土地出让金收益部分需按比例提取用于教育、农田水利支出，还需与上级财政分成的情况下，一些地方为减少收益部分的固定支出，拼命做高土地出让中的征地拆迁、土地开发成本，极端情况下甚至能将土地出让做成"负收益"。地方政府做高土地出让成本，最常用的手法是将出让地块周边绿化、道路建设，打包塞进土地开发支出，而这些支出本应由地方财政另外投入。另一方面，在对土地财政的支出范围进行诸如农业土地开发、水利基金开发、教育、医疗等相关规定的同时，在农业土地开发和水利基金资金有限的情况下，这些规定捆绑住了土地财政与这些资金需求的关系，使得这些资金需求越来越依赖于土地财政，地方政府有了更加充足的理由卖地，不利于地方财政的去"土地化"。

表6-12 纳入基金预算管理的"土地财政"支出结构 单位：亿元

年份	合计	征地和拆迁补偿支出(1)	用于土地开发、整理和出让的支出	城市建设支出	用于农业土地和农村基础设施建设的支出(2)	其他支出	城市建设支出占总支出的比重	(1)+(2)占总支出的比重
2000	68.6161	—	65.7622		—	2.8539		
2001	124.9034	—	110.1931		—	14.7103		
2002	244.5592	—	208.9269		—	35.6323		
2003	469.9232	—	393.9659		—	75.9573		
2004	828.0025	—	673.6717		15.807	138.5238		
2005	1146.7081	—	909.4194		36.2678	201.0209		
2006	1750.4804	—	1405.0483		51.0071	294.425		
2007	6498.31	1773.56	738.24	2293.55	476.89	1216.07	35.29	34.63
2008	10199.48	3819.83	974.52	3169.59	751.09	1484.45	31.08	44.82
2009	13438.19	5304.28	1375.32	3545.10	1071.90	2141.59	26.38	47.45
2010	28304.68	11191.59	2767.94	8043.01	1850.88	4451.26	28.42	46.08
2011	33170.44	15730.15	5727.35	6084.84	1823.93	3804.17	18.34	52.92
2012	28604.80	14926.59	6117.49	4149.24	1137.76	2273.72	14.51	56.16
2013	—							
2014	41210.98	21216.03	12735.38	4063.02	2435.49	3196.55	9.86	57.39
2015	33727.78	17935.82	6533.90	3531.53	2528.17	5726.53	10.47	60.67

注：城市建设支出包括城市廉租住房建设、公共租赁住房和棚户区改造等支出。

资料来源：马海涛：《中国分税制改革20周年：回顾与展望》，经济科学出版社，2014年；财政部网站，www.mof.gov.cn。

6.5.2 土地财政的风险分析

土地财政也有多方面的风险,值得我们去研究,采取有效措施来降低其负面效应,推动我国土地资源的合理、科学利用,最终实现可持续、稳定发展。土地财政的风险具体表现在以下几个方面。

6.5.2.1 土地财政在一定程度上引发经济增长的不可持续性

前面已经提到,虽然土地财政在拉动我国经济增长方面发挥了较显著的作用,但是它也为我国经济增长埋下了一定的隐患,使得地方经济增长存在一定的不确定性。具体表现是:

一是土地是稀缺资源,土地资源的不断减少将导致地方政府的可用土地资源的范围越来越有限,这对未来的产业结构升级进程产生较大的影响。一些地方逐渐发现,以往的那种依靠土地优惠来招商引资的方法渐渐显现出了局限性。新华社《经济参考报》报道指出①,一些地方为了"抢商"引资,不惜冲击国家土地、财税、环保等政策红线。有些地区在招商引资过程中,在土地优惠上做文章,一些地方还出现投资零地价的情况。在实际操作过程中,考虑到零地价明显违背国家政策,地方政府采取变通方式,让企业通过"招拍挂"缴纳土地出让金等费用,接着通过奖励、政府修建配套设施等多种方式,补贴给企业。有些地区在基础设施上,政府出资建设做到"七通一平"、"九通一平"等。总之,各地区招商引资竞争是引发土地资源减少的重要原因,有些地区土地资源非常紧张。以广东省深圳市为例,截至2009年底,深圳市国土面积1992平方公里,其中可开发建设用地只有1038平方公里,已开发896平方公里,占可开发建设用地的86.3%;剩余建设用地142平方公里,只占可开发建设用地的13.7%。所剩余的土地已经不多②。

> **专栏1　　　深圳土地开发强度近50% 日后或无地可用**
>
> 　　由深圳市规划国土发展研究中心发布的"珠江三角洲全域规划项目"研究报告显示,在珠三角城市国土开发强度上,深圳以接近50%位居四个一线城市之首,远超30%的国际警戒线,而广州也已逼近红线。
>
> 　　此外,数据显示,北京以全市土地计,建设用地开发强度为21.3%,若以平原地区计,则建设用地开发强度达到57%;上海则在两年前就提出土地开发强度控制在39%以内。
>
> 　　"再不节约,深圳以后恐怕将无地可用。"深圳市规划国土发展研究中心一位研究人士向《华夏时报》记者表示,地方经济效益常与土地开发利用的强度挂钩,房地产行业带来的卖地财政至今仍很难摆脱。
>
> **远超警戒线**
>
> 　　上述研究报告显示,截至目前,珠三角建设用地30年来增加了近5倍,增速较高,其中深圳国土开发强度之大尤为显著。
>
> 　　按照国际惯例,国土开发的生态宜居线最高是20%,警戒线是30%,一个地区国土开发强度超过该数值,人的生存环境就会受到影响。

---

① 《各地招商引资"撞线"行为愈演愈烈》,新华网,http://news.xinhuanet.com/fortune/2009-10/23/content_12304136.htm.
② 《深圳将面临"无地可用"局面》,新华网,http://news.xinhuanet.com/2010-05/23/c_12132441.htm.

专栏1（续）

"深圳的国土开发强度从几年前已经保持这一高位，而且没有降低的趋势。"上述研究中心人士表示。

深圳的国土开发强度之大，直接导致该城市的土地资源紧缺。广东省国土资源厅总工程师杨林安曾公开用"深圳每两平方米土地，就有一平方米水泥地"来形容深圳土地所处的窘境。

深圳官方曾预警开发强度过大的事实。深圳市规划国土委公布的《深圳市土地利用总体规划（2006—2020年）》草案透露，深圳当时未利用土地只有4360公顷，仅占全市总面积的2.23%，未来深圳新增建设用地将不足150平方公里。

"在四个一线城市中，深圳的用地矛盾最为突出，其中一个表现是深圳每年新供应商品房用地逐步减少，而且对城市更新的依赖逐步增大。"广东省国土资源厅一位区域规划研究人士表示，上述问题已经多次在内部会议上提及，并得到省领导的重视。

2013年，深圳全市商品住房计划供应用地90万平方米，其中，安排新增商品住房用地30万平方米。与2012年相比，两项用地计划分别减少了20万平方米和10万平方米。

其他一线城市的国土开发强度也较高。早前，国土资源部规划司司长董祚继公开表示，若以平原地区计，北京的建设用地开发强度达到57%，这意味着将近6成的平原地区被钢筋水泥覆盖。

此外，上海官方数据显示，上海的建设用地已占市域面积45%左右，尽管上海市已将土地开发强度控制在39%以内作为战略目标，但这一目标依然高于警戒线。

艰难的控制

记者了解到，目前各地政府采取对土地节约的地区进行补贴奖励、将土地开发率与地方绩效挂钩等措施，控制土地开发强度益增的问题。

根据上述珠三角全域规划项目研究报告，珠三角部分城市也进入增量约束和存量挖潜的阶段，如深圳、东莞、佛山等市，已经开始做国土减量规划。如深圳是国内首个以地方规章的形式划定城市生态控制线的城市，基本生态控制线划定后的2006—2010年间，深圳新增城市建设用地总量较之前的5年间，下降幅度超过50%。

然而，在经济下行压力之下，地方政府对降低土地资源消耗的动力依然不足。

"国土资源部会对连续符合用地节约指标的地方进行奖励，但相比于借助土地资源拉动GDP增长，这些奖励带给地方的动力不足。"广东某县级市国土资源部门一位官员曾向记者表示。

上述官员分析，目前，地方依然通过借助土地资源招商引资，尽管在筛选项目上尽可能希望招揽产能效率高的企业，但迫于各种压力，一些低产能的企业也能在最短时间进来投资，这导致一些土地用地指标十分稀缺，后期一些优质项目却无法顺利落地。

"珠三角、长三角普遍存在粗放用地开发的现象，不仅在一线城市，其周边二三线城市的土地开发竞争也越来越大。"上述深圳市规划国土发展研究中心研究人士表示。

公开数据显示，从1986年到2000年，深圳GDP每增长1亿元，土地资源消耗就相应增加24万平方米；而在同期，香港GDP每增长1亿港元，建设用地仅相应增加2000平方米。

不过，相比于全国其他城市，深圳的土地建设用地经济产出效率已经处于较高水平。

上述深圳市规划国土发展研究中心人士在对全国多个地方调研后发现，如何在经济转型中，保持扩大招商引资、促进房地产发展与本地区土地资源供应等方面的平衡关系，且能维持经济发展增速，是摆在地方政府面前的一道难题。

资料来源：刘力：《深圳土地开发强度近50% 日后或无地可用》，http://www.cs.com.cn/ssgs/hyzx/201502/t20150205_4639922.html。

二是大量通过土地出让收入来负担的地方基础建设项目可能会因为资金来源的不稳定，而停工或者下马，这对地方经济发展也会形成重要的限制，也就是说，当前以土地进行融资的基础设施融资机制，存在不合理性，亟待进行改革。

三是土地财政往往受到国家宏观调控政策的影响，尤其是土地关系房地产市场的健康稳定。因此一旦房地产市场出现了供求不平衡的问题，中央政府往往通过各种手段来调控这个领域，房地产和土地市场会发生周期性的波动，土地价格会出现明显的后续波动，甚至出现调控失败的情形，使得房地产市场越发不可收拾。房地产市场的调控政策，必然使土地出让金收入受到显著影响，这意味着地方政府出让土地的行为难以为继。

从理论角度来看，在土地资源有限的情况下，地方政府需要实施土地财政转型，通过对土地资源的优化利用，结合深化财税体制改革，来实现财政收入结构的优化，保持经济增长的可持续性。注意的是，这里的财政收入绝不仅仅是指税收收入，而是全口径财政收入概念。

6.5.2.2 地方政府出让土地影响土地利用的可持续性，威胁我国的土地资总量和粮食安全，也引发了失地农民的保障问题

土地财政行为本身会在一定程度上造成土地资源的过度利用，有些地区甚至直接将耕地转化为工业用地和居住用地等，直接导致耕地的大幅度减少，威胁我国的粮食安全。我国有着特殊的国情，人口多、土地资源有限，用地矛盾较为突出。我国各地区轰轰烈烈地进行各种开发区建设，导致形形色色的开发区过多。有些开发区建设标准很高，占用的土地资源非常多，严重浪费土地资源。有些地区，虽然土地财政加速了当地的城镇化扩张步伐，但是城镇建成区快速增长，而集聚的人口则明显滞后，地方政府需要不断地增加对于建成区的建设、运营维护投入，来支撑当地的城镇化建设，进而促使地方政府没有限制地扩张城市建设用地规模。由于人口城镇化的步伐较为滞后，有些新开发地区的人气不足。缺乏足够的人气也成为土地资源浪费的重要表现。

很多学者的研究都证明，土地财政对耕地数量带来较为显著的负面影响。许安拓、修竣强（2012）指出，在土地出让所带来的巨大利益驱动下，地方政府时常发生违法占用耕地的情况。这使得原本就存在的耕地流失和耕地不合理开发利用问题都被进一步放大，直接冲击国家规定的18亿亩耕地红线，长此以往势必危及国家粮食安全[①]。

如果不加以控制，按照目前耕地减少的数字，我国土地资源的可持续利用将面临严重的挑战。耕地红线必须要坚守。一旦耕地数量出现大幅度减少的问题，这会对我国国内的粮食安全形势造成极大的威胁，加大了我国国内粮食市场对国际市场的依赖程度，也给后者带来压力。而且，随着土地资源的减少，农民赖以生存的手段将失去，大量农民会沦落为失去土地的农民，这个群体的社会保障和就业成为各地区需要面对并加以解决的问题。此外，在征地过程中，由于地方政府处于强势地位，农民处于价格接受者的地位，地方政府的多元化角色使得农民利益往往会受到一定程度的侵害，征地行为引发的群体性事件层出不穷，这凸显了土地财政的局限性。

此外，土地资源的过度消耗会引发代际的不公平问题。一次性收取土地出让金，最长的时间高达70年，而基础设施的建设却可能在未来一段时间内持续进行，这在一定程度上影响了收入和支出的匹配程度，一旦经济增长速度发生变化，容易引发风险。

6.5.2.3 土地财政在一定程度上容易引发财政、金融风险，需要高度重视

在土地财政中，一种形式是一些地方成立

---

① 许安拓、修竣强："破解地方依赖土地财政的畸形发展模式"，《人民论坛》，2012年第8期。

了形形色色的地方政府投融资平台和项目建设公司，主要由当地政府出资或者利用土地作为抵押品，通过土地增加信用来获取银行贷款、进行债务、股权融资等。地方政府融资平台公司通过融资，为地方经济和社会发展筹集资金，在加强基础设施建设以及应对国际金融危机冲击中发挥了积极作用，这种作用值得肯定。然而，在这种融资方式下，融资规模缺乏有效控制。各地区的投融资平台依赖于土地担保、抵押等带来业务的快速增长，而且这种平台融资方式是以政府信用作为支撑的。贷款的按期偿还依赖于未来土地出让收入的规模，这会存在一些风险。受到当地土地资源禀赋的影响和限制，建设用地的供给量是有限的，一旦土地资源供给量不足或者经济形势处于下行状况，政府从土地获取的收入也会下降，现行的土地融资模式马上会显现出风险。此外，土地市场对土地价格的影响较为显著，有时某些政策的出台会影响土地价格。如果土地价格下行，土地出让收益出现一定的下滑，土地抵押的信用危机将马上显现出来，这会显著提高投融资平台的金融风险。

一旦出现金融风险，将直接影响当地的财政支出状况，有着向财政风险转移的可能性。这意味着，土地财政行为一方面加大了地方投融资平台的金融风险，另一方面加大了地方政府的财政风险。早在 2011 年，审计署发布当年第 35 号审计结果公告，对全国地方政府性债务情况进行一次全面审计。从举借主体来看，2013 年底的地方政府债务余额中，融资平台公司举借的债务达到 40755.54 亿元，占全部地方负有偿还责任的债务余额的比重高达 37.44%。

6.5.2.4 土地财政对土地市场的供求，进而对房地产市场的供求关系产生直接影响

国有土地使用权出让价格不断攀升，必然以成本的形式进入房地产开发环节，从而一定程度上导致了房价的上涨。在工业化和城镇化推进过程中，大量劳动者进入城镇，他们不得不直接面临住房需求，而且，住房需求是劳动者的基本需求，这类需求很大程度上具有刚性特征。此外，也需要考虑到居民的正常投资需求。我国目前的情况是，投资渠道较为狭窄，资本市场行情总是处于一个不稳定的状态，实体投资也难以满足广大居民需求，导致居民将房产作为一个重要的投资渠道。他们的需求在很大程度上也有着一定的刚性特征。综合以上两种情况，房地产开发商非常容易将自身承受的房地产开发成本转嫁到房价之中，被购房居民所承受。各地区的居民住房价格上涨迅速，特别是北京、上海、广州等一线特大城市。

由于居民购房成本不断提高，很多都是通过银行购房贷款来购买住房，这必然会抑制其他领域的消费，不利于我国扩大内需政策的实施，对我国经济可持续发展产生负面影响。这也产生了严重的财富再分配效应。在购房过程中，居民将自身财富的一定比例，甚至是终生的财富，交给房地产商。有一定比例是用于土地出让金，政府分配的份额会上升，然后它会将之用于基础建设、教育、医疗等诸支出领域；同时，由于一些居民购房时需要申请贷款，导致其储蓄的大部分都被购房行为所耗尽，影响了其未来的资产性收入，而已有住房者则不需要担心这个问题，这也成为影响财富再分配的一个重要方面。

6.5.2.5 土地财政对产业结构升级也有一定的不利影响

土地财政对产业结构升级的不利影响主要表现在以下几个方面：

（1）土地财政行为一定程度上助长了房地产投机行为，房地产价格的快速上涨，使得这个领域的收益率处于一个较高水平，企业突然发现从事房地产投资的收益更高。这种投机心理往往带来了投资风险，企业有着非常强烈的动力发展这些产业，大量资金流入这个行业，而且这种投资格局使得当地的信贷资源过多流入了房地产业，严重影响了实体经济所能

获得的信贷资源。很多大企业甚至一些中央企业，为了追求高收益，纷纷进入房地产行业。这种形势对实体经济的发展是极为不利的。特别是高新技术产业的发展和小微企业的发展，这两个的共同特点就是其发展具有很大的风险性，本身对各类资本的吸引力就很小。一旦出现高利润行业，资本就纷纷远离风险性较大的行业，而进入收益高的行业。这种发展模式对我国的产业结构升级极为不利，所以说，中国经济要持续、稳定、健康地发展，加快产业结构升级进程，就必须做大做强实体经济，其中一个重要选择就是改变现在房地产收益率过高的情况，让资本渐渐进入高新技术、小微企业等领域。

（2）存在一定程度的超标准建设、重复建设问题。由于基础设施建设能够拉动上下游相关产业的发展，给地方政府带来大量的税费收入，创造较好的经济增长效益，因此，地方政府所取得的大量土地出让收入，有相当比例用于基础设施建设，这对于推动优化地区区位环境有着显著作用。但是也带来的一系列问题，很多地区热衷于高标准建设新城区、搞开发区建设，一些项目脱离了地区经济发展水平的实际状况，造成了事实上的资源浪费。

（3）土地出让价格的快速上涨会在一定程度上引发用地成本的提高，特别是居民用地。过高的用地价格会明显提高生产或生活成本（例如购房、租房、交通等），如果这些成本过高，甚至高于资本、劳动力的收益率，那么在市场机制的影响下，劳动力或者资本必然会从该地区转出，使得地区原有竞争性较强的产业会因成本上升而失去竞争力，对我国经济转型升级的顺利进行有着不利影响。现实中它逐渐成为一个突出问题，特别是东南沿海和京沪等发达地区。据深圳新闻网 2010 年报道，广东省政协委员、广东高科技产业商会秘书长王理宗大声疾呼，广东省过高的房价使优秀人才大量流向内陆或者中小城市，严重削弱了企业的自主创新能力和城市的竞争力。他向省政协十届三次会议提交提案，建议政府加强软环境建设，化解高房价造成的人才流失①。

专栏 2　　富士康、华为、高通们欲撤离，深圳恐彻底被抛弃！

深圳作为开放的窗口，在中国政府举全国之力打造一个样本的绝佳历史条件下成就了举世瞩目的经济奇迹。但自 21 世纪初开始，随着中国政府的经济政策向长三角和中西部倾斜，深圳逐渐归于平淡。

然而，过去一年，全国上下再次掀起一股深圳热。只不过，这一次热潮似乎引来争议不断。因为，持续发烧的深圳楼市正逼迫越来越多的实体企业迁离。

打开网站，深圳楼市疯狂的消息几乎刷屏。深圳某楼盘遭哄抢，而成交均价竟高达 13 万元每平方米的消息，占据了各大媒体头条。据国家统计局数据显示，2016 年 1 月份深圳房价同比上涨 52.7%。春节过后，在央行 2.5 万亿大放水的推波助澜下，2 月份深圳房价再创新高。

这种结果，对少数地产商和炒房者来说，无疑是天上掉下个金娃娃。但对深圳的实体行业来说，却有着说不出的苦痛。

网上有个段子，说有一个人卖掉深圳南山的房子去创业，辛苦打拼十几年，公司上市了，结果一年利润还凑不够原来那套房子的首付。又有媒体报道，2014 年的年报数据显示，494 家上市公司净利润不足 1500 万元，占全部 2818 家上市公司的 17.53%。

---

① 《人才大量流向内陆广东高房价造成人才流失》，深圳新闻网，2010 年 1 月 22 日，http://www.sznews.com/finance/content/2010-01/22/content_ 4349132.htm。

专栏2（续）

上市公司倾尽一年利润却无力买房，卖房创业十年还凑不够原来那套房子的首付，房地产陷入疯魔状态的深圳显然已经不再是昔日的财富发动机，而是蜕化成财富的黑洞。

高房价正逼走实体企业。当大家谈到美国如何强大时，往往会想到美国有苹果、谷歌、微软、高通等年赢利逾千亿美元的实体企业。而当人们对深圳的经济奇迹大为惊叹的时候，也是因为有华为、腾讯、万科、招商银行、中兴、富士康、创维、康佳、比亚迪等一些企业的存在。

而今，楼市的疯狂大大推高了实体企业的土地成本和经营成本，大量实体企业乃至实体店被驱离深圳。2008—2014年，由于人工成本大幅上涨，深圳龙岗以制鞋、家具为代表的低端制造业大面积倒闭。近年来，随着深圳房地产的高烧不退，以智能手机为代表的高端制造业也成片倒下。如今，以富士康、华为、高通为代表的企业似乎也有了撤离的计划。

继2015年11月宣布投资280在郑州扩产后，2016年2月，富士康又宣布在南宁筹建产值千亿的IT产业园。据悉，深圳富士康已经停止招募正式工，该公司有可能将部分生产线从深圳搬迁至郑州、重庆、南宁、烟台等二、三、四线城市；华为正计划把华为大学、研发中心、中试中心等功能载体搬迁至松山湖，带动东莞与华为终端业务；国际半导体大厂高通，2016年春节开工就讨论计划将办公室迁往广州，实验室和工作室搬到东莞；而中兴通讯深圳生产基地的大部分将搬迁至河源；另外，因难以忍受高租金或高房价，一些知名企业如海韵达通信、莱宝高科、茂硕电源、鼎智通讯等正计划将部分业务迁走。

深圳离不开实体经济。富士康是深圳规模最大、出口额最高的工业企业，深圳总部员工数量最高时达40万人，目前已经降低到20万人。而且富士康一度占据深圳进出口总额的半壁江山。若富士康被逼迁走，整个龙华新区将成一座空城。

目前，华为在龙岗工业总产值的比例已经从2012年的40%增长到2015年的50%以上。而2015年前三季度，剔除华为之后，龙岗规模以上工业总产值、工业销售产值、出口交货值均陷入了负增长。利润总额更是下降16%，其中，亏损企业有392家，亏损额同比增长26%。待2017年华为东莞总部建成，龙岗或将"一地鸡毛"。

美国高通更不用说，作为全球最大的专利许可收费公司和最大的无线通讯芯片制造商，其专利之多，让几乎所有手机厂商都离不开这家公司的授权。截至2013年9月底的财年中，高通在中国的总营收为123亿美元。作为比华为和富士康实力大得多的企业，其撤离对深圳的税收影响非常之大。

从以上数据不难看出，因实体行业而辉煌的深圳其实离不开实体企业。况且，被高房价逼走的实体企业远不止这几家。

无可奈何花落去，算而今重到须惊。曾经遍布于深圳的工业园区，渐渐被林立的居民楼所取代。行走于深圳的各条高速上，虽然依旧是车水马龙，但货柜车的钢铁洪流渐渐消逝。在大街小巷，实体店倒下一茬又一茬，唯有满街游走的房中介在卖力吆喝。

13年前，面对中央政府的开放政策向上海、北京倾斜，鄙人的同学"我为伊狂"曾写下一篇脍炙人口的文章《深圳，你被谁抛弃》。但好在有华为、富士康、高通等大量实体企业的支撑，深圳并未就此衰落。如今，当深圳渐渐失去这些支撑点之后，恐怕真的就要被彻底抛弃了。

资料来源：《富士康、华为、高通们欲撤离，深圳恐彻底被抛弃》，http://baoliao.oeeee.com/index/show/id/130038.html。

一些学者的理论观点也印证了这一点。黄少安教授提出了"租税替代原理",他认为,在土地资源给定的前提下,政府要获得来自高房价即房地产业发展所产生的"租",就必须牺牲来自于其他行业的"税"。对地方政府来说,由房价上涨所带来的租金收入上升将会导致税收收入相同幅度的下降,分税制的财政体制意味着税收下降的部分损失将由中央政府承担,地方政府也要承担部分代价。由此可以推出,一方面,高地价和高房价地区,其招商引资会受到一定程度的影响,一些投资可能由此就不会进入这些地区,甚至会撤出。另一方面,还会影响人力资本、劳动力的吸引力,导致这些地区丧失区位优势①。

(4) 土地财政一定程度上带来的房价上升,导致很多居民必须要拿出所有储蓄甚至透支来负担购房成本,甚至有些居民必须要靠几代人的储蓄积累才能购买住房。由于过度消耗储蓄,购房群体对未来的预防性及谨慎性储蓄动机大为提高,他们不得不减少其他方面的消费,显然不利于扩大内需政策的实施。总之,过高的购房成本挤占了居民的现时和未来的消费,不利于需求结构的优化,对产业结构升级带来负面作用。

6.5.2.6 土地财政一定程度上强化了地方政府投资冲动的动机

改革开放以来,中央政府将工作重心转向以经济建设为中心,中央政府通过政绩考核机制来激励地方政府发展本地经济,经济绩效考核已经成为地方政府晋升的重要指标之一,地方政府有了较强的冲动来通过土地优惠和基础设施补贴等手段招商引资,加快地区 GDP、财政收入的增长。为了实现这个目标,地方政府将更多的资金和资源用于支持地区基础设施建设,特别是那些能够直接推动经济增长且有利于吸引招商引资的基本建设项目,各地区有着非常强烈的冲动去上大项目。由于缺乏有效约束,有些地区投资建设大量的"形象工程"、"政绩工程",超前发展、过度投资,对地区的基础设施需求考虑不够。而且,现有财税体制也成为引发地方政府投资冲动的重要原因。地方政府所考虑的重要问题之一是如何完成财政收入任务,而我国现行税制结构是以增值税等流转税为主体,所得税和财产税比重并不高。这种税制结构导致了地方政府对投资过程非常关注,它们想方设法地上大投资项目,特别是那些带来大额税源的工业项目。只要项目能够上马建设,无论未来经济效益如何,地方政府都能从中获得大量的流转税收入。所以说,为了实现既定的财政收入目标,地方政府通过土地财政将大量资金用于大项目建设,而没有考虑是否会引发产能过剩等问题,这也成为地方政府投资冲动的重要原因之一。

6.6 土地财政的治理

6.6.1 转变经济社会发展模式,引导地方政府向城市公共治理者的角色转变

以土地投融资为纽带的基础设施建设是21世纪以来中国经济高速增长的动力源泉之一。在切实保障农民土地权利的基础上,走政府有序引导下的新型城市化道路,而不是通过"圈地运动"将农民从土地上强行驱离。

自中国经济社会转型以来,市场经济体制

---

① 黄少安:"过高的房地产价格不利于地方经济——基于租税替代原理的分析",人民网,http://theory.people.com.cn/n/2013/1108/c40531-23473781.html。

的建立与完善、社会主义民主政治的运动与发展、经济全球化与加入WTO促进了公共管理范式的转变。在此背景下，地方政府作为城市公共利益代表，应由"城市（土地）经营者"角色向"城市公共治理者"角色转变，对公有土地资源的管理职能主要是解决公共设施用地和私营机构用地外部性及土地利益分配中的不公平问题等。与此同时，国家应建立以增强公民福祉为指向的官员政绩考核体系，引导并激励地方官员从重视物质的增长转向人的生活质量提升，实现包容性发展，从而消解各届地方政府在后土地财政时代对土地财税收益的路径依赖，达到减少地方政府"经济人"行为特征的目的，最终成为城市公共治理的主导者。

6.6.2 合理划分各级政府事权范围，进一步明确各级政府的财政支出职责划分，实现事权和支出责任的合理适应

在界定财政职能范围的同时，更需要明确财政事权和财政支出职责的纵向划分。楼继伟（2013）指出，政府间财政关系应该按照外部性、信息复杂性和激励相容的原则处理①。

国内外的经验均在昭示我们，中央和地方政府在财政体制实践中划分事权和支出责任时需要有明确的法律依据。我国现行法律对政府间事权及支出责任只作了原则性划分，规定各级政府和财政应分别承担本级政府在政治、社会、文教及其他各类事业发展方面的支出，但是中央政府与地方政府的固有事权和财政责任的界定笼统模糊，不够清晰，稳定性差。法律规范的缺失，造成各级政府事权交叉、错位。所以，一套规范完备的政府间财政关系法律制度可以确保政府间事权划分的规范性和稳定性，有利于政府间财力的合理分配。事权确定是众多国家的普遍做法。即使初期事权的划分不甚完善，也可以逐步调整。一是要加快各级政府事权划分的法治化进程，构建包括《宪法》、《预算法》及各项单向法律法规在内的法律体系。二是根据我国国情，应该尽量使事权分配精细化，明确规定中央与地方政府各自的事权和支出责任以及中央和地方政府共有的事权和支出责任。三是在法治框架下，对各级政府的公共事权建立激励、问责、制约机制，发挥法律对政府事权的引导和监督作用。

有效的财政分权必须明确各级财政的职责，并有相应的预算支持。财政需要承担本身的职能，即提供民生公共品、完善收入分配、调控经济稳定和发展等。在界定财政职能范围的同时，也需要明确各项职能的提供主体，尤其在中央与地方之间进行事权和财政支出职责的划分。各级政府间事权的划分合理与否，直接关系各级财政的支出职责范围和公共品提供效率等问题。在当前，我国要按照"外部性、信息复杂程度、激励相容"三原则，逐项明晰各类事权和支出责任的配置，适度增加中央和省级政府承担的支出责任，做到事权与支出责任相适应。在基本养老保险和基本医疗保险、节能环保、人的城镇化、疾病防控等方面，适度增强中央和省级政府的支出责任和干预力度。

我国正处于工业化、城镇化的发展进程，工业化和城镇化所需要的基础设施建设，成为今后一段时期的财政支出重点。在基础设施建设方面，首先，应清楚界定政府与市场的职能界限。将那些可以自负盈亏的基础设施和公共服务项目，通过PPP或其他模式由市场介入，减少政府的支出责任和投资压力，从根源上扭转土地财政的融资角色。其次，应完善纵向投资责任，改革投资性支出的融资体制和机制。发展和完善地方政府债务发行机制、制度、体系，不断提高财政投融资体制对基础设施等投资性支出的财力支持。

---

① 楼继伟："思考与梦想"，财政部网站，http://www.mof.gov.cn/mofhome/jiguandangwei/zhengwuxinxi/zhigongzhijia/czwx/czwx-dlq/201308/t20130816_978693.html。

6.6.3 统筹政府"大口径"财力，在此基础上合理界定各级政府间的财力，健全中央和地方财力与事权相匹配的财政体制

在适当条件下，将政府性基金预算、国有资本经营预算合并到公共财政预算，与社会保障基金预算一起，形成完整的、全面的政府预算体系，实现全口径的预算管理，试行编制中期预算。明确社会保险缴费、政府性基金的收入归属，实现财力与支出责任的匹配。对于土地出让收益，未来可以确定固定比例，将土地出让收入用于农民工市民化的经济性和社会性基础设施建设。清理、整顿各种行政事业性收费和政府性基金等非税收入（尤其是地方政府），适度降低整体宏观税负。

将税制优化和财力配置优化相结合，调整和改善各级政府的财力分配格局。目前的"营改增"改革，已全部完成试点工作，营业税已经被增值税全面替代。改革远未结束，但"营改增"之后，如何构建合理的地方税收体系，使得地方财政的运行具有可持续性，是地方政府政权稳定运行的前提，是合理的央地关系的基础。

但不可否认，"营改增"直接造成了地方第一大税种——营业税——的退出，动摇了分税制财政体制原有相对稳固的根基，触动了地方财政的利益。伴随着"营改增"，未来纵向财力分配的深度调整和优化不可避免，比较可行的调整方案应在如下的几个方面作选择：提升增值税的地方分成比例；调整其他税种的纵向分配比例；构建地方税体系，积极培育地方税主体税种，如房产税、环保税、城市维护建设税；上述兼而有之。当前已进行了增值税分成比例的重新划分，只能说这仅是第一步，后续的地方税收体系的完善，还有很多工作需要做。

6.6.4 完善地方债务管理机制和制度

6.6.4.1 严格控制地方债务发行规模

在新预算法实施之后，地方政府已经开始通过发行债券来筹集资金，并且预算法的修改使得地方政府债务具有规范的制度前提。但是我国并不是现在才开始有地方债增量，而是具有庞大的地方债存量。如何合理控制地方债规模，使之平稳、健康地运行，并与地方政府未来的偿债能力相匹配，使地方债风险控制在合理范围内，是地方债管理必须要回答的问题。

欧美债务危机的重要原因就是政府债务负担超过了自身的承受能力，从而引发违约风险。我国多数地区，不顾自身经济与财力条件举债投资于生产建设项目，不但投资的直接经济回报率较低，且信贷资源过度地向政府集中，资源配置中政府比重过大，对民间投资产生挤出效应，不利于经济的健康运行。因此对地方政府债务风险的控制首先是控制地方举债的规模。

中央政府应对各地方政府债务的债务总量、结构等统筹兼顾，正确评级地方政府财务状况，充分估计地方抗债务风险的能力，由此确立地方债务的发行规模。可对地方政府的财政能力、偿债能力和预期财政收入进行评估，确定融资的最高限额。

6.6.4.2 建立健全地方债务的偿付责任

应设立偿债基金，把来自地方债务融资项目的部分收入和预算部分资金，定期转入偿债基金。偿付资金的来源可立法设定优先次序，对地方政府动用税收等渠道进行偿付，设定最高限额和比例。

在财政状况不佳的时期，可考虑建立财政危机准备金制度。我国政府预算的预备费制度难以担当起救助地方财政危机的重任。为了防范地方财政风险，可构建有效的反危机准备金制度。准备金可来源于中央增发的国债收入，或者从每年税收增收中提取。

6.6.4.3 制定合理的财政风险标准。根据中国国情国力，制定合理的财政风险标准

由于历史和政策原因，地方的债务规模较

高,因此,需按照我国的实际情况确立财政风险的标准。具体工作可从这几步入手:一是必须全面、真实了解地方财政状况,调查和核算地方各种债务规模,分门别类地找出地方政府债务的产生根源;二是逐步建立和完善针对地方政府的信用评级制度,为地方财政风险的判断提供依据;三是设立具体的财政风险评价标准,构建地方财政风险和风险评价、预警体系,构建财政风险评价模型,考虑其与工资拖欠率、财政收支状况、税基、服务水平、债务负担、社会经济和人口变动、行政和财政管理的实践等指标的关系。

6.6.4.4 规范土地"租、税、费"收益制度,实现"卖地收入"为主到"税收收入"为主的转变

土地财政是地方政府实际掌握的可支配国有资源,目前的政府间财政体制并未实质性地在央地间对国有土地资源进行分配。改变当前土地财政未纳入财政体制的做法,未来可实行土地财政中央与地方适当比例的分成,同时规定中央分成部分纳入中央对地方的均衡性转移支付体系中,用于弥补落后地区的财力不足,以此缩小地区间的财力差距。

减少地方政府收入对土地财政的依赖,建立有效税源,充实地方政府收入。一方面,当前土地制度的不规范给地方政府可乘之机,因此,首先应当规范现有的土地抵押担保制度,改变地方政府控制土地一级市场的局面。另一方面,应通过完善当前税收制度,建立地方稳定有效的税源。广义的土地财政是基于土地的地方财政收入与支出,包括土地出让金收入、来自房地产行业的流转环节和保有环节的税费。而当前我国房地产税收"重流转、轻保有",土地收入多为一次性转手收入,地方政府难以通过税收手段享受土地增值带来的收益。未来住宅房产税改革和推广不失为化解我国地方政府收入困境的一种思路,并且已有一些发展中国家,如印度和南非等已进行房产税改革,可以为我们所借鉴。

近期,考虑将国有土地出让收入所在的基金预算纳入到中央、地方财政收入分享的范围。当前除了新增建设用地有偿使用费以外,土地出让金并未全部纳入中央、地方财政分配关系的制度设计中。这一做法事实上割裂了预算盘子的完整性,使得地方政府追求基金预算增长的动机更为强烈。因此,将全口径预算纳入央地财政分配关系并非集中财力的手段,而是调整现行财政体制对地方政府激励机制扭曲的必然途径。

远期,将一次性收取的土地出让金收入改为按年度征收的不动产税,并将不动产税作为中国县乡两级地方政府的主体财政收入。

开征不动产税,建立使用者付费的机制,促进人口的用脚投票的合理流动。将其作为中国县乡两级地方政府的主体税种,是解决地方政府财政困境的根本之道。将一次性收取的土地出让金收入转化为按年收取的不动产税,能够稳定土地产权关系,促使地方政府提供公共品,提高辖区内不动产价值,引导地方政府发展目标由经济增长转向公共品供给。

按照收入的性质将土地财政收入进一步分解为租、税、费三类后,发现近年来在土地财政收入中以土地出让收入为代表的"租"类收入占比最大,"税"类收入次之。广义土地财政收入结构中,租和税在收入性质、运行机制、收入地位等方面存在明显的差异,这为我国后期进行相关的房地产税制改革提供了思路。非租部分的土地财政收入,即房地产五税、建筑业营业税、房地产业营业税,具有税基广泛、收入稳定等特点,整体意义上可成为地方税的主体税种。

7 更加开放背景下的财政可持续发展

在新的全球经济环境下,一方面,商品、资本、技术和劳动力等要素的流动进一步增强,一国政府支出通过一体化的世界资本市场的传导,可能影响到其他国家的消费和投资,一国政府的偿债能力也受到国际债券市场的影响;另一方面,信息和通讯技术的发展促进了全球经济模式的变革,生产、运输、消费等经济环节的数字化对建立在传统国际贸易基础上的国家税收框架带来了巨大冲击,跨境税源的竞争日趋激烈。

与此同时,我国居民积累了大量财富、居民国际流动变得日益便捷,居民财富对外转移具备了条件和可能。同时,居民生活水平提高之后,对教育、医疗、环境等需求水平不断提升。近期人民币面临的贬值压力更是进一步助推了财富外流的压力。在国际上,退出税(或称"退籍税"、移民税)属于资本利得税和个人所得税。我国税制传统上以流转税为主,为了保持国际资本双向自由流动和税负公平,应积极借鉴发达国家的成功经验,急需加强财产税和所得税的征管,构建有利于资本双向流动的税收政策体系。

7.1 走向更加开放的中国经济

中国已经从一个资本净输入国逐步转变为一个资本净输出国,中国居民个人和企业跨境经济活动日益频繁,亚投行的成立和"一带一路"战略的实施,都将进一步促进中国对外投资和对外开放的不断深入。

7.1.1 我国进出口贸易发展现状

我国在全球贸易中占据重要地位,进出口贸易总额持续增长,也由此奠定了我国的世界贸易大国地位。表7-1、表7-2、表7-3、表7-4列出了我国进出口贸易规模、增长情况，以及具体的贸易结构，从多个角度展示了我国进出口贸易的发展现状。进出口贸易的增长，尤其是贸易顺差的增长，为我国积累了大量的外汇储备，也体现出中国制造在全球贸易市场的地位愈发重要。

表7-1　我国1950—2013年进出口贸易总额　　　　单位：亿元人民币

年份	进出口总额	出口额	进口额	差额（+顺差，-逆差）
1950	41.3	20.0	21.3	-1.3
1955	109.8	48.7	61.1	-12.4
1960	128.4	63.3	65.1	-1.8
1961	90.7	47.7	43.0	4.7
1962	80.9	47.1	33.8	13.3
1963	85.7	50.0	35.7	14.3
1964	97.5	55.4	42.1	13.3
1965	118.4	63.1	55.3	7.8
1966	127.1	66.0	61.1	4.9
1967	112.2	58.8	53.4	5.4
1968	108.5	57.6	50.9	6.7
1969	107.0	59.8	47.2	12.6
1970	112.9	56.8	56.1	0.7
1971	120.9	68.5	52.4	16.1
1972	146.9	82.9	64.0	18.9
1973	220.5	116.9	103.6	13.3
1974	292.2	139.4	152.8	-13.4
1975	290.4	143.0	147.4	-4.4
1976	264.1	134.8	129.3	5.5
1977	272.5	139.7	132.8	6.9
1978	355.0	167.6	187.4	-19.8
1979	454.6	211.7	242.9	-31.2
1980	570.0	271.2	298.8	-27.6
1981	735.3	367.6	367.7	-0.1
1982	771.3	413.8	357.5	56.3
1983	860.1	438.3	421.8	16.5
1984	1201.0	580.5	620.5	-40.0
1985	2066.7	808.9	1257.8	-448.9
1986	2580.4	1082.1	1498.3	-416.2
1987	3084.2	1470.0	1614.2	-144.2
1988	3821.8	1766.7	2055.1	-288.4
1989	4155.9	1956.0	2199.9	-243.9

续表

年份	进出口总额	出口额	进口额	差额（＋顺差，－逆差）
1990	5560.1	2985.8	2574.3	411.5
1991	7225.8	3827.1	3398.7	428.4
1992	9119.6	4676.3	4443.3	233.0
1993	11271.0	5284.8	5986.2	-701.4
1994	20381.9	10421.8	9960.1	461.7
1995	23499.9	12451.8	11048.1	1403.7
1996	24133.8	12576.4	11557.4	1019.0
1997	26967.2	15160.7	11806.5	3354.2
1998	26849.7	15223.6	11626.1	3597.5
1999	29896.3	16159.8	13736.5	2423.3
2000	39273.2	20634.4	18638.8	1995.6
2001	42183.6	22024.4	20159.2	1865.2
2002	51378.2	26947.9	24430.3	2517.6
2003	70483.5	36287.9	34195.6	2092.3
2004	95539.1	49103.3	46435.8	2667.5
2005	116921.8	62648.1	54273.7	8374.4
2006	140974.0	77597.2	63376.9	14220.3
2007	166863.7	93563.6	73300.1	20263.5
2008	179921.5	100394.9	79526.5	20868.4
2009	150648.1	82029.7	68618.4	13411.3
2010	201722.1	107022.8	94699.3	12323.5
2011	236402.0	123240.6	113161.4	10079.2
2012	244160.2	129359.3	114801.0	14558.3
2013	258168.9	137131.4	121037.5	16094.0

资料来源：《中国贸易外经统计年鉴（2014）》。

表 7-2　　　　　我国 1980—2013 年进出口贸易增长率现状　　　　　单位：%

年份	进出口总额增长率	出口额增长率	进口额增长率
1980	30.0	32.7	27.8
1981	15.4	21.5	10.0
1982	-5.5	1.4	-12.4
1983	4.8	-0.4	10.9
1984	22.8	17.6	28.1
1985	30.0	4.6	54.1
1986	6.1	13.1	1.6

续表

年份	进出口总额增长率	出口额增长率	进口额增长率
1987	11.9	27.5	0.7
1988	24.4	20.5	27.9
1989	8.6	10.6	7.0
1990	3.4	18.2	-9.8
1991	17.6	15.8	19.6
1992	22.0	18.1	26.3
1993	18.2	8.0	29.0
1994	20.9	31.9	11.2
1995	18.7	22.9	14.2
1996	3.2	1.5	5.1
1997	12.2	21.0	2.5
1998	-0.4	0.5	-1.5
1999	11.3	6.1	18.2
2000	31.5	27.8	35.8
2001	7.5	6.8	8.2
2002	21.8	22.4	21.2
2003	37.1	34.6	39.8
2004	35.7	35.4	36.0
2005	23.2	28.4	17.6
2006	23.8	27.2	20.0
2007	23.5	25.7	20.8
2008	17.9	17.5	18.5
2009	-13.9	-16.0	-11.2
2010	34.7	31.3	38.8
2011	22.5	20.3	24.9
2012	6.2	7.9	4.3
2013	7.5	7.8	7.2

资料来源：《中国贸易外经统计年鉴（2014）》。

从表7-1和表7-2的进出口贸易规模及增长率变化数据来看，20世纪90年代中后期开始，我国就开始出现明显的贸易顺差，且规模持续增加，2008年甚至达到20868.4亿元。受到全球金融危机的冲击，2009年的贸易顺差明显下降，于2012年又开始回升。尽管如此，我国的进出口贸易总额基本呈逐年上涨趋势，2013年已达到258168.9亿元。增长率的变化，更能清晰地体现出世界性经济波动对我国进出口贸易的影响。我国在加入世贸组织之后，进出口贸易取得了大幅增长，保持了将近7年的高速增长，在经历了金融危机冲击之后，到2012年、2013年我国进出口贸易总额增长比例已降至相对较低的水平，但是总量水平仍较高。

表 7-3　　我国 2016 年 5 月进出口贸易概况（分贸易类型）　　单位：万美元

项目	金额
保税监管场所进出境货物出口总额	289951.1
保税监管场所进出境货物进口总额	722899.7
边境小额贸易出口总额	199870.7
边境小额贸易进口总额	64205.1
出料加工贸易出口总额	1354.2
出料加工贸易进口总额	2061.2
对外承包工程出口货物出口总额	119415
国家间、国际组织无偿援助和赠送的物资出口总额	3351.1
国家间、国际组织无偿援助和赠送的物资进口总额	65.6
海关特殊监管区域进口设备进口总额	53112.3
海关特殊监管区域物流货物出口总额	892781.5
海关特殊监管区域物流货物进口总额	1354861.7
加工贸易进口设备进口总额	7842.2
进料加工贸易出口总额	4989242.4
进料加工贸易进口总额	2378380.8
来料加工装配贸易出口总额	585435.2
来料加工装配贸易进口总额	667564.2
免税品进口总额	13940.2
免税外汇商品进口总额	80.5
其他捐赠物资出口总额	33.7
其他捐赠物资进口总额	29
其他贸易出口总额	661626.8
其他贸易进口总额	115914.4
商品出口总额	18106364
商品进口总额	13108413.4
外商投资企业作为投资进口的设备、物品进口总额	32665.9
一般贸易出口总额	10361308.3
一般贸易进口总额	7669737.3
易货贸易出口总额	56.1
租赁贸易出口总额	1937.9
租赁贸易进口总额	25053.3

资料来源：国家统计局进度数据库。

从进出口贸易类型来看，我国当前的进出口贸易仍以商品及一般贸易进出口为主，贸易类型较为丰富，进料加工贸易进出口总额的占比位列其次。除此之外，海关特殊监管区域物流货物进出口总额、保税监管场所进出境货物进口总额的规模也相对较高，由此可见我国实行的保税区、出口加工区、保税物流园区、跨境工业园区、保税港区、综合保税区、自由贸易区等促进贸易进出口的特殊制度，正在发挥着积极作用。

表 7-4　　我国 2016 年 5 月进出口贸易概况（按总额降序排列）　　单位：万美元

国家（地区）	商品出口总额	国家（地区）	商品进口总额
美国	3152889.4	欧洲联盟	1826537
欧洲联盟	2827551.7	东南亚国家联盟	1549713
中国香港	2400448.4	韩国	1269841
东南亚国家联盟	2341007.2	日本	1131804
日本	1039665.5	中国台湾	1119205
韩国	802411.8	美国	1040566
德国	550936.2	德国	764295.8
越南	529909.1	澳大利亚	602366.9
印度	529852.8	巴西	502048.5
英国	458491.1	马来西亚	373779.6
荷兰	409351.1	俄罗斯联邦	298345.6
新加坡	382774.4	泰国	282901.6
中国台湾	377657.9	越南	278252.4
马来西亚	367473.1	新加坡	256507.1
泰国	333579.8	中国香港	248023.3
俄罗斯联邦	312684.4	英国	181788.5
印度尼西亚	307162.8	法国	169262.6
澳大利亚	300439.8	加拿大	167904.8
菲律宾	293103.8	印度尼西亚	158829.9
意大利	241237.5	南非	157391.1
加拿大	230496.7	意大利	142903.9
法国	222130.9	菲律宾	141077.5
巴西	172744.5	荷兰	95289.3
南非	101045.5	印度	95207.8
新西兰	36736.4	新西兰	63391.5

资料来源：国家统计局数据库。

从我国对外贸易的分国别数据来看，我国进出口贸易主要流向美国、欧洲、东南亚国家。美国、日本、韩国，以及欧洲国家都是我国的主要贸易伙伴，我国与其他金砖国家也维系着良好的贸易关系。其中，我国出口贸易前五位国家（地区）分别为美国、中国香港、日本、韩国、德国；我国进口贸易前五位的国家（地区）分别为韩国、日本、中国台湾、美国、德国。

7.1.2　我国吸引外商直接投资现状

外商直接投资是带动我国经济发展的重要力量之一，作为发展中国家，吸引外商资本进入对于推动经济增长和促进技术进步具有重要作用。表 7-5 和表 7-6 列出了我国近期外商直接投资的行业分布和地区分布概况。

从我国外商直接投资的行业分布来看，主要集中于制造业、房地产业、批发和零售业、租赁和商务服务业。从地区分布来看，亚洲是我国外商直接投资的首要来源地，全国四分之三以上的外商直接投资都来源于亚洲，其次为拉丁美洲、欧洲。

表 7-5　　我国 2013 年外商直接投资行业分布　　　　单位：万美元

行业	合同项目（个）	实际使用金额
总计	22773	11758620
农、林、牧、渔业	757	180003
农业	479	94739
采矿业	47	36495
石油和天然气开采业	21	11683
制造业	6504	4555498
纺织业	155	122780
化学原料及化学制品制造业	263	393039
医药制造业	107	103623
通用设备制造业	770	353479
专用设备制造业	554	348933
通信设备、计算机及其他电子	783	640636
设备制造业	—	—
电力、燃气及水的生产和供应业	200	242910
建筑业	180	121983
交通运输、仓储和邮政业	401	421738
信息传输、计算机服务和软件业	796	288056
批发和零售业	7349	1151099
住宿和餐饮业	436	77181
旅游饭店	5	29834
金融业	509	233046
房地产业	530	2879807
房地产开发经营	393	2809121
租赁和商务服务业	3359	1036158
科学研究、技术服务和地质勘查业	1241	275026
水利、环境和公共设施管理业	107	103586
居民服务和其他服务业	166	65693
教育	22	1822
卫生、社会保障和社会福利业	18	6435
文化、体育和娱乐业	151	82079
公共管理和社会组织	—	5

注："—"代表原始数据未提供。
资料来源：《中国贸易外经统计年鉴（2014）》。

表 7-6　　　　　　　我国 2012 年、2013 年外商直接投资分布概况　　　　　　单位：万美元

国别（地区）	2012 年			2013 年		
	外商直接投资合同项目（个）	外商直接投资	外商其他投资	外商直接投资合同项目（个）	外商直接投资	外商其他投资
总计	24925	11171614	157807	22773	11758620	113439
亚洲	19601	8669559	117523	18182	9467234	95279
非洲	367	138787	—	334	137901	—
欧洲	1794	629050	3338	1639	689319	9000
拉丁美洲	765	1018357	—	663	820687	—
北美洲	1648	382585	2863	1398	408372	—
大洋洲及太平洋岛屿	775	226589	—	684	232652	—
其他	41	106687	34083	1	2455	9160

注："—"代表原始数据未提供。
资料来源：《中国贸易外经统计年鉴（2014）》。

7.1.3　我国对外直接投资现状

投资发展周期理论（Investment Development Cycle）是现代国际贸易理论中的一项重要成果，由英国里丁大学邓宁教授在 1981 年提出。其核心命题是发展中国家对外直接投资倾向，取决于经济发展阶段以及该国所拥有的所有权优势、内部化优势和区域优势，并将一国吸引外资和对外投资能力与经济发展水平结合起来，认为一国的国际投资地位与人均国内生产总值成正比关系。根据人均国内生产总值，邓宁区分了四个经济发展阶段，如表 7-7 所示。按邓宁的理论，我国已处于从第二阶段向第三阶段过渡时期，即作为外资母国的地位显著上升，作为东道国的地位相对下降；继续往下发展，流出就要大于流入。

表 7-7　　　　不同国民生产总值（GNP）水平条件下对外投资与吸收外资的关系

阶段	人均 GNP 水平（美元）	吸收外资	对外投资	净投资
第一阶段	小于 400	很少或几乎没有	很少或几乎没有	为零或接近零
第二阶段	400—2500	吸收外资增长超过 GDP 增长	很少	净对外投资为负，且绝对值扩大
第三阶段	2500—4750	吸收外资减少	开始进行对外投资	净对外投资为负，且绝对值缩小
第四阶段	大于 4750	吸收投资增长	对外直接投资增长更快	净对外直接投资额为正值，且呈增长趋势

邓宁的理论动态地描述了对外投资与经济发展的辩证关系，在一定的经济发展条件下，一国的外国直接投资和其他对外投资是紧密联系的两个过程。因此，与之前我国积极吸引外商直接投资的情形有所不同的是，近几年我国对外直接投资规模也呈现出显著增长趋势。2014 年，中国对外直接投资净额为 1231.2 亿美元，较上年增长 14.2%。其中，新增股权

投资 557.3 亿美元,占 45.3%;当期收益再投资 444 亿美元,占 36.1%;债务工具投资 229.9 亿美元,占 18.6%[①]。截至 2014 年底,中国 1.85 万家境内投资者在国(境)外共设立对外直接投资企业 2.97 万家,分布在全球 186 个国家(地区),年末境外企业资产总额 3.1 万亿美元。对外直接投资累计净额(以下简称存量)达 8826.4 亿美元,其中,股权投资 3569 亿美元,占 40.4%;收益再投资 3839.3 亿美元,占 43.5%;债务工具投资 1418.1 亿美元,占 16.1%[②]。表 7-8 列出了我国对外直接投资的规模和行业分布情况,表 7-9 展示了我国对"一带一路"沿线国家的投资情况。

表 7-8 我国 2006—2014 年对外直接投资流量行业分布情况 单位:万美元

行业分类	2006 年	2007 年	2008 年	2009 年	2010 年	2011 年	2012 年	2013 年	2014 年
A 农、林、牧、渔业	18504	27171	17183	34279	53398	79775	146138	181313	203543
B 采矿业	853951	406277	582351	1334309	571486	1444595	1354380	2480779	1654939
C 制造业	90661	212650	176603	224097	466417	704118	866741	719715	958360
D 电力、热力、燃气及水的生产和供应业	11874	15138	131349	46807	100643	187543	193534	68043	176463
E 建筑业	3323	32943	73299	36022	162826	164817	324536	436430	339600
F 批发和零售业	111391	660418	651413	613575	672878	1032412	1304854	1464682	1829071
G 交通运输、仓储和邮政业	137639	406548	265574	206752	565545	256392	298814	330723	417472
H 住宿和餐饮业	251	955	2950	7487	21820	11693	13663	8216	24474
I 信息传输、软件和信息技术服务业	4802	30384	29875	27813	50612	77646	124014	140088	316965
J 金融业	352999	166780	1404800	873374	862739	607050	1007084	1510532	1591782
K 房地产业	38376	90852	33901	93814	161308	197442	201813	395251	660457
L 租赁和商务服务业	452166	560734	2171723	2047378	3028070	2559726	2674080	2705617	3683059
M 科学研究和技术服务业	28161	30390	16681	77573	101886	70658	147850	179221	166879
N 水利、环境和公共设施管理业	825	271	14145	434	7198	25529	3357	14489	55139
O 居民服务、修理和其他服务业	11151	7621	16536	26773	32105	32863	89040	112918	165175
P 教育	228	892	154	245	200	2008	10283	3566	1355
Q 卫生和社会工作	18	75	—	191	3352	639	538	1703	15338
R 文化、体育和娱乐业	76	510	2180	1976	18648	10498	19634	31085	51915
S 公共管理、社会保障和社会组织	—	—	—	—	—	—	—	—	—
合计	2116396	2650609	5590717	5652899	6881131	7465404	8780353	10784371	12311986

资料来源:《2014 年度中国对外直接投资统计公报》。

---

① 《中国对外直接投资统计公报 2014》。
② 同上。

从投资的行业流向来看，我国对外直接投资主要流向租赁和商务服务业、金融业、批发和零售业、采矿业四大行业。从总额数据来看，2006—2014年间我国对外直接投资规模增长趋势迅猛，已经由资本净输入国转变为资本净输出国。

表7-9 我国2014年对"一带一路"沿线国家投资情况（按流量值降序排列）　　单位：万美元

国家	投资流量	投资存量
合计	1365594	9246048
新加坡	281363	2063995
印度尼西亚	127198	679350
老挝	102690	449099
巴基斯坦	101426	373682
泰国	83946	307947
阿拉伯联合酋长国	70534	233345
俄罗斯联邦	63356	869463
伊朗	59286	348415
马来西亚	52134	178563
蒙古	50261	376246
柬埔寨	43827	322228
缅甸	34313	392557
越南	33289	286565
印度	31718	340721
菲律宾	22495	75994
格鲁吉亚	22435	54564
土库曼斯坦	19515	44760
沙特阿拉伯	18430	198743
乌兹别克斯坦	18059	39209
埃及	16287	65711
科威特	16191	34591
吉尔吉斯斯坦	10783	98419
塔吉克斯坦	10720	72896
土耳其	10497	88181
斯里兰卡	8511	36391
伊拉克	8286	37584
白俄罗斯	6372	25752
以色列	5258	8665
斯洛伐克	4566	12779
尼泊尔	4504	13834
波兰	4417	32935
罗马尼亚	4225	19137

续表

国家	投资流量	投资存量
卡塔尔	3579	35387
匈牙利	3402	55635
阿富汗	2792	51849
孟加拉	2502	16024
保加利亚	2042	17027
阿塞拜疆	1683	5521
阿曼	1516	18972
塞尔维亚	1169	2971
东帝汶	973	1578
叙利亚	955	1455
约旦	674	3098
也门	596	55507
乌克兰	472	6341
克罗地亚	355	1187
捷克	246	24269
马尔代夫	72	237
黎巴嫩	9	378
文莱	-328	6955
哈萨克斯坦	-4007	754107
立陶宛	—	1248
亚美尼亚	—	751
阿尔巴尼亚	—	703
波黑	—	613
斯洛文尼亚	—	500
摩尔多瓦	—	387
巴林	—	376
爱沙尼亚	—	350
马其顿共和国	—	211
拉脱维亚	—	54
黑山	—	32
巴勒斯坦	—	4

注：该报告统计了63个"一带一路"沿线国家，与常见的64国口径不同之处在于，本表未包含"不丹"。
资料来源：《2014年度中国对外投资统计公报》。

从目前我国对"一带一路"沿线国家的投资情况来看，仍然主要集中于东南亚、南亚、中亚地区。在"一带一路"的背景下，预计我国对外直接投资将呈现出新的增长动力，经济合作将逐渐深度覆盖沿线国家。

7.1.4 我国对外技术、劳动力合作现状

技术和劳动力是促进经济产出的重要因素。与发达国家相比，我国具有人口红利优势，因此我国也是劳务输出大国。而在技术创新创造方面，我国仍缺乏全面的技术优势。

2014 年，我国对外劳务合作派出各类劳务人员 56.2 万人，较上年同期增加 3.5 万人，同比增长 6.6%；其中承包工程项下派出 26.9 万人，劳务合作项下派出 29.3 万人。2014 年末在外各类劳务人员 100.6 万人，较上年同期增加 15.3 万人。2015 年，我国对外劳务合作派出各类劳务人员 53 万人，较上年同期减少 3.2 万人，同比下降 5.7%；其中承包工程项下派出 25.3 万人，劳务合作项下派出 27.7 万人。12 月当月，派出各类劳务人员 5.8 万人，较上年同期减少 0.5 万人。年末在外各类劳务人员 102.7 万人，较上年同期增加 2.1 万人。2016 年 1—7 月，我国对外劳务合作派出各类劳务人员 27.1 万人，较上年同期减少 3.2 万人；其中承包工程项下派出 13 万人，劳务合作项下派出 14.1 万人。7 月末在外各类劳务人员 99.5 万人，较上年同期减少 2.3 万人[①]。

7.2 完善居民个人自由流动的财税政策

在开放的经济大背景下，人的流动日益频繁，近年来我国甚至出现了"第三次移民潮"，一些精英阶层、富裕家庭以及高官家属成为移民的主力军。实际上，许多国家在经济发展过程中都面临相似的问题。退出税（Expatriation Tax）就是西方发达国家为了这一困境而发明的税收制度。退出税又称离境税，是指当一国居民放弃该国国籍时，视同出售其全球范围内的资产，并据此（视为实现的资本收益）向退出国税务部门缴纳相关税款，即对来源于国内的财产在转移出境时进行征税。目前，全世界已经有二十多个国家有明确的退出税制度。

从各国的实践来看，退出税并不作为一个独立的税种，通常列于所得税或遗产与赠与税项下（见表 7-10），可以说是一种全球化和国际税收竞争的产物。退出税虽然带有反避税的性质，但是并没有太强的惩罚性，本质上是居民国对于本国居民放弃国籍获得对其资本利得征税的优先权，具体设计也处处体现着税收中性，实际上有利于全球化背景下个人的自由流动。退出税制度也存在多样化的优惠政策，以避免妨碍正常的移民需求、合理合法的资本流动和国际交流。

表 7-10　　各国退出税与其他税种的关系

税类	税种	美国	加拿大	英国	法国	荷兰	西班牙	澳大利亚	日本
所得税	个人所得税或资本利得税	√	√	√	√	√	√	√	√
财产税	遗产与赠与税	√							

资料来源：各国税收制度。

[①] http://fec.mofcom.gov.cn/article/tjsj/ydjm/lwhz/。

7.2.1 典型国家退出税制度演变

7.2.1.1 美国退出税制度

（1）分阶段演进。美国是世界上最早开征退出税的国家之一，自开征退出税以来历经多次调整，主要可分为三个阶段（见表7-11）。第一阶段为雏形期，主要明确了退出税的纳税人、税基以及税率。同时考虑到退出税设立初期的动机是打击移民避税，故允许纳税人提出移民动机裁定，对经过美国国内收入局（IRS）裁定出于非避税动机的弃籍者免税。由于移民动机具有较大的主观性，这项规定为弃籍者提供了很大的避税空间。第二阶段为发展期，在这一阶段联邦政府逐步将退出税的起征点和免征额指数化，根据通货膨胀每年进行调整。同时规定自放弃国籍起10年内，如果弃籍者返回美国滞留30天以上，IRS仍可对弃籍者的全球所得征税，从而加大了对以避税为目的的移民的打击力度，使得退出税真正起了"从富而征"的作用。第三阶段为成熟期，2008年全球金融危机以来，为了最大限度地保证税收收入，美国对财产税的规定和执行更为严格。针对弃籍者在资产评估中刻意压低资产价值的现象，联邦政府采用市场公允价值代替资产账面价值，从而更真实地还原弃籍者资产价值，以进一步打击移民避税，追回海外税源。从以上三个阶段可看出，美国退出税的总体演进趋势是扩大征税范围，对避税的打击更为严厉。一方面源自完善税制的动力，另一方面也与金融危机后美国财政收入紧缩密不可分。

表7-11　美国退出税制度的分阶段演进表

时间	退出税制度设计	特色
开征起至2004年6月3日	符合资格的纳税人可申请证明自己移民动机，经过IRS裁定后可对非出于避税动机的弃籍者免税	为弃籍者提供了较大的避税空间
2004年6月3日至2008年6月16日	自弃籍日起十年内，如果弃籍者返回美国滞留30天以上，IRS对弃籍者的全球所得均享有课税权	加大对以避税为目的的移民的打击力度
2008年6月16日至今	在对弃籍者的资产估值时用市面价值取代账面价值	避免弃籍者刻意压低资产账面价值

资料来源：美国国内税务局官方网站，http://www.irs.gov/instructions/i8854/index.html。

（2）现行制度设计。①纳税人。美国法律并不禁止居民取得或保有双重国籍，并兼行居民、公民和来源地管辖权，所以退出税适用于终止公民权的美国公民和结束居留的美国长期居民。同时，纳税人还需满足如下条件：第一，放弃国籍之前5年的平均年纳所得税超过151000美元（2012年数据，该金额每年根据通货膨胀调整）；第二，放弃国籍当日个人资产净值超过200万美元；第三，在弃籍日前的5个税务年度，均遵照规定缴纳所有联邦税。②税基及税率。退出税在本质上是一种"按市价课税"的概念，纳税人被视为在放弃国籍前一天按当天市价出售其所有资产，因此税基是纳税人所持资产的未实现利得。作为一种特殊的财产税，美国在退出税的税率设计方面比照财产税，实行单一税率。③免税及处分。美国退出税目前的免征额为651000美元，每年根据通货膨胀进行调整。这一免征额会根据各项资产利得占总资产利得的百分比，分配到各项资产利得中予以扣除。此外，美国的退出税制度还规定了严厉的处分措施，若弃籍者未能及时申报缴税，将会被处以10000美元的罚款，且仍会被等同视为美国公民或长期居民，就全球所得向美国纳税。

（3）税收环境构建。①资产登记与价值评估。每个美国纳税人都有一个终身不变的社会保障识别号,记录其各类收支以及工作、家庭变更等情况,并记载当事人的信用记录,为个人资产登记、监管提供了便利。同时设有专门的财产评估机构,由具备资质的核税官员采用综合与分类相结合的专业评估体系进行评估。②税收征管能力。美国退出税主要由州政府立法,可由各州根据本级预算和税基作出适当调整。同时州政府赋予地方以征税权力,这种做法具备较大的自主性和灵活性,可根据各地区之间不同的征管能力和弃籍造成的财富流失状况制定因地制宜的税收政策。③纳税意识。美国的税收制度是世界上最复杂的,但美国公民同样是世界上公认的纳税意识最强的公民。原因主要有二:一是对纳税违章行为的严厉制裁,二是健全的福利制度。

7.2.1.2 其他国家退出税制度概览

除美国以外,英国、法国、加拿大以及瑞士等国也普遍实行退出税,意在防止国内富裕人群把财产转移到其他国家,至于穷人放弃国籍移民则不追究。表7-12是部分开征退出税的典型国家的税制比较表,我们从纳税人、免征额、制度特色和优势来比较荷兰、南非和加拿大的退出税制度异同。

荷兰退出税的纳税人范围较窄,主要针对放弃该国国籍并携带免税养老金离境的公民征收。在退出税征管方面,积极与主要移民输入国开展合作,由葡萄牙、比利时等国代为征收。由此可见,退出税在荷兰适用范围小但针对性较强,并且通过跨国合作达到了税收征管便利、征税成本较低的效果。

南非退出税的纳税人范围相对较宽,超过免征额的一般纳税人离开共同货币区均需征收。为了真正实现"从富而征"的目的,南非政府设置了了高达400万南非兰特(约合315万元人民币)的免征额。同时考虑到家庭共同移民的现象较为普遍,南非在设置个人免征额的基础上同时加设家庭免征额,以简化弃籍者的纳税申报流程。

加拿大退出税的纳税人为普通税务公民。与美国、南非不同的是未设置免征额,而是以多项免税项目取而代之。这些免税项目包括不动产、能源、商业资产、养老金、特定目的存款(如教育储蓄)、职工福利以及无形资产等。对上述特定资产不予征税,一方面缩小了退出税的税基,另一方面也会激励公民持有这些资产。

表7-12 开征退出税的部分国家税制比较表

国家	纳税人	免征额	制度特色	优势
美国	终止公民权的美国公民和结束居留的美国长期居民	627000美元	设置较高的起征点(放弃国籍之前5年的平均年度净所得税超过151000美元、放弃国籍当日个人资产净值超过200万美元)	能真正起到"从富课征"的作用
荷兰	携带免税养老金弃籍的公民	未设置	与葡萄牙、比利时等国家建立合作关系,由主要移民输入国代为征收退出税	便于征管,节约征收成本
南非	离开共同货币区的公民	4000000南非兰特	除了设置个人免征额外加设家庭移民免征额(800万南非兰特)	简化弃籍者申报流程
加拿大	税务居民	未设置	设置了多项免税项目,在计算退出税时免税项目可从总资产中扣除,不需缴纳退出税	缩小了退出税的征税范围

注:(1)免税养老金是指65岁以上的荷兰居民每年可领到占社会平均工资50%以上的养老金,且这部分收入不需缴纳税金;(2)共同货币区是指南非与南非莱索托、斯威士兰建立的使用共同货币的经济联盟。

资料来源:(1)美国国内税务局IRS: Instructions for Form 8854 (2012) "Initial and Annual Expatriation Statement", http://www.irs.gov/instructions/i8854/index.html;(2)荷兰在线RNW: Dutch expats exempted from emigration tax, http://www.rnw.nl/africa/article/dutch-expats-exempted-emigration-tax;(3)ENS税收视点: tax and exchange control implications of emigration, http://www.ens.co.za/news/news_article.aspx?iID=353&iType=4;(4)加拿大收入局CRA: Emigrants and Income Tax 2012, http://www.cra-arc.gc.ca/E/pub/tg/t4056/t4056-e.html。

7.2.1.3 各国退出税的税制比较

（1）纳税人认定

各国退出税的认定条件最核心的都是纳税人的身份变更。但是由于各国对于税收居民的认定不同，决定了各国适用退出税的条件存在着较大的差异。如英国规定，在英国居住满半年以上，不足3年的居民个人，对其来自国外的所得，只就汇到英国的部分征税。只有居住满3年的跨国自然人，才对其从英国境外取得的全部所得进行征税。日本规定，在日本境内居住满5年的个人为永久居民，对其在境内外取得的全部所得征税，负有无限纳税义务，而对居住1年以上不满5年的居民，其境外所得只就汇入部分征税。

除此之外，退出税制度中还有一些补充条款。第一类补充条款主要考察移民或移居他国的个人与本国的实质性联系程度。第二类补充条款主要考虑移民的资产规模，以识别富豪群体。如美国和法国分别规定，当个人总资产不少于200万美元、净资产不少于80万欧元时，才需要缴纳退出税。

（2）征税范围

各国退出税的征税范围并不相同，但普遍将证券、股权、艺术品和无形资产纳入征税范围，并且多数国家选择了对未实现收益征税。其中，美国的税基最宽，金融资产、不动产、私用品、艺术品和无形资产都纳入征税范围；而日本的退出税税基相对较窄，只对金融资产征税，而对不动产、私用品、艺术品和无形资产都给予了免税优惠（见表7-13）。

表7-13 所得税下各国退出税的征税范围比较

征税范围	美国	加拿大	英国	法国	荷兰	西班牙	澳大利亚	日本
金融资产	√	√	√	√	√	√	√	√
不动产	√	×	个人主要房产免税	×	×	自用不动产免税	家庭主要居所免税	×
私用品	√	√	√	×	×	√	√	×
艺术品	√	√	√	×	投资性艺术品	√	√	×
无形资产	√	√	√	√	√	√	√	×

资料来源：各国税收制度。

（3）税率设定

退出税税率有比例税率、累进税率和复合税率三种形式。美国、加拿大、英国、西班牙、澳大利亚采取的都是累进税率，荷兰、日本采取的是比例税率，法国则是比例税率和累进税率相结合的复合税率（见表7-14）。

表7-14 各国退出税税率比较

国家	税率形式	最高边际税率	平均税率
美国	累进税率	35%	25.33%
加拿大	累进税率	50%	34.91%
英国	累进税率	28%	23%
法国	比例税率和累进税率相结合	60.5%	37.57%
荷兰	比例税率	25%	25%
西班牙	累进税率	47%	28.2%
澳大利亚	累进税率	45%	28%
日本	比例税率	20%	20%

资料来源：各国税收制度。

最高边际税率水平,最高的是法国,最高边际税率为 60.5%。加拿大的最高边际税率也达到 50%,西班牙、澳大利亚的最高边际税率为 47% 和 45%,日本的税率最低,仅为 20%。用平均税率衡量,法国、加拿大超过了 30%,其他国家在 20%—30% 之间。在研究中还发现,退出税的平均税率和资本利得税的平均税率基本一致,略低于个人所得税的平均税率。这是由于资本利得税的性质是对资本收益征税,并且主要针对富裕人群,体现纵向公平的原则。

(4)税收优惠

退出税的税收优惠可以分为三种。第一类是为了防止阻碍个人的自由流动和资本的自由投资,如转移居民身份一定期限内回国的,各国普遍豁免其应缴退出税。日本规定对退出后 5 年内恢复本国纳税人身份的,将退回其已经缴纳的退出税,以鼓励居民回国发展。第二类是为了鼓励长期资本投资,避免短期套利。如澳大利亚对持有期在一年以上的资产的退出税减半征收。第三类是为了避免双重征税,即允许境外已纳税款抵免本国应纳退出税。还有的所得税中,对于资本再投资的递延纳税也同样适用于退出税,体现出退出税作为所得税和资本利得税的性质。

7.2.2 我国开征退出税的可行性分析

7.2.2.1 我国开征退出税的趋势所在

大量的富豪移民为我国开征退出税提供了丰富的潜在税源。据调查显示,2012 年我国个人资产超过 1 亿元的大陆企业主中 27% 已经移民,还有 47% 正在考虑移民[①];美国移民局的资料称,在其开放的 EB-5 投资移民申请中,41% 为中国人;澳大利亚移民与公民事务部的报告也称,其申请的商业技术移民计划中 61.5% 为中国人。在这种情况下,为了防止本国财富的外流和其他不良的社会反响,中国需要借鉴美国、荷兰、南非和加拿大等国家开征退出税的经验,尽早研究开征这一新税种。除了扩大财政收入,防止国家财富流失,退出税对我国更重要的意义在于:与欧美国家金融危机后缓解财政困境不同,我国以退出税为契机,可推动我国财产税的制度建设,进一步完善税收体系。

7.2.2.2 我国开征退出税的现实困境

随着对公民财产保护、私有产权的日益重视,《物权法》业已出台,相关财产管理办法逐渐完善。这些办法包括:存款实名制,对房产、车船等财产的登记管理办法,财产公证办法,资产评估办法以及即将铺开的针对公务员的收入申报制度和财产登记制度等。扎实的财产管理基础为我国开征退出税提供了配套的制度保障。但作为一个全新的税种,从提出到设立要经过漫长的过程。诸如纳税人、税率、税基和免税额等具体内容,均需要税务专家和有关人员反复论证。除了制度设计方面存在难点以外,税收环境也是决定退出税能否顺利开征的重要因素之一。当前退出税在税收环境方面的困难主要体现在以下三点:

第一,作为前置环节的资产登记、价值评估急需完善。当前我国缺乏收入申报和财产登记的制度设计,长期以来官员财产公开的"悬而未决",就可反映出退出税资产登记的现实阻碍。与此同时,如何发展第三方独立资产评估机构,如何全面、准确地评估富豪各类资产等,也使得价值评估困难重重。

第二,作为关键环节的税收征管有待加强。受制于国际化税务干部队伍的有待建设、全国性征管软件的进一步提升以及财产税征管经验的积累不足,我国尚未具备与退出税完全匹配的征管能力。

第三,外在环境的公民纳税意识尚待提升。目前我国公民的税收知识较为贫乏、纳税意识较为单薄,社会上隐瞒收入、偷逃骗税的现象仍大量存在。退出税作为一个全新的税

---

① 《2013 中国私人财富报告》,招商银行和贝恩管理顾问公司。

种，国民对它知之甚少，接受程度偏低是退出税开征的又一阻力。

7.2.3 我国开征退出税的制度构想

7.2.3.1 配套环境建设

（1）建立健全个人财产登记与评估制度。以存款实名制为基础，尽快建立起一套类似于美国的个人财产申报和登记系统，设立个人终身财产账号。大力推动第三方独立机构的设立，确定具体的财产评估程序和方法，严格考核资产评估人员的专业技术水平。

（2）加强国际间退出税征管合作。一方面，多渠道收集、分析海外税收信息，同各国移民、海关、财产登记评估部门开展合作和技术交流；另一方面，建立与主要移民输入国的双向互动合作关系，对两国间未缴纳退出税的移民由另一国代为征税。

（3）提高公民退出税纳税意识。一是要严格设定退出税稽查和惩罚力度，把偷漏骗税行为与个人终身信用挂钩，从而增强主观遵从度；二是要增强全体公民对退出税的认同感和监督意识，充分利用网络、电视、报刊等媒体，呼吁有移民意愿的富豪依法纳税，并使退出税在更高认同度下得到普通公众的推广和监督。

7.2.3.2 具体制度设计

（1）纳税人。按照我国个人所得税法，国籍并不构成税收居民的主要决定因素。使一个纳税人身份从居民纳税人转变为非居民纳税人，既可以通过变更国籍，可以通过移居他国。虽然《国籍法》明确规定中国公民加入它国国籍意味着自动放弃中国国籍，但在现实情况中由于信息共享不及时，公安机关未能及时注销已加入外国国籍的中国公民信息，导致"双重国籍"现象的存在。故建议放宽退出税的纳税人范围，即无论是否放弃中国国籍，只要加入其他国籍，均应缴纳退出税。

在居民纳税人身份发生变更的同时，还需要制定补充条件决定纳税人是否适用退出税，包括资本是否达到一定规模，境内是否有完税证明。

（2）从税基与税率来看，退出税的课税对象为退出者所持有的全部资产扣除取得成本后的资本利得。短期内征税范围仅限于持有股权和投资性不动产，未来再考虑是否要结合个人所得税的改革对艺术品、无形资产等征税。

具体税率可比照财产税类中的其他税种，考虑到税负公平和量能负担的原则，在现行个人所得税税制下可以采用20%的比例税率。个人所得税改为综合与分类相结合之后，可以考虑累进税率，并对长期持有资产适用低税率。

（3）从起征点与免征额来看，结合美国经验和我国国情，在设置我国退出税起征点和免征额时应注意：第一，参考主要移民流出国的投资移民项目中所需的最低投资额（如美国为50万美元，加拿大为80万加元，澳大利亚为80万澳币）；第二，适当考虑通货膨胀情况，推动退出税起征点和免征额的指数化；第三，根据家庭移民现象普遍、共有资产不易分割的现状，增设家庭起征点和免征额。

（4）从扣除项目来看，结合美国、加拿大退出税扣除项目的设置经验，建议如下：一是我国富豪移民保留国内公司和不动产较为普遍，对弃籍者留在境内的财产准予扣除；二是按照征管效率的原则，对难以计量和核算的资产项目予以扣除。

7.3 完善居民企业对外投资的财税政策

税收是影响全球资本流动的要素之一，企业跨境投资决策不仅与东道国、居住国的税收制度有关，而且与相关的国际税收协定密切相关。在税基侵蚀与利润转移（BEPS）背景下，企业跨境投资决策面临着新形势下的国际反避税风险。当前我国居民企业迎来了"一带一路"战略的经济合作前景，但是也面临着更为复杂的国际税收环境，因此需要从国家层面进一步完善居民企业对外投资的相关财税政策，对企业"走出去"行为决策提供政策激励，并且为企业跨境投资税收风险管理提供更多确定性保障。

7.3.1 税收影响跨境资本流动的理论分析

7.3.1.1 理论框架

在跨境资本流动的过程中，税收因素不可忽视。一般来说，东道国和母国的税制特征，通常会对企业跨境投资决策产生重要影响，也会直接造成资本的税前收益率与税后收益率之间的差异。企业对外直接投资的方式包括绿地投资和跨境并购。关于绿地投资，主要是在东道国投资设立企业或收购东道国企业超过一定比例的股份。这一投资所得，意味着用企业利润负担东道国的企业所得税，因此东道国的企业所得税税率高低对跨境投资的税后收益率有重要影响。而对于跨境并购行为来说，通常各国对于并购重组都规定了特殊的税收优惠政策或特殊的税务处理方式，这些政策规定也将影响到跨境投资的税后收益率。当母国企业从在东道国投资的企业处取得相应收入时，母国企业还需向本国缴纳相应的所得税。因此，东道国，以及母国的公司所得税率、相关税收政策将对跨境资本的税后收益率产生重要影响。这也是企业在对外投资决策中都会考虑投资区位选择的重要原因。

东道国和母国的税收制度，均属于国内税法的范畴。关于跨境投资涉及的两国，如果签订了国际税收协定，那么这一国与国之间的税收关系也将会对跨境投资行为产生影响，从而影响资本的跨境流动。如果两国并未签订国际税收协定，且两国国内税法中对于跨境征税出现的重复征税问题并未作出减免规定，可能就会出现双重征税问题。因此，是否签订国际税收协定，以及协定的具体内容，都会通过影响企业的实际税负，从而影响企业的跨境投资行为和全球资本流动。

国际税收协定是国与国之间签订的避免对所得和资本双重征税和防止偷漏税的协定。从国际税收协定的内容来看，可以认为其体现了国与国之间的税收关系，包括跨境所得和资本的税收收入分配原则，以及跨境所得和资本的税收收入协调原则。具体表现为，通过国际税收协定的规定，避免跨境所得和资本的双重征税，相当于对企业减轻不必要的税收负担；与此同时，国际税收协定的存在，明确了缔约国双方对跨境所得和财产的征税权利，因此可以更有效地进行跨境税收征管，抑制跨境偷漏税行为。

国际税收协定，以及一些国家的国内税法，对于跨境所得的重复征税问题提出了解决方法，最常见的为免税法和抵免法。国际税收协定中的免税法是指缔约国一方对于本国居民在缔约国另一方取得特定类型的所得，在另一国缴税之后，无需再向本国缴税。国内税法中的免税法是指对于本国居民在境外所取得的特定类型的所得免征本国的所得税。不难看出，免税法的规定，完全避免了双边重复征税的问题。抵免法存在于一些国家的国内税法中，而且普遍存在于双边税收协定中。抵免法的实施，需要比较同一笔所得在缔约国双方中的纳税义务差异。东道国税率不低于母国税率时，纳税人就无需就这笔跨境所得向母国缴税，由于抵免限额的存在，一些国家规定纳税人由此所产生的超限抵免额可以结转到以后年度在母国进行抵免；如果东道国税率低于母国，纳税人则需要根据境内外税额差异向母国补税。对比来看，免税法是母国放弃了自身税收利益，而抵免法则是兼顾东道国和母国双方的税收利益。不同的方法，可能会对资本的实际税后收益率产生差异化影响，从而影响投资决策。

东道国、母国以及双边税收协定的存在，在国际层面构建起跨境税收规则，共同影响全球资本流动。其根本逻辑就是，税收对于企业来说也属于一种成本，因此上述相关税收制度、协定、税收政策都会影响企业的投资成本，从而对全球资本流动造成一定影响。从理论上来看，把握全球资本流动的规律，需要综合考虑东道国和母国的相关税收制度和税收政策，以及全球范围内国际税收协定的签订情况，而后者通常在传统的经济学研究范式中被忽略。

7.3.1.2 实证研究结论

关于公司所得税负与跨境资本流动方面的研究，主要集中于国际税收竞争与外商直接投资竞争。20世纪80年代以来，有效平均税率下降，而有效边际税率保持相对稳定。很多理论文献针对跨国公司的激烈税收竞争，试图解释有效平均税率下降的原因（Devereux et al., 2002）。而税负水平是否与吸引外商直接投资水平负相关，实证研究仍存在不同的观点。例如，Peter Egger & Horst Raff（2015）检验了政府在制定公司所得税率和税基时的战略行为，以及对于其他国家的税率和税基变化，本国政府作出的反应。不仅估计了税收政策反应函数的斜率，还估计了在纳税均衡中交易成本和GDP的边际变化如何影响税收政策。被估计的斜率以及相对静态反应，在政府竞争FDI的模型中是合理的。使用估计的政府反应函数，可以得出：区域贸易一体化下，所观察到的公司所得税制度的变化，与更为激烈的FDI竞争保持一致。关于税收影响对外直接投资区位选择方面，已有研究结论表明，东道国的税负水平具有显著影响力（Buckley et al, 2007；王永钦等, 2014）。

Nils Herger et al.（2016）却提出相反的观点。他们进一步讨论了税收工具影响FDI的作用机制，并细化为"水平FDI"和"垂直FDI"，对FDI的动机进行分解，实证检验表明：税收对FDI的影响小于经常讨论的程度。公司所得税对FDI的影响是负的，税收弹性受FDI目标（比较而言，税收对"垂直FDI"的影响更为显著）、具体的税收手段，以及国际税收方面的考虑（双重征税、预提税）的影响。销售税也影响FDI，但是只影响"水平FDI"。

关于国际税收协定对跨境资本流动的影响，国际上也已形成一些研究成果，但是实证结果并不统一（Daniels, O'Brien, von der Ruhr, 2015；Louie & Rousslang, 2008）。例如，具体到国际税收协定中税收饶让条款对跨境投资的影响方面，既有结论表明税收饶让条款对跨境投资存在显著影响（Hines, 1998；Mucchielli 等, 2003；Nigar, 2007；黄文柱, 2011；詹正华、陈星汝, 2012；王玮, 2013），也有结论表明不存在显著影响（Dedorah, 2001；Kim, 2010）。饶让正效应支持方认为我国应当有条件地实施税收优惠政策，比如单边税收饶让政策、延期纳税等，来促使我国企业更好地"走出去"，增加税收对OFDI的激励效应（卞幻, 2014；詹正华、陈星汝, 2012）。

7.3.1.3 现实逻辑分析

从东道国与母国税收制度要素的角度来看，尽管税收要素不是决定企业对外投资决策的核心因素，但是跨国公司的实际行动表明，全球税收筹划是附属于企业全球战略经营规划的重要内容。大量资本流向避税地、低税地以及其他有特殊税收吸引力的国家和地区，国际税收竞争的热度并未完全消减，证实了这一观点。这也间接表明，东道国、母国的税收制度与政策是影响跨境资本流动的重要税收因素。

从国际税收协定的作用来看，对比上述理论分析与实证结论不难发现，尽管在理论上国际税收协定对跨境资本流动的税收效应显而易见，但是实证结论并未提供有效的支持。从现实来看，主要是因为，协定的签约国可能并未很好地掌握协定本身的运行机制，跨境投资者也可能并未熟知协定的内容和作用（尤其是发展中国家的对外投资者,或者初次进行对外投资的投资者,可能更容易忽视协定的存在)。因此双重征税、跨境偷漏税的情形并未完全通过国际税收协定得以解决,这也是一些国家签订了双边税收协定,但是双边投资流动可能并未明显增长的原因之一。从税务部门的角度来看,实务部门可能对于协定内容的理解还并不十分明确清晰,且国际税收协定的法律语言有别于国内税法,这些都可能导致税务部门应该给予企业的税收优惠无法切实落地,从而未能有效解决双重征税问题,或者导致税务部门未能有效鉴定跨国企业的全球税务筹划行为,从而使得全球偷漏税及避税行为得以成行。简言之,现实操作层面的相关因素,尤其是人的因素,使得国际税收协定的作用可能大打折扣。

因此,在研究跨境资本流动问题时,需要了解东道国的税收制度,同时关注母国相关的税收规定,以及两国之间是否签订相关税收协定。除了常见的避免所得和财产双重征税和防止偷漏税的双边税收协定之外,还有税收情报交换协定、海运或空运协定中的免税条款等,这些都会对资本的跨境流动产生不可忽视的经济影响。

7.3.2 "一带一路"战略背景下沿线国家基本税收规定比较及国际税收发展新趋势

7.3.2.1 双边税收协定签订情况

目前在"一带一路"沿线64国[①]中,未与我国签订双边税收协定的国家有11个,分别为缅甸、柬埔寨、东帝汶、阿富汗、马尔代夫、不丹、伊拉克、约旦、黎巴嫩、也门、巴勒斯坦,大多数为"一路"沿线国家。其中,约旦已经签订的双边税收协定超过了100个,多为欧盟和发达国家。其余10个国家已签订双边税收协定的数量很少。阿富汗、马尔代夫也未与其他国家签订税收协定,东帝汶仅与葡萄牙签订了税收协定,不丹仅与印度签订了税收协定,柬埔寨与3个国家签订了税收协定,黎巴嫩与4个国家签订了税收协定,也门与5个国家签订了税收协定,缅甸与9个国家签订了税收协定。巴勒斯坦与7个国家签订了税收协定,但是目前生效的只有3个[②],伊拉克与5个国家签订了税收协定,但是目前生效的只有2个[③]。虽然未签订双边税收协定,我国与马尔代夫签订了航空协定,与黎巴嫩签订了航空协定和海运协定,其中包含税收条款,涉及企业所得税、个人所得税和间接税。

从双边税收协定的签订时间来看,我国与"一带一路"沿线国家签订避免双重征税国际税收协定大多集中于20世纪八九十年代至21世纪初。2005年以来,与我国第一次签订避免双重征税国际税收协定的沿线国家有格鲁吉亚、阿塞拜疆、沙特阿拉伯、叙利亚、捷克共和国、土库曼斯坦、塔吉克斯坦7个国家,我国还与俄罗斯、新加坡等国重新签署了双边税收协定。目前生效的税收协定中,仍有个别协定签署于20世纪80年代,且进入21世纪之后未有任何修订。当今国际税收形势已经发生诸多变化,国际避税形式更加复杂多变,国际

[①] 本书以文献及报道中常见的沿线64国(不包括中国)作为研究口径基础,进一步结合地理位置、政治体制、经济等因素,将沿线64个国家划分为六个组别。即中亚5国(哈萨克斯坦、吉尔吉斯斯坦、塔吉克斯坦、乌兹别克斯坦、土库曼斯坦)、独联体及格鲁吉亚、蒙古8国(俄罗斯、白俄罗斯、摩尔多瓦、亚美尼亚、阿塞拜疆、乌克兰、格鲁吉亚、蒙古)、中东欧16国(波兰、罗马尼亚、捷克共和国、斯洛伐克、保加利亚、匈牙利、拉脱维亚、立陶宛、斯洛文尼亚、爱沙尼亚、克罗地亚、阿尔巴尼亚、塞尔维亚、马其顿、波黑、黑山)、西亚北非16国(沙特阿拉伯、阿联酋、阿曼、伊朗、土耳其、以色列、科威特、伊拉克、卡塔尔、约旦、黎巴嫩、巴林、也门、叙利亚、巴勒斯坦、埃及)、东南亚11国(印度尼西亚、泰国、马来西亚、越南、新加坡、菲律宾、缅甸、柬埔寨、老挝、文莱、东帝汶)、南亚8国(印度、巴基斯坦、孟加拉国、斯里兰卡、尼泊尔、马尔代夫、不丹、阿富汗)。
[②] 巴勒斯坦对外签订的这7个双边税收协定,大多签署于2010年以后。
[③] 根据荷兰国际财政文献局IBFD数据库资料整理。

税收协调行动不仅仍然关注避免双重征税问题，而且更加重视防止税基侵蚀和利润转移。

从双边税收协定的内容来看，在常设机构的认定时间标准方面，我国与"一路"沿线多数国家所签订协定的规定时间少于12个月，主要有183天、6个月、9个月，且以6个月为标准的协定数量最多；我国与"一带"沿线多数国家所签订协定的规定时间在12个月及以上，主要有12个月、18个月、24个月，且以12个月为标准的协定数量最多。在协定税率方面，我国与沿线国家所签订的协定，对于股息、利息、特许权使用费受益所有人的限定税率多数为10%。在税收协定的饶让条款方面，有15个国家与我国相互给予饶让[1]，新加坡、阿联酋、波兰、匈牙利等国给予我国单方税收饶让。

7.3.2.2 BEPS背景下国际税收协定的新趋势

在OECD/G20税基侵蚀与利润转移（BEPS）行动背景下，跨国企业利用国际税收协定中存在的漏洞进行全球避税受到了极大关注。从避免双重征税的角度来看，国际税收协定对于企业来说是一种税收优惠，因此就存在被跨国企业利用进行全球税收筹划的空间。在常见的"荷兰—爱尔兰三明治"避税架构中，跨国企业充分利用了荷兰与多国都签订了限定税率较为优惠的双边税收协定，因此跨国公司通过在荷兰设立中介子公司，从而达到利用相关税收协定优惠进行避税的目的。BEPS行动计划提出，应通过修订国际税收协定，对协定中的优惠条款限定更加严格的前提条件，避免税收协定优惠的滥用。例如，针对企业滥用税收协定以避税的做法，BEPS第6项行动计划提出：在税收协定中明确阐明，缔约国在签订一个协定时，希望防止避税行为，特别是要避

免为择协避税创造条件；在OECD税收协定范本中纳入基于美国和其他一些国家所签订协定中包含的利益限制条款所制定的特别反滥用规则（"LOB规则"）；为了应对其他形式的协定滥用，包括上述LOB规则没有涉及的择协避税情形（例如某些导管融资安排），OECD协定范本将加入一个以交易或安排的主要目的为基础的更为概括性的反滥用规则（主要目的测试，即"PPT规则"）[2]。

关于跨国公司在全球税收筹划安排中人为避免在东道国构成常设机构以规避相应税收的做法，BEPS第7项行动计划也提出了对OECD税收协定范本第5条第4款、第5款和第6款作出修订，即对OECD范本中常设机构相关认定标准的修订，从而抑制跨国公司的上述避税行为。

7.3.2.3 沿线国家公司所得税标准税率概况

基于"走出去"企业的角度，除了税收协定中的限定税率之外，东道国当地公司所得税负对于投资经营决策来说同样较为重要。鉴于实际税负较难考量，这里简要对比2015年沿线64国的名义公司所得税率[3]，以期形成初步的税负判断。对于非居民企业设立在本国的分支机构的情况，沿线大多数国家都按照本国标准税率对其征收公司所得税，从这个角度而言，名义标准税率具有一定的参考性。除了蒙古、阿联酋、埃及、巴勒斯坦、叙利亚、匈牙利、印度[4] 7国采用累进税率之外，沿线其他国家基本上采用比例税率。不少国家针对特殊行业设定特殊税率，尤其是一些石油产出国对石油企业适用于高税率。

从2015年沿线国家公司所得税的名义标准税率来看，大约三分之二的沿线国家公司所得税标准税率不超过20%。公司所得税名义标准税率高于我国的国家有菲律宾、巴基斯

---

[1] 泰国、马来西亚、越南、文莱、印度、巴基斯坦、斯里兰卡、阿曼、科威特、斯洛伐克、保加利亚、塞尔维亚、马其顿、波黑、黑山。
[2] http://www.chinatax.gov.cn/n810219/n810724/c1836574/content.html.
[3] 本部分涉及的税率资料，均为笔者根据荷兰国际财政文献局IBFD数据库相关资料进行整理而得。
[4] 印度的企业所得税标准税率为30%，另外征收地方附加税3%。印度对超过一定水平的所得额外征收附加税，本质上也为累进税率，所以本书将印度归类为实施累进税率的国家。

坦、孟加拉国、斯里兰卡、不丹、以色列、巴林、印度、埃及、阿联酋、叙利亚11个国家[①]，大多为"一路"沿线国家。与我国税率相同的国家有印度尼西亚、马来西亚、缅甸、尼泊尔、伊朗、蒙古[②]6个国家，前四个国家均为"一路"沿线国家。

综上，"一路"沿线不少国家公司所得税名义标准税率并不低于我国，而"一带"沿线绝大多数国家的公司所得税名义标准税率低于我国。分组别来看，南亚8国的平均税率最高（26.4%），中亚5国的平均税率最低（11.9%）[③]。南亚8国、东南亚11国、西亚北非16国三个组别各自的平均税率均高于20%，而其他三个"一带"沿线国家组别各自的平均税率均低于20%。未与我国签订税收协定的11个国家中，除了不丹、缅甸之外，其他9国的公司所得税标准税率均明显低于我国。

另外，沿线部分国家还征收分支机构利润汇回税，即外国企业设立在本国的分支机构如果将利润汇回总部，还需向本国缴税。考虑到分支机构利润汇回税的税率，土耳其、哈萨克斯坦、阿塞拜疆、泰国等国的所得税实际税率可能会超过25%，因而可能会影响我国"走出去"企业到这些国家进行投资。

总体来说，"一带一路"沿线国家公司所得税整体名义税负并不高，"一路"沿线国家的公司所得税率平均水平相对高于"一带"沿线国家，低税率为吸引我国"走出去"到沿线国家投资经营创造了有利条件。从实际税负的角度考虑，税制透明度、附加税费、税收征管水平等也会影响沿线国家的实际税负水平，而这些因素通常与各国经济发展水平有着密切关系，因此可以认为沿线高收入水平国家，尤其是中东欧16国的名义税率与实际税负最为接近。

7.3.3 鼓励我国企业对外投资所面临的国际税收挑战

7.3.3.1 沿边视角

我国内陆沿边地区经济发展起步较晚，自20世纪90年代初开始发展至今，已经形成一定的经济规模，但是与沿海地区和很多中部地区相比，沿边地区的经济和社会发展水平仍较为落后。2007年党的十七大召开，标志着我国进入新一轮沿边开放的发展阶段。党的十七大报告指出，"深化沿海开放，加快内地开放，提升沿边开放，实现对内对外开放相互促进"。党的十八大报告继续提出，"要扩大内陆沿边开放，全面提高开放型经济水平"。党的十八届三中全会进一步强调，"构建开放型经济新体制，扩大内陆沿边开放"。"一带一路"战略的提出，不仅构建起我国对外开放新格局，而且为内陆边境地区带来新的发展机遇。表7-15列出了沿边地区在"一带一路"中的功能定位。

在"一带一路"的战略背景下，沿边地区的开发开放已经不局限于自身的地理特征，而是具有通道、枢纽、交流、开放多重功能的外向型经济特征。从区域定位来看，从中国内陆辐射到中亚、欧洲、南亚、西亚、东南亚、我国以北各国，充分发挥了沿边省份、自治区在"一带一路"战略中独特的区位优势。我国沿边地区面临着全新的发展机遇，党的十八届五中全会提出，"提高边境经济合作区、跨境经济合作区发展水平"。2016年1月国务院印发《关于支持沿边重点地区开发开放若干政策措施的意见》，提出了一系列支持沿边地区发展的重要举措。

沿边地区在"一带一路"战略中占据重

[①] 印度、叙利亚、埃及、阿联酋采用累进税率，这些国家的最高一档税率均高于25%。
[②] 蒙古采用累进税率，最高一档税率为25%。
[③] 这部分关于组别平均税率的计算，对累进税率取最高一档税率和最低一档税率的算术平均值作为该国税率的代表值，对孟加拉国的多个行业税率选取最低的行业税率（27.5%）作为该国的代表值。

表7-15　　"一带一路"战略对西北、东北、西南地区的功能定位

地区	省份	功能定位
西北地区	新疆	丝绸之路经济带上重要的交通枢纽、商贸物流和文化科教中心,丝绸之路经济带核心区
	陕西、甘肃、宁夏、青海	面向中亚、南亚、西亚国家的通道、商贸物流枢纽、重要产业和人文交流基地
东北地区	内蒙古、黑龙江、吉林、辽宁、北京	向北开放的重要窗口
西南地区	广西	面向东盟区域的国际通道,西南、中南地区开放发展新的战略支点,21世纪海上丝绸之路与丝绸之路经济带有机衔接的重要门户
	云南	面向南亚、东南亚的辐射中心
	西藏	推进西藏与尼泊尔等国家边境贸易和旅游文化合作

资料来源:根据《推动共建丝绸之路经济带和21世纪海上丝绸之路的愿景与行动》摘录。

要的地理位置,沿边大多数地区的经济发展水平并不高,边境地区以边境贸易为主体的经济结构,缺乏经济增长动力。沿边地方腹地产业结构较为单一,不具备可持续发展能力。"一带一路"战略赋予沿边地区重要的对外开放职能,为沿边地区带来发展机遇,也为沿边地区的国际税收管理工作带来诸多挑战。

"一带一路"沿线部分国家与我国沿边地区接壤,鼓励沿边地区企业到邻国投资贸易,吸引邻国企业到沿边地区投资贸易具有天然的地理优势。目前,在沿边地区共建跨境经济合作区已经成为我国与相邻国家开展经济合作的前瞻领域,但是跨境经济合作区配套基础设施建设仍有待推进,资金需求量较大,而且未来跨境经济合作区内的国际税收协调机制仍不明确。沿边跨境经济合作区的税收管辖权如何处理,边贸税收政策与跨境经济合作区税收政策如何衔接,税收如何进一步支持当地企业投资跨境经济合作区等,都是沿边地区进行跨境经济合作可能面临的现实税收问题。

7.3.3.2　全局视角

从国家层面来看,"一带一路"背景下的国际税收协调应包括以下三方面内容:

第一,减税趋势下的国际所得税利益分配协调。自20世纪末开始的国际税收竞争掀起全球性的减税热潮,进入21世纪之后国际金融危机、欧洲主权债务危机进一步助推多国减税。目前,沿线一些国家仍在持续减税,而且沿线大多数国家的公司所得税名义税率并不高。低税国与高税国之间的税收利益分配已经通过签订的双边税收协定得以明确,但当前的利益分配是否会影响未来"一带一路"战略的实施仍有待探究。如何突破当前税收协定网络下的局限性,激励我国企业"走出去",吸引境外企业"引进来",从根本上应着眼于所得税的国际协调行动。

第二,电子商务背景下的国际增值税征管协调。除了所得税的国际协调之外,随着全球电子商务的普及,在"一带一路"战略的合作发展进程中,国际增值税的协调问题不容忽视。尽管关于增值税的跨境协调原则已经明确,但是无形资产和跨境劳务所涉及的国际增值税协调还存在现实征管问题。在"一带一路"的战略背景下,加强对电子商务增值税的跨境征收管理,有助于顺应全球贸易形势,增强我国与沿线国家的经济贸易合作关系。

第三,税基侵蚀与利润转移(BEPS)行动计划和"一带一路"双重背景下的国际税收协调。2015年10月OECD发布BEPS行动计划的最终报告,共包括15项行动计划和1份解释性声明,对应对跨国公司全球税基侵蚀

与利润转移行为提供了详细的行动方案，其中包括对各国国内税法修订的相关建议，对协定范本条款的修订，对《OECD 转让定价指南》的修改等。BEPS 行动计划的出台，为我国实施"一带一路"战略指明了国际税收协调与管理的行动方向，尤其是在国际反避税领域。但是考虑到沿线国家的经济发展水平和税收征管水平，如何在促进与沿线国家的跨境投资贸易，以及遏制跨国公司避税行为之间作出平衡，我国可能会在短期内面临一定的操作困难。

7.3.3.3 国别视角

通过前文内容可知，"一带一路"沿线国家在基本税收规定方面存在突出的国别差异，"一带"沿线国家与"一路"沿线国家在税收法律体系、税制特点方面也分别呈现出不同的差异特征。从跨境税收法律风险角度而言，我国企业对外投资面临着复杂的税收环境，一方面来源于东道国与我国之间的税法差异，另一方面来源于我国与东道国之间的国际税收关系，即是否签订双边税收协定及协定的具体规定。从税收征管的角度而言，"一带一路"沿线国家的税收征管水平亦存在较大差异，从而增加了企业对外投资税收风险的多变性。

基于此，我国在推动"一带一路"战略实施、鼓励我国企业"走出去"的进程中，面临着差异化的国际税收协调问题。在这一背景下，积极开展国际税收协调的现实意义在于，基于国家之间的税收利益协调、境内与境外之间的税收利益协调，实现引导企业积极参与国际化、区域化的经济战略活动。但是不可否认的是，基于国别视角的税收协调政策制定较为复杂，不仅需要充分了解东道国的税制规定，而且需要与东道国的税收管理部门建立起有效、畅通的对话机制。从这个角度而言，积极参与、借鉴国际上多边税收协调机制的做法，构建"一带一路"战略区域内的多边税收协调机制，是一种理想预期。

7.3.3.4 企业视角

企业是否选择进行对外投资？从税收层面来看，东道国的税收制度、母国的税收政策，以及东道国与母国之间是否签订双边税收协定、税收情报交换协定等，都会对资本的税后收益率产生一定的影响。从企业的角度而言，一方面要考虑资本的名义税后收益率，另一方面还需关注东道国的税收征管制度，以及东道国对非居民投资所得的税收征管现状，这些征管因素都直接影响资本的实际税后收益率。进一步从我国企业"走出去"的角度来看，我国很多企业对于国际税收协定的关注还有待增强，企业在境外遭遇不合理税务处理时缺乏有效的申诉方式，这些都是企业对外投资的主要风险点所在。

7.3.4 助力我国企业"走出去"的财税政策建议

7.3.4.1 顶层设计"一带一路"战略下的国际税收规则

通过顶层设计国际税收协调与合作规则，有助于实现国际税收协调的全局性、持续性和稳定性。尽管沿线国家之间在国际税收协调与合作规则方面达成共识存在巨大困难，但是作为"一带一路"战略的发起者和核心参与者，我国有必要结合"一带一路"战略规划，借鉴 OECD 关于 BEPS 行动计划的最新成果，顶层设计"一带一路"国际税收协调与合作的基本规则，为我国与沿线国家之间的国际税收问题提供更有针对性的协调机制。与当前 OECD 范本和联合国范本所体现的国际税收规则有所不同的是，基于"一带一路"战略的国际税收协调与合作规则应侧重于实现沿线国家税收利益的共赢。该规则至少需要包含以下内容："一带一路"区域内未来税收利益的协调分配原则（包括所得税和增值税），"一带一路"区域内的国际税收征管合作原则，"一带一路"区域内的涉税争议协商原则，针对特殊合作形式的税收协调原则。

从操作层面来说，建议结合沿线国家在经济社会、税收制度等方面的特征，设计相应的协调规则。例如，考虑到"一带"与"一路"沿线国家在税负水平方面的差异，在税收利益分配原则方面，基于"一带一路"战略发展需求，我国可以对"一带"沿线低税负国家适度让渡税收利益，而向"一路"沿线高税负国家争取更多的税收利益。考虑到"一带"与"一路"沿线国家在税收征管水平方面的显著差异，在与"一带"沿线多数国家协商税收规则时，应侧重于加强税收征管合作，在与"一路"沿线多数国家协商时，应侧重于涉税争议协商规则。

7.3.4.2 适时完善税收协定网络

整体来看，我国与沿线国家的国际税收协定网络已基本成型。随着"一带一路"发展战略的推进，我国仍需从四方面完善现行税收协定网络。

第一，适时推进与沿线部分国家重新签订避免双重征税和防止偷漏税的双边税收协定，以适应当前新的国际经济形势和"一带一路"的战略合作前景。通过重新谈签税收协定，推动我国与沿线国家在国际税收协调方面达成新的共识，从而实现经济和税收的深度合作。

第二，结合"一带一路"战略的实施情况，通过签订议定书等形式积极完善我国与沿线国家的双边税收协定内容，更好地协调双边税收利益。

第三，分阶段推动沿线未与我国签订协定国家的双边税收协定谈签工作。从短期来看，可以借助中缅瑞丽——木姐跨境经济合作区的建设机遇，积极推动中缅税收协定的谈签；结合我国与约旦的经济合作意向，适时推动我国与约旦双边税收协定的谈签工作。

第四，尝试推动我国与"一带一路"沿线国家建立区域性的多边税收情报交换网络，加强在国际税收征收管理领域的深度合作。

7.3.4.3 加强对居民企业"走出去"的财政支持

鼓励我国企业"走出去"进行对外投资，增强经济对外开放程度，在企业行为和政府目标之间达成一致，离不开财政政策的扶持与鼓励。

首先，从增强沿边经济外向型发展的角度而言，建议进一步对沿边地区尤其是边境经济合作区、国家重点开发开放试验区、跨境经济合作区等的基础设施建设提供更充足的财政拨款支持。考虑到基层财政困难的问题，以及沿边地区发展在整个国家全局战略中的重要地位，建议由中央财政预算给予更多的支持，辅以省级财政预算支持。

其次，从我国对外投资主体结构来看，国有企业仍然处于主导地位，2014年末约占53.6%的比重。相比于民营企业，国有企业在"走出去"过程中更具资金、技术、人员等实力优势，且能够得到一定的财政补贴支持。近年来非国有企业的对外投资规模也稳定上升，从增强民营经济活力、营造公平对外竞争市场环境的角度而言，建议对于民营经济的"走出去"行为，尤其是当其在境外出现投资亏损时，给予一定的财政补贴。

7.3.4.4 实施支持外向型经济发展的税收政策与征管建议

"一带一路"沿线国家在经济社会、税收制度等方面的差异，尤其是税负水平方面的差异，为构建我国多元化外向型经济格局提供了现实条件，鼓励我国企业"走出去"到沿线地区，"引进来"沿线国家企业到我国投资，已成为实施"一带一路"战略的重要途径之一。建议从税收征管和国内税法的角度出发，结合"一带一路"的发展规划，加强税收征管服务工作，充分发挥税收的杠杆作用，调节资本、人才的跨境流动。

第一，双边税收协定中的常设机构条款，

股息、利息、特许权使用费的限定利率,税收饶让条款等,已为企业避免双重征税提供了有效保障,但是仍有不少"走出去"企业未能充分利用税收协定优惠。建议税务部门加强对"走出去"企业的税收协定政策宣传,帮助企业有效利用现有税收协定优惠。

第二,对于我国企业"走出去"到沿线国家进行投资经营的情形,我国应加强对"走出去"企业的税收征管和服务工作,包括涉税信息的管理,还需帮助协调企业在境外所面临的税务争议。

第三,对于我国企业到税收透明度较低、名义税率较低但非税负担较高的国家进行投资经营的情形,建议税务部门在为企业计算境外税收抵免时,可以适当考虑对凭证确凿的非税负担进行一定比例的税收抵免。

第四,考虑到我国企业所得税率显著高于沿线大多数国家(尤其是"一带"沿线国家),吸引这些低税率国家到我国特定行业进行投资经营,可能会存在一些困难。建议在特定行业试点实施支持吸引外资的税收政策,在短期内可采用减免税等直接激励方式,在中长期内侧重于间接激励税收政策,并逐步减轻企业对税收优惠政策的依赖性。尤其是对与我国有税收协定饶让条款的国家,上述税收优惠政策将会对这些国家的企业有较强的吸引力。

7.3.4.5 探索跨境经济合作区税收协调机制

充分发挥边境经济合作区、跨境经济合作区在"一带一路"战略中的地理优势,需要明确相应的跨境税收协调原则,探索特殊的跨境税收协调机制。主要体现为明确境内外企业、人员在跨境经济合作区从事相关活动的纳税义务,给予更为便利、优惠的税收政策。考虑到国家之间的税收制度差异,建议在跨境经济合作区内实行简易税制,开征1—2个税种,简化税收征管程序,由跨境两国协商区内税收收入的分成。目前未能确定的问题是未来我国各地跨境经济合作区运行模式是否需要统一,所适用的税收政策是否应相同。考虑到沿边各地区的现实差异和目标定位,如果在运行模式方面给予地方政府一定的决定权,建议授予地方政府一定的税收协调权限,以便更有效地适应沿边特殊情况。

8 美国金融危机治理：金融危机与财政危机互为表里

本章节致力于从财政的角度对 2007 年美国次级房贷危机所引发的 2008 年全球金融和经济危机[①]探源。本章节的分析植根于财政政策与金融系统变革之间的交互作用，以及本轮危机将如何以及应当如何改变我们对财政学的研究方式和中国今后的财政政策。

从国内外关于财政赤字与金融危机的研究成果来看，大多采用西方学者制定的基本理论框架，或者在整体参照西方理论的基础上，从某个层面或视角寻求对中国财政和金融风险状况及防范对策的解析。但是，以发达经济体为背景的研究框架完全适用于转型中的中国吗？

2008 年的全球金融和经济危机几乎颠覆了过去 30 年来发达经济体极力推行和尊崇的新自由主义[②]以及美国金融监管体系。中国目前仍处于经济转型期，中国特色社会主义的现实情况导致财政和金融之间的风险有很大的联系，二者之间的关系千丝万缕。在这样的背景下，本章所探索的金融危机产生机理、财政赤字相关性，以及中国面临的财政和宏观经济挑战是十分必要且迫在眉睫的研究课题。今后，深入探讨如何立足中国实际，建设有中国特色的防范财政赤字与金融风险的长效机制，应成为中国财政研究者的共同关注。

[①] 2008 年的金融和经济危机：2007 年 8 月 9 日开始浮现的金融危机以及其引发的经济大衰退（Great Recession）。美联储前主席伯南克的《行动的勇气》一书中称这场金融危机引发了美国大萧条以来最严重的经济衰退。

[②] 新自由主义最初由美国经济学家 David M. Kotz 提出。参见：Kotz, D. M. (2015). The Rise and Fall of Neoliberal Capitalism. Harvard University Press。

8.1 为什么研究美国金融危机

8.1.1 金融危机的背后

我们首先站在 2016 年的时间点上回顾这场"二战"之后最严重的金融危机如何改变了世界。我们发现本轮危机对世界经济的影响程度和范围是超乎寻常的,用来应对危机的政策措施也是异于传统的,比如美联储以及随后其他各国央行史无前例的货币扩张,美联储对银行系统的救助,以及美国政府巨额的财政赤字。经济学家对如何评价这些政策措施的效果意见不一。有的经济学家认为这些措施及时有力地阻止了另外一次"大萧条";也有的经济学家看到了美国政府仍忙于处理一系列后续问题,比如居高不下的失业率、低增长的生产率,以及高杠杆;更多的经济学家则是对美国财政偿付能力不断上升担忧,美国政府财政赤字曾在 2009 财年达到创纪录的 1.41 万亿美元,赤字率接近 10%,由此引发的偿付能力、美元稳定等问题日益引起全世界的关注。

本轮危机充分暴露出发达经济体内部金融体系的脆弱性,尤其是它在催生信贷泡沫上的作用。是什么因素导致了金融体系的脆弱性,并最终引发了如此巨大的金融和经济震荡?在关于金融危机的探源问题上,相比于其他研究关注于金融系统本身的变动,本章更关注于金融风险、财政政策和全球性宏观经济事件的相互影响。金融危机的背后,是以美国为首的发达经济体长期推行的财政赤字货币化和与之相关的信贷泡沫的出现,而全球经济不平衡的加剧催生了上述经济事件的产生。进入 21 世纪,世界经济在自由化、科技进步、老龄化等因素的推动下发生了根本性的变迁。首先,这些变迁体现在经济全球化上。以中国为首的新兴经济体将资本输出到发达国家,但发达国家并未有效利用这些资本,而是将其投入到过度消费以及虚拟经济体中。亚洲金融风暴后,全球实际利率下降到了历史低位,这引发了资产价格的上涨,并最终演变为泡沫。其次,这些变迁体现在不平等程度的加剧上。收入在资本和劳动之间、在不同类型劳动者之间的分配变化,造成了发达国家内部的贫富差距扩大化。发达国家政府故意制造信贷泡沫的原因,在于借助信贷泡沫缓解国内贫富差距的恶化,但这无异于饮鸩止渴。

有一种非常流行的观点认为,美联储自 2000 年开始推行的宽松的货币政策是导致本轮危机的宏观原因。这一观点实际上将症状与病因混为一谈。金融系统的失败,尽管非常重要,但只是问题的表面。本轮危机揭示出人类对于现代金融和财政的运行方式存在重大误解。误解导致了以美国为首的发达经济体在危机前的短期利率触及零利率下限,危机后未能采取有效措施予以应对。政策制定者选择了容忍甚至是鼓励不可持续的信贷繁荣,而忽视了宏观经济、财政政策和金融风险之间的内在联系。实际上,目前的金融体系本质上依赖于国家,金融风险与财政风险的联动机制并未引起政策制定者和经济学家们足够的认识。本章所探索的金融危机产生机理、财政赤字的金融效应同时以美国和中国为背景的经验研究,可以为深入落实科学发展观,构建财政、金融稳定长效机制,保持中国经济社会可持续发展提供有益的理论指导。

8.1.2 宏观经济的新特征

世界范围内的宏观经济在 21 世纪初表现出了三个紧密关联的特征:第一,巨大的国际收支不平衡。1998 年之后,以中国为代表的新兴经济体经常项目顺差急剧增加,美国的经常项目逆差则急剧增加。全球范围内,新兴经济体长期向发达经济体输出资本,因此支撑了美国长期以来的过度消费,同时造成了资源错配和经济发展的严重不平衡。一些主流的美国经济学家将导致这种世界经济不平衡的原因归为中国政府长期操控人民币汇率。然而,在20世纪90年代亚洲金融危机中,人民币坚挺对于稳定亚洲地区形势起了重要作用;同样在本轮金融危机中,人民币稳定以及中国经济继续保持强劲增长,使得全世界都从中受益。因此,正如2001年诺贝尔经济学奖获得者Joseph E. Stiglitz指出的,货币操纵国的提出只是美国政府为财政失衡寻找的"替罪羊"。更重要的是,这种观点忽视了在全球经济一体化的背景下,如果中国减少对美国的出口,其他新兴经济体会立即替代中国的份额。

第二,以美国为首的一些发达经济体的房价高涨和房地产市场的过度繁荣。从20世纪90年代开始,包括股价和房价在内的资产价格先后迅速上涨,美国经济出现了所谓的"资产价格通货膨胀"(或"存量资产通货膨胀")的现象①。这种现象的基本特征在于除了资产价格猛涨之外,一般商品和服务的价格都基本保持稳定。资产价格膨胀在20世纪80年代的日本出现过,日本经济随后进入"失落的30年"。目前的宏观经济政策在如何应对资产价格膨胀的问题上,还未达成共识。

第三,一些发达经济体的政府和私人债务飙升,如美国、英国、西班牙等。2016年7月,美国国会预算办公室的2016年度"长期预算前景"(Long – Term Budget Outlook)指出未来10年美国的预算赤字将增加9.4万亿美元,反映出美国面临严峻的预算挑战。根据其预测,2016财年美国财政收入增长不到1%,而政府开支预计增长5%。美国政府赤字占GDP的比重将从2016年的2.9%增加至2026年的4.9%,美国的债务总额将相应地从4390亿美元增加至1.37万亿美元。历史数据表明,美国联邦政府在自从1970年的46年中只有4年实现了财政盈余,年均财政赤字接近2500亿美元。

世界经济这三个相互关联的特征是否具有持续性?它将在何时结束?结束的过程是平稳的、波动的还是灾难性的?要回答这些问题,还是要从2007年美国次级房贷危机的爆发而引发的"二战"后最大的全球性经济危机入手。

8.2 从财政的角度探究2008年全球金融危机的根源

8.2.1 什么导致了危机的爆发

回顾历史,1989年的拉美债务危机直接导致了"华盛顿共识"的达成与推行②。新自由主义以"华盛顿共识"的形式,通过美国的直接对外干预以及美国控制的各类国际机构,在整个世界范围内推行。90年代初,新自由主义日渐演变为美国等发达经济体的经济范式,并一度被视为解决经济发展问题的"救世良方"。但之后,美国新的以金融资本为主导的资本积累模式导致了严重的资产价格通货膨胀。全世界汇聚到美国的过剩的货币资本压低了长

---

① 资产价格膨胀:资产价格脱离由生产、就业、收入水平等实体经济决定的内在价值相应的价格,并往往导致金融系统风险的加大,使经济增长陷于停顿的经济现象。
② 1989年,在美国华盛顿,美国国际经济研究所、国际货币基金组织、世界银行、美洲开发银行和拉美国家代表召开研讨会,就拉美国家为应对债务危机所采用的多项政策措施达成了共识,即"华盛顿共识"(Washington Consensus)"。

期利率，并在美国国内催生了大量新的金融衍生产品，包括股价和房价在内的资产价格先后迅速上涨。2000年股市泡沫破裂所带来的经济衰退被美国政策制定者人为推高的房地产泡沫暂时缓解。然而当2007年3月房地产泡沫最终破裂时，由美国次贷危机引爆的全球金融危机，成为第二次世界大战以来冲击力最强、影响程度最深、涉及范围最广的全面危机，几乎影响了所有国家的市场经济。目前大部分国家的经济仍未真正摆脱萧条，未能恢复到正常水平。

国内外学者对危机根源的探讨和争论主要概括为以下几派观点：新自由主义者认为是过度的金融创新与金融监管放松等因素造成了危机的爆发。美国金融监管体系存在的问题，如缺乏清算系统和中央交易，分割体制导致协调困难与监管盲点，资本标准存在缺陷和监管漏洞，在这一危机中暴露无疑。但是他们低估了这次危机的严重性，不仅没有预测危机的来临，而且盲目乐观地认为金融危机会很快过去。也有学者认为随着过度的抵押贷款证券化，委托代理链过长引发的道德风险诱导了危机的爆发。还有学者将美国次贷危机的爆发归咎于外部环境，如扭曲的国际货币体系。持新自由主义危机根源论的学者认为，此次危机表明发达经济体过去30年来工资停滞、收入不平等不断扩大的增长模式与资本积累的矛盾。持凯恩斯主义国家干预立场的学者对危机严重程度和前景估计的比较现实。2008年之后，政府救市、强力干预经济，使凯恩斯国家干预主义重新成为抵御危机的法宝。但在随后两年里，人们发现凯恩斯主义并没帮助世界经济走向繁荣，使各国对凯恩斯主义提出了质疑。随着复苏的持续疲软，越来越多的学者开始重新探寻本轮危机的真正起因。

8.2.2　金融危机根源的文献回顾

迄今为止，我们对本轮危机都有所了解，许多学者在问难道这场危机真是不可避免的吗？本轮危机爆发的原因仅在于美国的住房贷款市场吗？金融监管的改革能真正深入贯彻到金融系统以及其他各方面，从而最终提振整体经济吗？美国主流经济学家曾经引以为傲的"大稳定时代（Great Moderation）"[①]为本轮危机的爆发埋下了什么种子？就美国金融危机爆发的原因，除了新自由主义者认为的金融监管缺乏论外，理论界主要有以下八种观点：

成功预料到本轮全球金融危机的经济学家——纽约大学斯特恩商学院经济学教授Nouriel Roubini认为本轮金融危机爆发的根本原因是"透支消费"。他认为美国居民的实际消费水平远远高于他们的实际收入水平。透支消费需求在各种金融衍生产品的财富效应下，无限蔓延。短期内，美国式的刺激消费能够拉动经济增长，也确实成为美国及世界经济多年快速增长的有力支撑。长期看来，这种方式是不可持续的，会使经济陷入过度消费的恶性循环。消费增长无以为继，矛盾累积到一定程度导致了金融领域的矛盾总爆发。以美联储两位前主席 Alan Greenspan 和 Ben Bernanke 为代表的高储蓄论认为新兴经济体近20年来创造的储蓄过多导致美国借贷高涨。全球的投资水平低于储蓄水平，这导致2000—2005年全球利率水平骤降，并且趋于同一水平，从而进一步造成长期利率和短期利率水平脱节，房地产泡沫和金融危机由此诞生。

新凯恩斯主义学者将危机的原因归咎于新自由主义在过去30年对经济放任的结果。2008年诺贝尔经济学奖得主 Paul Krugman 认为这次金融危机就是美国政府30年奉行新自由主义，不对市场进行任何干预造成的。美国的 Carmen Reinhart、Kenneth Rogoff 和中国的巴曙松、李胜利等学者认为，全球经济的结构失衡是这次金融危机的主要原因。一方面，全球经济增长模式的不平衡使得大量的国际资本涌入美国金融市场，抬高美国的资产价格。另

---

① 大稳定时代指美国经济产出相对稳定的一段时期，尤其是20世纪80年代末至危机爆发前的2007年。

一方面，金融经济和实体经济的失衡致使金融市场风险进一步加剧。这两方面失衡导致金融危机爆发。著有《美国金融危机：分析和启示》一书的成思危认为，美国金融危机的根本原因，就是虚拟资本的过度膨胀。该观点认为，实体经济和虚拟经济中，商品的使用价值和价值的经营主体、运行方式、渠道和监管机构都非常不同，这必然会引发实体经济和虚拟经济的脱节。这种脱节达到一定程度的时候，就有可能造成通货膨胀、巨额财政赤字，最终引发危机。实际上，过去30年来美国产业结构调整的过程就是一个实体经济虚拟化、虚拟经济泡沫化的过程。持马克思主义政治经济学观点的学者认为有效需求的不足或者说是生产的相对过剩是这次危机的根本原因。本轮危机和古典危机的区别在于古典危机中生产过剩主要表现为有效需求不足，而现代危机表现为有效需求旺盛甚至是过度。透支的起因还是为了缓解生产过剩。资本主义社会生产的相对过剩导致严重的贫富分化，最终必然会引发危机。

由此可见，对于本轮金融危机根源的研究已经超越了对金融系统问题的探究。实际上，金融系统出现问题的主要原因并不在金融系统或监管者内部。自20世纪90年代以来，金融就在经济领域占据了重要的地位，金融市场不仅扩大了国际和国家经济内部的不平衡，也导致了金融体系自身的失衡。因此，阐明经济体系中的政策失误和制度缺陷应是更正错误、修正制度的开端。

我们认为本轮危机存在更广泛的经济原因及后果。概括来说，当前经济的失衡至少可归咎于三个方面：第一，经济体系内的失衡在逐步扩大，尤其是美国私人部门国内需求的疲软以及美国家庭与政府的累累负债就是佐证。这类失衡需要通过长期的财政赤字来抵消，也因此导致了房地产与其他金融领域泡沫的产生。第二，国际的失衡也演变至历史最高，美国经常账户的逆差和中国、日本、德国的经常项目顺差形成鲜明对比。Alan Greenspan 将美国的低利率政策归咎于国际的失衡，指出中国的高储蓄率迫使美国采取低利率政策，从而导致了危机。但实际上，美国对全球经济失衡问题负有主要责任。美国利用了新兴经济体大量出口的资本来填补美国自身因为战争、减税、福利支出等带来的长期财政赤字。然而，美国通过新型经济体大量出口资本来进行低效投资的发展路径并不能持续。第三，除了上述失衡外，近几十年来的新自由主义的全球化也导致了国家内部收入不平等的加剧。以美国为首的西方政府面对国内日益严重的贫富差距，回避经济结构调整，持续推行以累积金融风险的方式为财政赤字融资的"债务经济"，由此带来的财政失衡最终导致金融危机、主权债务危机的爆发。

8.3 金融危机与财政危机互为表里

8.3.1 赤字财政诱发金融危机

2008年全球金融和经济危机的一个有别于以往危机的新特点是金融危机与财政危机互为表里。政府财政系统和银行等金融部门是一个国家实施宏观经济调控的两大杠杆，两者互相影响、彼此推进，从而造成财政风险与金融风险的互相传导、彼此加剧。首先，财政风险会向金融风险传导。政府长期推行赤字财政的直接后果是债务规模的膨胀。政府负债过多，信誉下降，于是不得不通过增发货币来影响货币供给量，从而产生货币扩张效应，也就是对债务实施货币化。实际上，国债券作为一种特殊的金融证券，是公开市场业务的主要操作对象，也是调节货币供应量的政策中介。对国债与货币供应量的关系，已有的研究表明两者之间存在着比较稳定的紧密的正相关关系。因此，中央银行在依靠财政性货币发行向财政贷款转变的条件下，就会因货币发行过量而引发通货膨胀，并加大金融风险。

以美国为例，从1980年开始，尤其是"911事件"和互联网泡沫破裂后，美国面临内需疲软的巨大压力。疲软的内需结构主要源自三个方面：一是收入不均加剧了大多数低收入家庭对消费需求的进一步降低。二是高额赤字会对再分配效果产生不良影响，例如，国家利息收入流向高收入人群，税收则由中低收入者承担。三是持续的高利率会带来高债务，从而导致财政赤字不断上升以致财政预算陷入再融资的困境。面对低迷的国内需求，美国政府通过扩张性的货币和财政政策来平衡国内商品和服务内需不足的态势。赤字财政的长期存在迫使美国政府调控宏观经济的目的由最初的弥补"市场失灵"的缺陷，逐渐转变为让市场为政府的行为买单。由于政府高额赤字导致了本国结构性的国内产品低需求，再加上失业率增加的压力，想实现长期稳定的内需增长变得更加困难。

从2001年到2007年，美国金融机构不断向美联储进行资金拆借、回购和再贷款，规模由2001年的9.6万亿美元迅速增加到危机爆发前的17万亿美元，年均增长达到10%，接近4倍于GDP的增长。宽松的信贷政策和存款机构借款、再贷款的扩大，导致了美国金融机构流动性的泛滥。美国国债发行余额也快速累积，其国债余额从2001年的3.2万亿美元，增加到2007年的4.86万亿美元，达到了GDP增速的2.8倍。同时美国金融货币的创造能力过度强化，从2003年到2007年，美国证券公司平均财务杠杆从12倍增加到20倍，这使金融货币的创造能力过度强化，加剧了日益存在的流动性过剩。可以说，美联储通过将长期利率维持在较低的水平，精心维护和合理化了资产证券化的兴起。美联储可以忍受房地产泡沫的发生以及随之而来的信用市场泡沫，却对经济运行深层次的财政赤字问题视而不见。在马克思主义经济学家、美国加州大学洛杉矶分校的Robert Brenner看来，美联储较宽松的货币政策是以私人赤字的增加来替代财政赤字以刺激需求，并将之称为"资产价格的凯恩斯主义"。因此从20世纪90年代开始的扩张是扭曲的及充满矛盾的，而且发展前景比较短暂。Robert Brenner在2006年就预期房地产会与新经济泡沫一样迟早会破灭。

由此可见，可以说是美国政府一手推高了房地产的泡沫。这背后的动机其实是赤字财政迫使美国政府绑架市场主体，让私人财政赤字代替公共财政赤字。因此在探究本轮金融和经济危机的根源时，赤字财政逃脱不了干系。美国政府在膨胀的财政赤字的前提下，试图对市场过度干预以转嫁成本，与此同时，通过发行国债或增加货币供给造成美元的流动性过剩，最终导致了美国经济整体失衡。

8.3.2 金融危机恶化财政赤字

金融危机反过来加剧了财政危机。美国经济学家Charles Kindleberger详尽研究了欧洲金融史后得出结论：不管金融危机的原因如何，金融危机最后的损失一般总是由政府来"托底"，由财政充当"最后贷款人角色"。哈佛大学的Carmen M. Reinhart和Kenneth S. Rogoff的研究表明，财政危机通常会与金融危机天然相伴，主要是因为金融危机造成的经济下滑、企业利润下降以及失业的攀升会对政府收入和支出产生影响。此外，对银行的救助也会带来直接的财政成本。在本轮危机中，美国、英国等遭受危机直接冲击的发达国家的财政受到的负面影响最大。金融危机以来，美联储先后实施了多轮大规模的量化宽松救市计划。主要内容是美联储发行货币来购买财政部的长期债券。此举的目的是通过大量购买国债，压低利率，重振美国经济。美联储的三轮量化宽松购买资产的规模超过3万亿美元。美联储的资产负债表规模也从2008年9月以前的近0.9万亿美元扩张至目前的4万亿美元，扩大了近4

倍之多。同时，经济下滑造成财政收入下降。而为摆脱危机，美国政府采用财政政策刺激经济，造成在失业救济方面的财政支出急剧增加，赤字显著增大。2008年布什政府推出7000亿美元经济救助计划，当年财政赤字达到第二次世界大战以来的最高水平，2008财年美国国债总额突破10万亿美元，位列世界第一。奥巴马政府的举动有增无减，推出7870亿美元刺激计划及8580亿美元的减税法案，美国2009财年及2010财年分别出现1.41万亿美元和1.3万亿美元的巨额赤字。在每年只有2万多亿美元财政收入和财政入不敷出的前提下，美国政府只能进入发新债还旧债的恶性循环。2014年末，美国国债余额的43%为海外和国际机构投资者所持有。

因此，2008年的金融危机很快转化成了主权债务危机，迅速向世界各国蔓延，尤其是欧元区国家，许多欧洲国家负债是其GDP的数倍。同时这种做法也给整个世界经济和欠发达国家及劳动人民带来巨大灾难。相比之下，像中国这样通过贸易渠道被间接冲击的国家的财政受到的影响则比较小。但是，中国政府在危机后，通过以"4万亿计划"为标志的大规模财政扩张的方式来替代出口需求的下降，这种做法虽然短期奏效，长期却可能会留下资产价格泡沫、产能过剩等后遗症。十二届全国人大四次会议的预算报告指出，2016年全国拟安排财政赤字2.18万亿元，比上年增加5600亿元，赤字率提高到3%。超过2万亿元的赤字规模成为新中国成立以来的最高纪录，3%的赤字率也创历史新高，而且达到国际通用的赤字率警戒线。实际上，自从2008年大规模财政扩张之后，目前中国社会总债务规模比2008年增加了2.5倍，即从当初的48万亿元增长到如今的169万亿元，中国的债务问题已经成为世界关注的焦点。此外，危机导致的发达经济体国内私人需求的长期疲软以及政府的巨额财政赤字，已经排除了中国重回出口导向型经济增长的可能性。总之，本轮危机进一步压缩了中国财政政策的操作空间，面对前车之鉴，中国亟待在债务比例的可持续发展方面进行改革，以避免重蹈覆辙。

8.4 美国财政的长期失衡

8.4.1 美国的公共财政历史

历年美国国债占GDP的比重（债务负担率）的数据显示，除了美国内战及第一次世界大战引起国债占GDP的比重超过30%外，美国国债占GDP的比重在第二次世界大战前总体保持低位，大部分时间国债与GDP的比例保持在20%以下。第二次世界大战期间，国债负担率出现急剧上升的态势。一方面，第二次世界大战引起国防预算大幅度上升，导致财政支出大幅度上涨；另一方面，1929年大萧条采取的凯恩斯经济刺激计划增加了大量财政支出。这些都导致第二次世界大战期间债务高涨，国债占GDP的比重一度超过120%。第二次世界大战之后，美国国债负担率呈现不断下降的趋势，20世纪80年代初期下降到30%的水平，凸显美国债务状况的改善。然而，这种状况并没有得到维持。20世纪80年代以来美国国债占GDP的比重出现反转，总体趋势是不断上升。20世纪90年代克林顿时期大量财政盈余促使国债负担率下降，此后美国国债负担率再次反转向上，并持续至今。

与国债负担率相似，美国赤字占GDP的比重也大体经历了相似的几个阶段。19世纪美国内战、第一次世界大战、第二次世界大战都促使赤字率偏离常规水平，出现大幅度增长的现象，其他阶段赤字率的变化相对温和。1940年至2016年的77年中，出现财政赤字的年份有65年，占总数的90%以上，而且财政收支盈余的时间集中出现在1970年之前（仅1947—1949年，1951年，1956年，1957年，1960年，1969年）。此后，除了克林顿执政期间出现了几年的财政盈余外（1998—2001年），财政每年都是赤字，而且从总体上看，赤字波动幅度不断加大。

具体来看，第二次世界大战导致美国赤字率在1943年达到28.05%，创历史最高纪录，此后赤字率迅速缩窄，并在20世纪50—60年代之间出现盈余。20世纪60年代以后财政赤字率尽管出现反复，但总体呈不断扩大的趋势。20世纪80年代由于里根时代的减税政策，财政赤字攀至新的高度。基于对财经赤字的约束，克林顿政府实施了一系列改革措施，财政赤字率出现反转，创造了20多年来的首次财政盈余。这种趋势却未能延续，小布什政府很快就重返赤字政策，财政形势逆转而下。特别是2000年来，美国财政赤字急剧增长，"911"事件及伊拉克战争、阿富汗战争等都促使赤字猛增。2009年抵御金融危机采取的财政政策导致赤字达到14127亿美元，占GDP的9.8%，为50年来的最高点。可见，赤字财政已经成为美国的财政常态。

值得注意的是，尽管美国大部分时间都出现财政赤字，但国债占GDP的比重在1980年之前曾经出现稳定的下降趋势，这主要是由于经济增长速度高于财政赤字增长从而大幅度拉低债务占比。然而，这种情况未能持续，经历里根时代大幅度减税及经济增幅下滑之后，国债比例逐步上升，尽管在20世纪90年代也曾经出现回落的现象，但债务总量和占比持续上升的态势未能得到有效遏制，本轮金融危机治理让高额国债水平更加突出。

由此可见，维持巨额财政赤字已经成为过去十几年来支撑美国经济的关键因素。应当承认，美国在过去十年的经济政策并非严格意义上的凯恩斯主义，比如小布什政府于2001年推出的减税措施并非意在促进投资，而是要刺激供给。但美国宏观调控中财政政策的作用仍然是决定性的，因为财政扩张帮助美国经济抵御了自2000年股票市场泡沫破灭至2008年金融危机期间一系列冲击。现在，预算赤字的累积已经造成了严重影响：2008年1月至2009年6月金融危机期间，美国的GDP平均只增长2.1%，低于2000年至2007年2.7%的平均增速。随着经济增长如此疲软，美国政府债务持续增加，截至2016年1季度，美国联邦政府公共债务占GDP的比重达到105%，是第二次世界大战以来的最高纪录。然而，美国公共财政状况的恶化绝不仅仅是2008年金融危机的后果。那么，从长期来看，这一切又是怎样形成的呢？

8.4.2 什么导致了美国财政失衡

回顾各国的经济发展史，每当一个国家出现大的金融危机或经济衰退，原因大多是经济长期地赤字运行以至于债务危机的爆发，比如20世纪80年代以来的拉美危机、俄罗斯债务危机、墨西哥债务危机，以及2009年底以来的欧洲主权债务危机。从经济理论上讲，财政危机最重要的是债务危机，即一国采取违约等手段拒绝偿还财政债务。美国作为超级经济大国也难逃债务危机的厄运。2008年美国金融和经济危机的直接根源在于美国财政赤字难以持续。21世纪以来，美国贸易逆差持续增加，美国债务上限的上调频率加快，美国国债发行余额也快速累积。美国国债余额从2000年的5.67万亿美元上升到2015年的14.3万亿美元。美国国债规模急剧膨胀以及经济复苏后仍面临的严峻财政收支矛盾，构成了当前美国财政状况恶化的直接推手。关于美国财政状况恶化的原因，具体包含以下四个方面：

第一，美国长期以来鼓励赤字消费、负债经营的经济发展模式是财政失衡的首要原因。美国特有的总投资长期大于总储蓄的"债务经济"成为20世纪70年代以后美国宏观经济运行的最大特点。美国国内总投资和总储蓄之差额与GDP之比，自1976年出现总投资大于总储蓄以来，处于不断上升的趋势，尤其是进入21世纪，美国私人储蓄率不断走低，政府支出不断扩大，美国国内总投资和总储蓄之差额与GDP之比高达4%—6%。如此巨大的储蓄投资缺口不得不通过财政赤字和经常账户逆差的方式来弥补，形成了长期的财政赤字和经常项目赤字（双赤字）。因此，美国政策制定者回避经济结构调整，持续地推行"债务经济"以及扩张性财政和货币政策成为美国财政失衡的主要原因。

第二，财政预算软约束构成美国长期财政赤字的制度原因。美国联邦政府在1917年第二自由债券法案（The Second Liberty Bond Act）中通过了对国债实施法定上限的规定。其根本目的在于对政府的融资额度作出限制，防止政府随意发行国债，避免出现债务膨胀"资不抵债"的恶果。然而回顾美国历史，一旦债务上限不够用，就要通过特别法令提高上限。自从1960年开始，美国债务上限大约每8个月就要上调一次，债务上限总体呈现不断上升的趋势，由1984年1.6万亿美元上升为2003年的6.7万亿美元。2000年以来，美国债务上限的上调频率加快，2008年金融危机开始，美国债务上限一共上调10次。在2015年3月的最近一次调整中，美国债务上限已经上升到18.1万亿美元。美国国债上限的不断上升意味着美国国债发行缺乏硬约束，实际上只是根据政府执政意图而设立的一个名义约束，一旦预算超支就会由国会授权举债。目前顺利通过的这项法案将美国联邦政府的借债上限延长到了2017年3月15日，相当于将偿债问题留给了下任政府来解决。实际上，一旦债务上限被打破，即使不断增加上限，美国主权的信用评级也可能受到威胁。

第三，法定支出成为推升美国财政赤字的另一内因。美国财政支出中的法定支出包括社会保障、医疗保险、医疗补助、收入保障、其他退休金和其他项目等。过去50年以来，法定支出占比从1965年的26.93%逐渐上升到62.34%。最近几年，美国政府用于社会保障、医疗保险和医疗补助等福利项目的开支占GDP的比例大约为10%。从2010年开始，奥巴马政府积极推动的美国医疗体系改革并未有效减少医疗支出成本的上升。美国国会预算办公室预计，2010年至2019年由于医疗改革而减少的赤字仅为1430亿美元，将其分解到十年，占GDP的比例微乎其微。由此可见，未来美国财政支出中的法定支出会持续上升，社保、医疗等福利项目支出的预算缺口最终需要由财政买单。

第四，"婴儿潮"引发的人口结构剧变成为羁绊美国财政修复的深层次问题。美国史无前例的"婴儿潮"前后持续将近20年（1946—1964年），这段时期出生的人口总数达7800万人以上。如今"婴儿潮"几乎全面进入退休年龄，势必诱发社会保障税收收入下降、社会保障支出上升的双重财政效应。据估计，美国老年人口将从2010年的3900万人上升为2030年的7000万人，其对应的财政收支矛盾十分突出。美国老年群体的社保开支将由目前每年的5000亿美元，激增至2020年的9290亿美元，占GDP的比例由2009年的3.6%上升到2030年的6.4%。

8.5　财政赤字、利率与经济增长

8.5.1　财政赤字与利率

根据现代金融理论，投资、储蓄、货币供给、货币需求、通货膨胀等都是影响利率的因素。而财政赤字对以上变量均有一定的影响，因此利率是受到财政赤字影响最大的变量。而利率是金融运行机制的核心，因此研究财政和金融的关系应当从财政赤字对利率的具体影响入手。

实际上，可贷资金模型、凯恩斯的流动性偏好理论、新古典综合派的理论、市场规则假设、李嘉图—巴罗等价定理和后凯恩斯主义者的理论对财政赤字与利率水平之间的关系一直存在分歧。McMillin（1986）、Vamvoukas（2002）的实证研究显示存在从利率到财政赤字的格兰杰因果关系。其结论与凯恩斯理论一致，即利率的改变与政府预算赤字正相关。Kormendi（1983）、Tanzi 和 Lutz（1991）、Laubach（2003）等的研究也发现财政赤字会提高实际和名义利率。Swamy（1990）却发现财政赤字与短期利率存在负相关。而 Evans（1985）、Vieira（2004）等的实证分析支持李嘉图—巴罗等价定理揭示的财政赤字中性理论。

财政赤字对市场利率的影响主要体现为挤出效应[①]。当政府的预算赤字在私人可贷资金市场上筹资，政府借款与私人借款会竞争现有资金，可贷资金的总需求会增加，从而引起实际利率上升。经济学上称这种由赤字引起的实际利率上升挤出私人支出的效应为挤出效应。挤出效应意味着预算赤字将改变总需求的构成。当私人投资被挤出后，全社会资本的未来存量将低于没有赤字时的情况。因此，在预算赤字挤出私人投资的情况下，赤字将减少未来的资本供给，从而降低生产率和总产出。

传统的宏观经济模型（IS－LM 模型）认为，财政扩张会影响 IS 曲线的位置，使均衡收入和利率都提高。在利率最初不变时，增加财政支出提高了总需求水平。总需求水平的提高会增加人们对交易性货币的需求，假设货币供应量一定，利率随即上升，从而导致企业计划投资支出增加，从而总需求下降。如果经济达到了充分就业，此时基本上全部的资产性货币均转化为交易性货币，货币需求呈现出对利率完全无弹性的特点。政府支出的增加仅仅是提高了利率，而对均衡产出水平没有任何影响。可见，挤出效应的机制主要在于政府通过发行国债导致了利率的上升，从而挤出了私人的资金使用权。

在出现挤出效应后，如果没有相应的财政政策调整，政府债务与市场利率将出现螺旋式上涨。与此同时，财政赤字通过乘数效应还可能导致超过总供给的过多的需求，带来需求拉动型通货膨胀。高膨胀也会导致高利率，从而增加信贷成本，遏制信贷增长，最终通过遏制投资导致经济下滑。经济下滑反过来又加大财政债务及赤字负担水平，债务水平与实体经济的偏离越来越大，最终导致财政政策变得不可持续。

美国长期以来的财政赤字必然破坏其利率水平的灵活性，进而削弱美国货币政策的独立性。Greenspan（2010）指出，美国国债负担率持续上升导致国债利率上升，财政筹资成本将迅速增加，财政政策可持续性将面临重大挑战。尽管美国国债利率水平还比较低，但已经出现上升的迹象。2010 年 3 月，美国 10 年期掉期利率与美国国债收益率的掉期利差下滑至 2000 年以来的最低水平[②]。如此显著的利差变化与金融危机以及 2000 年以来美国大幅上升的财政赤字及债务水平关系密切。回顾克林顿时期，美国国债负担水平出现显著下降，而且美国管理和预算办公室以及美国国会预算办公室还预测未来联邦政府债券将减少，这些因素导致 10 年期掉期利差直线上升。然而，随着财政盈余转为赤字，10 年期掉期利差逐渐下滑，并于 2010 年 3 月份首次转为负数，总体呈现继续下跌的趋势。可见，未来随着美国赤字财政政策的延续，市场对国债的风险贴水将不断上升。美国国债利率保持稳定或者低位水

[①] 另一个财政赤字对市场利率的影响渠道是国债收益率：随着债务负担率持续上升，其对应的风险水平也就可能升级，结果是国债利率持续攀升，政府债务筹资成本必然随之上涨，促使赤字更快上升，公众进而要求更高的国债利息收益，如此循环反复，推动了政府债务膨胀。

[②] 掉期利差下滑表明投资者在购买美国国债的时候，要求得到比同类到期的私人掉期交易更高的利率。

平的可能性很低，财政赤字扩张引起利率上升的副作用将逐步显现。

国内学者刘溶沧和马拴友（2001）从实证角度分析了中国财政赤字、利率和经济增长的关系。该研究利用中国 1984—1999 年的真实 GDP、货币供应量、财政赤字、贷款名义利率（定期存款利率）及通货膨胀率建立实证模型，发现预算赤字无论当期还是滞后几期，与利率的关系都不显著。其原因简单概括为两方面：首先，由于中国利率仍未完全市场化，官方利率并不能反映资金市场的实际供求状况，因此赤字对利率的影响也就难以表现出来。其次，理论分析表明，在货币供应不变的假设下，利率的改变与政府预算赤字正相关。但如果货币供应量相应增大，利率也可能保持不变甚至有所降低。因此，我国迅速扩张的货币供给可能是导致我国财政赤字中性的原因之一。

8.5.2 财政赤字与经济增长

财政赤字对经济增长的影响是财政学研究的经典话题，也是分析财政政策可持续性的重要内容。理论上财政赤字不断膨胀会通过各种渠道导致私人投资下降，如果政府增加的支出没有投入生产投资领域，那么将导致总投资不足，资本积累受到影响，经济增长因此放缓或者下降。

财政赤字与经济增长的关系具有严格的理论逻辑依据，因此引发了大量的实证研究。从已有文献来看，相关研究尽管在方法上存在显著的差异，但更大的特点是样本的选择不同，覆盖的样本通常基于几个国家或者单一国家，时间跨度通常为十几年或者几十年，得出的结论并不一致，有些结果甚至完全相反。Reinhart 和 Rogoff（2010）对这个问题作了重点分析，成为在该领域引用率最高的实证研究。其研究具体涉及 44 个发达经济体与新兴经济体 200 多年的样本，包含 3700 多个年度观测值，得出当债务占 GDP 的比重在 90% 以上时，债务对经济增长具有显著影响的重要结论。该研究由于有大样本的支撑，结论更为客观。该研究发现在主要发达经济体，当债务占 GDP 的比重在 90% 以下时，经济增长与债务水平没有明确的关系。然而，债务占 GDP 的比重超过 90% 时对应的经济增长率为 1.7%，比其他情形明显低 1% 以上。发达经济体债务水平与经济增长的关系在新兴经济体也有同样的结论。当债务占 GDP 的比重超过 90% 时对应的经济增长率为 1%，比其他情形明显低 3% 以上，表明 90% 的债务水平对一国经济增长将造成较大的负面影响。

8.6 经验启示与政策建议

8.6.1 中国社会负债总规模与财政体制改革

目前中国社会负债总规模——政府、金融机构、家庭、非金融企业四个部门债务总额之和与 GDP 之比，逐渐引起政府及全世界的重视。关于中国的社会负债总规模，不同机构的预测不尽相同。麦肯锡在 2015 年 9 月的报告称中国的债务总额从 2007 年的 45 万亿元上升到了 2014 年中期的 172 万亿元，债务总额是 GDP 的 282%。该报告随后引起了一批国际金融机构的争相预测。国际清算银行的数据显示，从 2008 年开始，新兴经济体的社会负债总规模上升明显，从 109% 上升到 175%，其中中国的涨幅最大，从 148% 上升到 249%；高盛在 2016 年 1 月给出的数字是 218%；国际金融协会紧随其后在 5 月预计该数值为 295%。总体上，这些机构给出的中国社会负债总规模的范围基本在 200% 至 300% 之间。

回顾美国的债务发展过程，美国国债负担率在 20 世纪 80 年代初期下降到 30% 的水平。但随着美国 80 年代后的经济增速下降，美国政府回避经济结构调整，持续地以累积金融风险的方式为财政赤字融资，由此所带来的财政失衡最终导致 2008 年金融和经济危机爆发。根据经验，短时间里债务增速加快，几乎总会有金融风暴接踵而至。中国是否会遭遇类似的情况？

实际上，中国的债务问题远没有发达经济体的矛盾突出。美国政府的财政赤字率自 2008 年以来持续超过马约提出的 3%，美国政府财政赤字在 2009 年达到创纪录的 1.4 万亿美元，赤字率接近 10%。日本政府的财政赤字率自从 2008 年金融危机以来一直处在 7%—9% 的高位。中国的财政赤字率则很低，除了在 2009 年达到过 2.8% 的水平，其余年份长期保持在 0.5% 到 2% 之间，远低于发达经济体的水平[①]。

相比于非金融企业，我国政府的债务率仍处于安全区间。根据财政部预算司的数据，截至 2015 年末，中国政府债务余额为 26.66 万亿元，其中包括中央政府债务 10.66 万亿元和地方政府债务 16 万亿元，占 GDP 的比重是 39.4%。这一比率远低于发达经济体的数据，比如德国和日本目前政府性债务占 GDP 的比重分别为 83.2% 和 180%。中央政府债务率由 2007 年的 19.4%，下降到 2014 年的 15.1%，呈稳中下降的趋势。美国联邦政府负债率则从 2007 年的 55.6% 上升到 2014 年的 97.4%。日本的情况更为失控，其中央政府负债率从 2007 年的 143.4% 一路飙升到 2014 年的 206.6%。较低的政府负债率使得中国政府债务利息支出较低。中国政府债务利息支出占 GDP 的比重约为 0.5%，而美国的数字已经接近 4%。

然而，对比发达经济体巨额的财政赤字累积和不当的赤字财政政策，中国的财政体制中也存在一些严重的结构性矛盾。过去三十年，中国依靠投资加出口的经济增长模式已进入调整阶段。实际上，任何经济体的高速增长都必然伴随投资的高速增长，但当一个经济体由投资转向消费拉动时，将无法避免地从高速增长转向中速或低速增长。中国经济在过去几年正在处于由投资拉动到消费拉动的转型过程中，并且这一趋势在未来几年仍然会持续。与 20 世纪 80 年代的美国类似，中国经济增长的"新常态"已经不足以支撑财政收入的可持续性增长。在财政收入增长放缓的情况下，未来中国财政支出将迅速增加，包括用于健全养老金体系、医疗保障、教育、住房等方面的支出，以及由于优化财政支出结构、强化支出绩效管理等政策带来的财政支出增加。

中国 2015 年一般公共预算收入 15.22 万亿元，同口径增长仅为 5.8%，增速创自 1988 年以来新低，也不及 6.9% 的全年经济增速，但同期全国一般公共预算支出达 17.58 万亿元，同口径增长 13.17%。2015 年我国财政赤字首次突破 2 万亿元，达到 23551 亿元，且远高于年初预算数字 7351 亿元以及 2014 年赤字规模 1.35 万亿元。实际上，以改革开放为分界线，中国财政运行从平衡财政到赤字财政，标志着中国的财政政策走到了宏观调控的前台。从 20 世纪 80 年代末的紧缩财政政策到 90 年代初中期的适度从紧的财政政策，再到 1998 年前后的积极财政政策，2004 年前后的稳健财政政策，以及 2008 年底开始的积极财政政策，中国的财政政策基本符合现代宏观经济政策理论中的相机抉择特征。统计数据显示，自 2009 年至 2015 年，全国赤字规模分别是 9500 亿元、1 万亿元、8500 亿元、8000 亿元、1.2 万亿元、1.35 万亿元、2.35 万亿元；

---

① 麦肯锡在 2015 年对 47 个发达国家债务状况的一份研究表明，2007—2014 年间，社会负债总规模前三位的分别是日本（400%）、爱尔兰（390%）和新加坡（382%）。相比于其他国家，中国的债务规模在主要经济体当中属于中等水平，并且总体上仍在可控范围内。

与此同时，财政赤字率分别为2.8%、2.5%、1.8%、1.5%、2.2%、2.1%和2.3%。可见，自2008年底开始的积极财政政策一直延续至今。

"十三五"时期的财税改革，尤其是地方政府预算制度的改革，的确可以长期控制金融风险，但是短期却造成财政收入潜在增长率下降，财政支出刚性增长的趋势难以改变，从而产生非常明显的财政紧缩效应。中国实施积极财政政策的理论基础基本上符合凯恩斯主义的需求管理政策。然而，凯恩斯主义的财政赤字理论并不适用于目前的中国经济。对中国而言，从收入端规避公共债务风险的关键要素在于经济稳定发展以及推动充分就业。中国宏观经济运行的矛盾不仅仅是有效需求不足问题，更是一种深层侧的结构性失衡。中国应当充分汲取美国长期施行赤字财政政策的教训，防范类似美国因财政失衡引发金融危机的情况发生。

8.6.2 中国经济发展结构失衡与供给侧改革

根据IMF的分析，80%的新兴经济体在2011年后都经历了经济的下滑，并且这一下滑趋势既是周期性的也是结构性的。以中国为例，周期性体现为中国经济2009年后依靠财政刺激的快速复苏是不可持续的；结构性体现为之前经济的快速增长已经遇到了瓶颈。从中国加入世贸组织到2008年金融危机爆发，中国净出口占GDP的比重由2.1%上升到8.8%。2008年后，面对净出口逐渐萎缩，中国转而采取以2008年11月出台的"4万亿计划"为标志的大规模财政扩张的方式。通过实施大规模的财政刺激方案，在短期内遏止了中国乃至世界其他经济体的下滑。但不可否认，这一举措使得2008年的投资占GDP的比重一度接近了50%。2009年中国全社会固定资产投资增长率达30%，逼近20世纪90年代初投资过热时的水平[1]。政府通过债务融资的财政刺激，资金大多投向了产能过剩的行业，从而造成产能严重过剩以及财政支出效率低下。由于产能过剩行业的资本有机构成迅速提高，能促进就业的劳动密集型的第三产业的发展受到抑制，国民收入分配严重失调，资本性收入增长明显快于居民收入增长。

此外，2008年大规模财政扩张后，中国债务规模的增速明显加快，特别是非金融企业（非金融企业负债包括商业银行贷款、企业发行债券和影子银行负债之和）杠杆率偏高。根据社科院的估计，截至2015年底，中国经济整体（含金融机构）的债务总额为168.48万亿元，其中非金融企业的债务占GDP的比重为131%，不仅超过巴西、南非、土耳其、印度、俄罗斯等新兴市场国家，甚至高于日本。麦肯锡在2016年初的报告中也指出：2015年底，中国政府杠杆率为49%，低于60%的国际警戒线。然而，中国非金融企业杠杆率为135%，高于100%的国际警戒线。当前，中国非金融企业，尤其是钢铁、石油、石化等传统周期性行业的高杠杆率带动了全社会杠杆率的上升。债务高企对企业造成了负面影响，虽然目前来看风险可控，但在未来，随着企业资产回报率下降等问题的恶化，以及在去杠杆过程中所进行的债转股所造成的银行风险上升，政府面临的企业以及银行业相关或有负债风险也会进一步提高。

以上现象均表明2009年之后中国经济发展结构已经出现严重失衡。值得一提的是，2011年，中国经济构成中的消费第一次取代投资，成为经济增长的"火车头"。2016年上半年，最终消费支出对GDP增长的贡献率达到73.4%，体现出经济结构持续优化的大趋势，成为中国经济新常态的一大特征。但需要警惕的是这一大特征虽然是消费长期稳定增长

---

[1] 对比发展中国家以及发达国家的投资占GDP的比重分别平均在20%—30%、15%—20%，中国在改革开放后的投资占GDP的比重长年保持在35%—40%之间。

带来的,但更多的是由于随着中国经济增速下滑与人口红利逐渐消失,投资增速大幅下滑。2016年开始,中国金融领域的去杠杆化在一定程度上限制了信贷的提供,并随之影响投资。对投资需求的减少反过来会影响经济的增长。此外,随着中国经济增速放缓、资产价格下跌,过去几年迅速扩张的信贷将无法利用,并且未来的信贷扩张也会出现紧缩。面临中国经济的新常态,解决经济结构失衡问题必然要忍受短期阵痛——以未来几年GDP平均增速下降换取投资占比下降。

可喜的是,中国政府已经在相关领域展开多项改革,比如强化市场机制,通过制定政策措施引导资源的流向和改善投资的效率;放松政府管制,强调经济体内生增长并释放经济体增长的潜力。在中国政府的供给侧改革中,结构性减税可能是最为重要的措施。美国政府面对过去30年国内日益严重的经济结构失衡,选择了依靠信贷泡沫和国家财政赤字经营等模式,结果造成资金链条过长,风险积聚,最终导致2008年金融和经济危机的爆发。美国的经验证据显示,完善收入分配政策,缩小居民贫富差距是财政可持续发展的关键。滞后的税收体系不仅阻碍经济的增长,更会加剧贫富分化。国际经验表明,收入差距的缩小应当从税收政策入手。为应对收入差距不断扩大,中国政府应当将税收的主要功能定位于促进资源有效配置和调节收入分配,大幅提高低收入群体在二次分配中的分配份额,真正发挥税收缩小收入差距的正向作用。

8.6.3 美联储退出量化宽松与中国金融风险

本章的研究主旨之一是通过分析美国的财政和宏观经济发展过程,为中国未来的财政政策提供经验。因此,美联储退出量化宽松的重大宏观经济政策调整自然成为我们关注的焦点。美联储退出量化宽松会通过贸易、金融,以及消费和投资者的信心等方式直接和间接地影响其他经济体,尤其是像中国这样的贸易大国。

美联储于2015年12月将联邦基金利率上调25个基点,结束了自2006年6月以来美元短期利率近乎于零的历史。美元利息正常化是一个影响全球金融环境的重大举措,尤其是对于受国际资本跨境流动影响最大的新兴经济体,在经历了近十年的超低利息、高流动性的不正常金融环境之后,一旦开始进入升息过程,很可能出现资金外流、汇率贬值、经济增长放缓等问题。

具体来看,美元利息正常化将通过影响大宗商品价格、利差和汇率,继而传导到贸易和跨境资本流动,引起新兴经济体的国际收支状况恶化和外债偿还压力加大,最终引发金融或经济危机。1980年开始,在新兴经济体爆发的几次金融危机都发生在美联储货币政策紧缩时期。国际清算银行在2015年底的季度报告中称自2009年开始,新兴经济体发行的美元债规模总额接近3万亿美元。美元利息正常化意味着这些国家需要偿付的债务利率将提高。此外,根据路透社2015年12月的数据,15个最大的新兴经济体的外汇储备在2015年累计缩水5141亿美元。

对中国而言,美元利息正常化首先影响的是人民币汇率。一般来说,汇率贬值通过两个传导机制诱发新兴市场国家的金融危机:一是新兴市场国家的货币汇率急剧贬值,引起热钱外流和外汇储备下降,外储下降迫使中央银行提高利率,从而诱导金融市场风险和国内投资下降。二是汇率急剧贬值让外债负担沉重的新兴经济体面临债务危机的爆发,并迅速演变为金融危机和经济危机。中国外汇储备充足,经常账户和资本账户均持续"双顺差",资本账户得到有效管理,政府债务绝大部分为内债,外债仅占1%左右,这些因素使得中国政府债务面临汇率冲击的可能性大大减小。但2015年"811汇改"开始的人民币贬值很可能加剧美元利息正常化所带来的汇率冲击。高负债率的非金融企业可能会在这一过程中破产,并使国内包括银行在内的借款者面临危机,加聚系统性金融风险。

美元利息正常化将对以利率变动为核心的债券市场产生冲击。过去几年超低利息、高流动性的外部金融环境诱导中国私人部门对债券的需求不断增长，这些债券持有者对人民币进行投机，并导致了货币错配的现象，即美元债务对应人民币资产。随着美元利率的回升，以美元标注的债券价格将会下降，作为债券抵押品的人民币资产将缩水。总之，美联储制造的历史上最具扩张性的货币政策，必定会导致新兴经济体内部金融风险积聚的局面。如何在美元利息正常化之后，防止造成我国的内部金融系统的不稳定，是我国财政、货币政策制定过程中亟待关注的问题。

参考文献

1. 安体富："优化税制结构：逐步提高直接税比重"，《财政研究》，2015年第2期，第41—44页。
2. 白彦锋：《中期预算改革与我国现代财政制度构建》，中国财政经济出版社，2015年。
3. 财政部财税体制改革司：《财税改革十年》，中国财政经济出版社，1989年。
4. 财政部科研所课题组："应对财政收入增速放缓八大政策建议"，《中国经济时报》，2013年8月20日。
5. 财政部税政司：《2012年税收收入增长的结构性分析》，http：//szs.mof.gov.cn/zhengwuxinxi/gongzuodongtai/201301/t20130123_729605.html，2013年1月。
6. 曹广忠、袁飞、陶然："土地财政、产业结构演变与税收超常规增长——中国'税收增长之谜'的一个分析视角"，《中国工业经济》，2007年第12期，第13—21页。
7. 陈共：《财政学》（第七版），中国人民大学出版社，2012年。
8. 陈共：《财政学》（第四版），中国人民大学出版社，2004年。
9. 陈国堂、童伟：《完善我国地方税体系研究》，中国发展出版社，2015年。
10. 陈志勇、陈莉莉，《"土地财政"问题及其治理研究》，经济科学出版社，2012年。
11. 崔军："基于'调高'、'提低'目标的我国直接税体系建设"，《财贸经济》，2011年第6期，第38—43页。
12. 崔运政：《财政分权与完善地方财政体制研究》，财政部财政科学研究所，2011年。
13. 邓晓兰："完善政府间财政关系的理论思考——兼谈财政转移支付制度的改革"，《当代经济科学》，1998年第3期。
14. 邓子基、唐文倩："我国财税改革与'顶层设计'——省以下分税制财政管理体制的深化改革"，《财政研究》，2012年第2期。
15. 董黎明："中国城市土地有偿使用的回顾与展望"，《云南地理环境研究》，1992年第4卷第2期。
16. 傅勇、张晏："中国式分权与财政支出结构偏向：为增长而竞争的代价"，《管理世界》，2007年第3期。

17. 甘藏春："土地管理法制建设若干问题",《中国土地》,2010 年第 6 期,第 8—13 页。
18. 甘藏春："以制度创新推动社会经济发展——重温《土地管理法》的全面修订",《中国国土资源报》,2011 年 9 月 28 日。
19. 高培勇、蒋震："新常态下的中国财政:若干趋势性变化",《财政研究》,2016 年第 6 期,第 2—15 页。
20. 高培勇、汪德华:《新型城市化背景下的住房保障》,中国财政经济出版社,2012 年。
21. 高培勇、杨志勇:《世界主要国家财税体制:比较与借鉴》,中国财政经济出版社,2010 年。
22. 高培勇、张德勇:《中国财政政策报告 2010/2011:"十二五"时期的中国财税改革》,中国财政经济出版社,2010 年。
23. 高培勇："房产税试点期待持续深化",《经济》,2011 年第 12 期。
24. 高培勇："如何面对财政收入增速下滑",《中国党政干部论坛》,2013 年第 8 期,第 33—34 页。
25. 高培勇："推进结构性减税:规模界定、对象选择与具体路径",《光明日报》,2012 年 8 月 13 日。
26. 高培勇："着力打好规范收入分配秩序的硬仗",《经济日报》,2013 年 2 月 7 日。
27. 高培勇："中国税收持续高速增长之谜",《经济研究》,2006 年第 12 期,第 13—23 页。
28. 高培勇:《国债运行机制研究》,商务印书馆,1995 年。
29. 高培勇:《实行全口径预算管理(中国财政政策报告 2008/2009)》,中国财政经济出版社,2009 年。
30. 葛静:《联动改革框架下构建以现代房地产税为核心的地方税体系研究》,经济科学出版社,2015 年。
31. 龚六堂、谢丹阳："我国省份之间的要素流动和边际生产率的差异分析",《经济研究》,2004 年第 1 期,第 45—53 页。
32. 郭庆旺、贾俊雪："政府公共资本投资的长期经济增长效应",《经济研究》,2006 年第 7 期,第 29—40 页。
33. 郭庆旺:《税收与经济增长》,中国财政经济出版社,1995 年。
34. 郭熙保:"《供给经济学:一个批判性的评价》一书简介",《经济学动态》,1984 年第 6 期,第 65 页。
35. 郭喜、高红："试析中国税收增长率高于 GDP 增长率的价格因素",《内蒙古大学学报(哲学社会科学版)》,2009 年第 5 期,第 54—60 页。
36. 郭月梅、蒋勇、武海燕："新供给经济学视角下扩大消费需求的财税政策探讨",《税务研究》,2015 年第 9 期,第 24—29 页。
37. 郭月梅："渐进式提高直接税比重的思考",《税务研究》,2014 年第 6 期,第 23—28 页。
38. 哈维·S.罗森著,郭庆旺、赵志耘译:《财政学》(第七版),中国人民大学出版社,2006 年。
39. 何杨、满燕云："地方政府债务融资的风险控制:基于土地财政视角的分析",《财贸经济》,2012 年第 5 期。
40. 何杨、应邵凯:"'一带一路'主要国家和重点行业税收比较",《国际税收》,2016 年第 7 期。

41. 荷兰国际财政文献局 IBFD 数据库的各国税法资料，http：//online.ibfd.org/kbase。
42. 洪源、郭平："土地财政视角下的地方政府融资平台债务风险研究"，《西安财经学院学报》，2012 年第 25 期。
43. 胡家勇："地方政府'土地财政'依赖与利益分配格局——基于东部地区 Z 镇调研数据的分析与思考"，《财贸经济》，2012 年第 5 期。
44. 胡怡建、刘金东："存量资产、虚拟经济与税收超 GDP 增长之谜"，《财贸经济》，2013 年第 5 期，第 5—15 页。
45. 湖北省地方税务局课题组，彭继旺、黄贻芳："费改税：我国社会保险筹资模式的理性选择——我国社会保险费改税的时机、条件与方案设计"，《经济研究参考》，2008 年。
46. 黄君洁："财政分权与经济增长关系的文献综述"，《产经评论》，2010 年第 2 期。
47. 黄小虎："征地制度改革的而历史回顾与思考"，《上海国土资源》，2011 年第 32 卷第 2 期，第 7—13 页。
48. 黄宇："我国城镇居民跨期消费行为实证分析"，《财经科学》，2010 年第 3 期，第 45—52 页。
49. 贾康、刘尚希等："怎样看待税收的增长和减税的主张——从另一个角度的理论分析与思考"，《管理世界》，2002 年第 7 期，第 24—30 页。
50. 贾康、苏京春：《新供给经济学：理论创新与建言》，中国经济出版社，2015 年。
51. 贾康、徐林等："中国需要构建和发展以改革为核心的新供给经济学"，《财政研究》，2013 年第 1 期，第 2—15 页。
52. 贾康、阎坤："完善省以下财政体制改革的中长期思考"，《管理世界》，2005 年第 8 期。
53. 蒋震、邢军："地方政府土地财政是怎么产生的？"《宏观经济研究》，2011 年第 1 期。
54. 金海年："关于新供给经济学的理论基础探讨"，《财政研究》，2013 年第 9 期，第 25—30 页。
55. 金人庆：《中国当代税收要论》，人民出版社，2002 年。
56. 金亚萍："完善我国地方税制的国际借鉴"，《财会研究》，2012 年第 3 期。
57. 靳东升、王文静："沿边地区融入'一带一路'战略的税收思考"，《国际税收》，2015 年第 12 期。
58. 孔丹阳、王宝杰："服务'一带一路'战略从树立税收风险理念开始"，《国际税收》，2016 年第 4 期。
59. 兰竹青："我国中央与地方政府税收划分问题研究"，山西财经大学，2013 年。
60. 李方旺："2000—2005 年我国税收收入增长的数量特征与新一轮税制改革"，《税务研究》，2006 年第 8 期，第 3—10 页。
61. 李三秀：《主要发达国家地方税制度比较研究》，中国财政经济出版社，2014 年。
62. 李心源："重构间接税直接税比例 促进经济发展方式转变"，《税务研究》，2011 年第 8 期，第 18—22 页。
63. 林江、曹越："推进'一带一路'建设的财税协调机制探讨"，《税务研究》，2016 年第 3 期。
64. 刘初旺："我国消费、劳动和资本有效税率估计及其国际比较"，《财经论丛》，2004 年第 4 期，第 9—16 页。
65. 刘国艳、李清彬、黄卫挺："从国际比较看我国直接税与间接税比例关系"，《财政研究》，2015 年第 4 期，第 88—92 页。
66. 刘汉屏、刘锡田："地方政府竞争：分权、公共物品与制度创新"，《改革》，2003 年第 6 期。
67. 刘汉屏："政府间财政关系的理论与改革"，《审计与经济研究》，1999 年第 3 期。
68. 刘济勇：《地方税体系研究》，武汉理工大学出版社，2015 年。
69. 刘金东、冯经纶："中国税收超 GDP 增长的因素分解研究——基于 Divisia 指数分解方法"，《财经研究》，2014 年第 2 期，第 30—40 页。
70. 刘鹏："'一带一路'沿线国家的公司税制比较"，《上海经济研究》，2016 年第 1 期。
71. 刘溶沧、马拴友："赤字、国债与经济增长关系的实证分析——兼评积极财政政策是否有挤出效应"，《经济研究》，2001 年第 2 期，第 13—19 页。
72. 刘卫秋："分税制下我国地方政府间财政关系研究"，湖南师范大学，2007 年。
73. 楼继伟："建立更加公平更加可持续的社会保障制度"，《人民日报》，2015 年 12 月 15 日。
74. 楼继伟：如何应对 1992 年以来最严重的财政收入下滑，http://finance.ifeng.com/a/20150810/13900391_0.shtml，2015 年 8 月 10 日。
75. 罗伊·鲍尔著：《中国的财政政策——税制与中央及地方的财政关系》，中国税务出版社，2000 年。
76. 吕冰洋、蔡红英、崔茂权："实现消费地原则的增值税改革：政府间财政关系的破解之策"，《中央财经大学学报》，2015 年。
77. 吕冰洋、郭庆旺："中国税收高速增长的源泉：税收能力和税收努力框架下的解释"，《中国社会科学》，2011 年第 2 期，第 76—90 页。
78. 吕冰洋、李峰："中国税收超 GDP 增长之谜的实证解释"，《财贸经济》，2007 年第 3 期，第 29—36 页。
79. 吕冰洋："政府间税收分权的配置选择和财政影响"，《经济研究》，2009 年第 6 期。
80. 吕炜、王伟同："发展失衡、公共服务与政府责任"，《中国社会科学》，2008 年第 4 期。
81. 马海涛主编：《中国分税制改革 20 周年：回顾与展望》，中国财政经济出版社，2014 年。
82. 马拴友："中国公共部门债务和赤字的可持续性分析——兼评积极财政政策的不可持续性及其冲击"，《经济研究》，2001 年第 8 期，第 15—24 页。
83. 梅尔维尔·麦克米兰："地区和地方政府间的财政关系：经合组织五成员国的经验和启示"，引自沙安文、沈春丽：《地方政府与地方财政建设》，中信出版社，2005 年。
84. 潘雷驰："'可税与否'未改变我国 GDP 与税收的基本关系——基于 1978—2005 年数据的实证检验"，《财经研究》，2007 年第 33 期第七卷，第 17—30 页。
85. 庞凤喜："开征社会保险税相关问题研究"，《税务研究》，2003 年第 5 期。
86. 平新乔："中国地方政府支出规模的膨胀趋势"，《经济社会体制比较》，2007 年第 1 期。
87. 漆彤："'一带一路'战略的国际税法思考"，《税务研究》，2015 年第 6 期。
88. 上海易居房地产研究院："我国房地产业对地方财政收入贡献率实证研究"，研究报告，2016 年。
89. 苏晓燕："浅谈我国的财税改革"，《中国外资》，2012 年第 17 期。
90. 孙德超：《我国中央与地方财政关系研究》，吉林大学，2008 年。
91. 孙雪梅："略论'土地财政'现状及成因"，《金融经济》，2011 年第 22 期。

92. 谭术魁:"治理征地冲突的对策建议",《国家社科基金项目成果要报》,2010 年第 64 卷第 7 期。
93. 滕泰、范必:《供给侧改革》,东方出版社,2016 年。
94. 王蓓、计金标:"政府间横向税收分配的理论基础:内涵与原则",《经济体制改革》,2013 年第 6 期。
95. 王开智:"'走出去'企业涉税风险与防范",《国际税收》,2012 年第 1 期。
96. 王美桃:"我国财政收入超 GDP 增长的因素分解",《财政研究》,2012 年第 10 期,第 47—51 页。
97. 王绍光:《分权的底限》,计划经济出版社,1997 年。
98. 王文静、赖泓宇:"'一带一路'战略的国际税收协调",《国际税收》,2016 年第 4 期。
99. 王文静:"'一带一路'战略下的跨境税收问题初探——基于公司所得税法和国际税收协定的比较",《财经法学》,2016 年第 2 期。
100. 肖伟娜:"我国直接税体系现状评价与完善对策研究",河北大学,2014 年。
101. 谢旭人:"税收增长为何高于 GDP 增长",《中国经济周刊》,2006 年第 4 期,第 13 页。
102. 徐福生、赵宝廷:"财政分权理论之述评",《山东电大学报》,2006 年第 1 期。
103. 许建国:"社会保险'费改税'的利弊分析及改革设想",《税务研究》,2001 年第 4 期。
104. 许建:《中国地方税体系研究》,经济科学出版社,2015 年。
105. 闫坤:"对我国财政收入高速增长的原因分析及中期展望",《经济学动态》,2008 年第 6 期,第 22—26 页。
106. 阎坤、王进杰:"从财政分权理论看我国的税收分割",《财经科学》,2000 年第 5 期。
107. 杨德强:"省以下财政体制改革研究",财政部财政科学研究所,2011 年。
108. 杨之刚:《财政分权理论与基层公共财政改革》,经济科学出版社,2006 年。
109. 杨志勇:"实施'一带一路'战略的财税政策研究",《税务研究》,2015 年第 6 期。
110. 姚莲芳:《地方税体系研究》,武汉出版社,2012 年。
111. 尹恒:"政府债务妨碍长期经济增长:国际证据",《统计研究》,2006 年第 1 期,第 29—34 页。
112. 张军、章元:"对中国资本存量 K 的再估计",《经济研究》,2003 年第 7 期,第 35—43 页。
113. 张青、林颖、魏涛:《中国税权划分改革研究》,经济科学出版社,2013 年。
114. 张文倩:"财政分权与我国财政体制改革",西南财经大学,2006 年。
115. 张闫龙:"财政分权与省以下政府间关系的演变——对 20 世纪 80 年代 A 省财政体制改革中政府间关系变迁的个案研究",《社会学研究》,2006 年第 3 期。
116. 张晏、龚六堂:"分税制改革、财政分权与中国经济增长",《经济学(季刊)》,2005 年第 4 期。
117. 张阳:"中国税制改革的税负代际间归宿",《财经研究》,2007 年第 11 期,第 29—31 页。
118. 赵宁、朱云飞:"西方主要国家的地方税体系与经验借鉴",《经济研究参考》,2014 年第 16 期。
119. 中国社科院财贸所课题组:"中国财政收入规模:演变与展望",《经济学动态》,2011 年第 3 期,第 32—37 页。

120. 中国注册税务师同心服务团编：《"一带一路"发展战略涉税问题概览》，中国税务出版社，2015年。

121. 钟雅苏："建立我国社会保险税制的思考"，《税务研究》，1999年第6期。

122. 周黎安、刘冲、厉行："税收努力、征税机构与税收增长之谜"，《经济学（季刊）》，2012年第11卷第1期，第1—18页。

123. 周黎安："中国地方官员的晋升锦标赛模式研究"，《经济研究》，2007年第7期。

124. 周业安、冯兴元、赵坚毅："地方政府竞争与市场秩序的重构"，《中国社会科学》，2004年第1期。

125. 庄子银、邹薇："公共支出能否促进经济增长：中国的经验分析"，《管理世界》，2003年第7期，第4—12页。

126. Jimenez A. M., Carrerol J. M. 2009. Exit Taxes and the European Community Law in the light of Spanish Law. *European Tax Studies*, 1, 2.

127. Barro R. J. 1990. Government Spending in A Simple Model of Endogenous Growth. *Journal of Political Economy*, 98.

128. Blundell R., Browning M., Meghir C. 1994. Consumer Demand and the Life-cycle Allocation of Households Expenditures. *Reviews of Economic Study*, 61 (1), 57–80.

129. EUROPEAN COMMISSION. Corporate income tax. http://ec.europa.eu/taxation_customs/tedb/taxDetail.html?id=226/1395648460&taxType=CIT.

130. EUROPEAN COMMISSION. Spanish Personal income tax. http://ec.europa.eu/taxation_customs/tedb/taxDetail.html?id=235/1395647733&taxType=PIT.

131. France Unveils Latest Exit Tax Data by Ulrika Lomas, Tax-News.com, Brussels. http://www.tax-news.com/news/France Unveils Latest Exit Tax Data59955.html.

132. Goulder, Lawrence H. and Eichengreen B. 1992. Trade liberalization in general equilibrium: intertemporal and inter-Industry effects. *The Canadian Journal of Economics*, 25 (2), 253–280.

133. GOV. UK. Capital Gains Tax. https://www.gov.uk/personal-tax/capital-gains-tax.

134. GOV. UK. Income Tax. https://www.gov.uk/personal-tax/income-tax.

135. GOV. UK. Self Assessment. https://www.gov.uk/personal-tax/self-assessment.

136. Greiner A., Semmler M., Gong G. 2001. Growth effects of fiscal policy and debt sustainability in the EU. Empirica, 28, 3–191.

137. HM Revenue &Customs (HMRC). CTM60060, EIM45805, EIM45810, EIM74002, EIM74050, EIM74052, IPTM3300. http://www.hmrc.gov.uk/manuals/.

138. HMRC. RPSM09103600, http://www.hmrc.gov.uk/manuals/rpsmmanual/RPSM09103600.htm.

139. International Monetary Fund (IMF). Now Is the Time: Fiscal Policies for Sustainable Growth. Fiscal Monitor, 2015.

140. Romer, P. M. 1986 October. Increasing Returns and Long-Run Growth. *Journal of Political Economy*, 94, 1002–1037.

141. Storey, J. R., Gilder G. 1981. Wealth and Poverty. *Contemporary Sociology*, 1 (1).

142. Young, Alwyn. 2000. Gold into Base Metals: Productivity Growth in the People's Republic of China during the Reform Period. NBER working paper 7856.